Pergamon Chess Openings

Sicilian: Poisoned Pawn Variation

PERGAMON CHESS OPENINGS

General Editor: Craig Pritchett
Executive Editor: Catherine Shephard

Sicilian: Poisoned Pawn Variation

LASZLO M. KOVACS

INTERNATIONAL MASTER

PERGAMON PRESS

OXFORD · NEW YORK · BEIJING · FRANKFURT
SÃO PAULO · SYDNEY · TOKYO · TORONTO

U.K.	Pergamon Press, Headington Hill Hall, Oxford OX3 0BW, England
U.S.A.	Pergamon Press, Maxwell House, Fairview Park, · Elmsford, New York 10523, U.S.A.
PEOPLE'S REPUBLIC OF CHINA	Pergamon Press, Qianmen Hotel, Beijing, People's Republic of China
FEDERAL REPUBLIC OF GERMANY	Pergamon Press, Hammerweg 6, D-6242 Kronberg, Federal Republic of Germany
BRAZIL	Pergamon Editora, Rua Eça de Queiros, 346, CEP 04011, São Paulo, Brazil
AUSTRALIA	Pergamon Press Australia, P.O. Box 544, Potts Point, N.S.W. 2011, Australia
JAPAN	Pergamon Press, 8th Floor, Matsuoka Central Building, 1-7-1 Nishishinjuku, Shinjuku-ku, Tokyo 160, Japan
CANADA	Pergamon Press Canada, Suite 104, 150 Consumers Road, Willowdale, Ontario M2J 1P9, Canada

First edition 1986

Library of Congress Cataloging in Publication Data

Kovács, László M.
Sicilian: Poisoned pawn variation.
(Pergamon chess openings)
Includes index.
1. Chess—Openings.   I. Title.   II. Series.
GV1450.2.K65   1986   794.1'22   85-29710

British Library Cataloguing in Publication Data

Kovács, László M.
Sicilian: Poisoned pawn variation.
—(Pergamon chess openings)
1. Chess—Openings
I. Title
794.1'22   GV1450.2

ISBN 0-08-029755-2 Hardcover
ISBN 0-08-029753-6 Flexicover

Printed in Great Britain by A. Wheaton & Co. Ltd., Exeter

Acknowledgements

I should like to express my thanks to the many people who have helped make this book possible, particularly to Craig Pritchett, Martin Richardson, Catherine Shephard and Tibor Florian for lending me much useful material. Also my great thanks are due to my wife, whose encouragement while I was writing and help in preparing the manuscript proved invaluable.

May I also thank grandmasters Fischer, Tal, Nunn, Portisch, Ftacnik, Hübner, Belyavsky, Timman and Parma for enriching the theory of this opening with so many of their original ideas.

Contents

Introduction

The basic position in the Najdorf Variation of the Sicilian Defence occurs after the moves 1 e4 c5 2 Nf3 d6 3 d4 cxd4 4 Nxd4 Nf6 5 Nc3 a6. The characteristic moves 2 ... d6 and 5 ... a6 had been analysed and played before Najdorf in the 1940s by Czech masters, but their results had not been confirmed in practice. The successful results of Miguel Najdorf, the former Polish and now Argentinian grandmaster, attracted the chess world's attention to this opening. The Poisoned Pawn or Fischer Variation is an exceptionally sharp line of the Najdorf Variation, which is characterised by the moves 1 e4 c5 2 Nf3 c5 3 d4 cxd4 4 Nxd4 Nf6 5 Nc3 a6 6 Bg5 e6 7 f4 Qb6 8 Qd2 Qxb2. This variation first occurred in practice in the games Nezhmetdinov–Sherbakov, Riga 1954, (9 Nb3 Nc6 10 Bd3 d5 11 Bxf6 gxf6 12 Na4 Qa3 13 Nb6, etc.) and Joppen–D. Bronstein, Belgrade 1954, (8 Nb3 Qe3+ 9 Qe2 Qxe2+ 10 Bxe2 Nbd7 11 a4 Be7 12 0–0–0 h6 13 Bh4 e5 14 f5 b6, etc.). Paul Keres's two quick victories in the Göteborg Interzonal Tournament in 1955 (Keres–Panno, Round 12: 8 Qd2 Nc6 9 0–0–0 Qxd4 10 Qxd4 Nxd4 11 Rxd4 Nd7 12 Be2 h6 13 Bh4 g5 14 fxg5 Ne5 15 Na5, etc.: and Keres–Fuderer, Round 16: 8 Qd2 Qxb2 9 Rb1 Qa3 10 e5 Nfd7 11 f5 Nxe5 12 fxe6 fxe6 13 Be2, etc.) drew attention to the Poisoned Pawn variation. From the 1960s many new forced lines were discovered by the American grandmaster Robert Fischer. Fischer played the Poisoned Pawn many times, and obtained excellent results. He was responsible for its introduction in a world championship match (Spassky–Fischer, Reykjavik 1972, games 7 and 11).

Explanation of Basic Opening Ideas

The Poisoned Pawn or Fischer Variation is one of the sharpest lines of the Sicilian Najdorf. This variation is a very sharp, many-sided and complicated line for both players because often there is only one good continuation and deviation from deeply analysed theoretical lines can cause the immediate collapse of the position.

The opening is many-sided, because in the middlegame tactics are of vital importance, but after the exchange of queens — especially in the endgame — strategy assumes paramount importance. According to Richard Teichmann "chess is 90 percent tactics", and this statement seems to be completely true in the middlegame of the Poisoned Pawn.

The opening is very complicated, because many variations and sub-variations have been analysed in detail right through to the endgame. Theorists often call the Poisoned Pawn the "jungle of variations", because a single theoretical improvement can easily affect the assessment of a whole sub-variation. During the opening's short history the assessment of several moves has changed from an exclamation mark to a question mark, or vice versa, because theorists or practitioners discovered something new.

In the Poisoned Pawn, Black wins a pawn in the opening, and destroys White's queenside pawn structure. In so doing Black loses several tempi with the queen (Qd8–Qb6–Qxb2), and therefore falls behind in development. Moreover Black's king safety is decreased considerably, because the strongest black piece, the queen, is detached from base. According to R. Spielmann, winning a pawn in the opening is not worth losing three tempi.

Possibly the most appropriate advice is the following: "In the opening it is bad to capture the b2 pawn with the queen even when it is good." As a general rule, in practice it is not safe to take the b2 pawn with the queen even when it is safe to do so theoretically. Perhaps the Fischer variation is the only exception; no one knows at present.

It is interesting and important to know why White sacrifices the b2 pawn, and why Black risks such great danger.

Black's Possibilities

Black's queen loses three tempi pawn hunting and as a result Black's position is undeveloped. Black's king safety decreases to a significant degree in view of the lengthy absence of the black queen. Therefore the deserted black king often gets into serious trouble in the middlegame. Black's queen is driven from b2 to a3 by the rook. From the edge of the board the queen can return to the centre only with difficulty and at a3 there is a danger of being captured.

A consequence of Black's not castling is that the rooks are disjointed and therefore prone to double attacks in the middle-game. It is worth mentioning that generally both black knights are exchanged at the beginning of the game. The queenside knight has to develop to c6 in order to liquidate the White knight on d4, because the pressure directed against the point e6 is very dangerous after the moves f4–f5 and Bf1–c4. The kingside knight is exchanged on f6 by White's bishop. After the exchange of knights, White advances with the 'f' or 'e' pawn, and often this results in a knight sacrifice (on f6 or on e4) or an exchange sacrifice (on f6), destroying Black's central pawn structure completely. Black will have double or triple isolated pawns on the 'e' file which will prove to be a hindrance.

Black's central pawns close the diagonals of the Black bishops. Locked behind their own pawns, they cannot block the open 'b', 'd', 'f' and 'g' files, and cannot prevent the penetration of White's heavy pieces. Black's king is seriously endangered in the middlegame, so that Black's most important task is to take care of the king's safety. Black has four possibilities:

(a) Castling kingside;
(b) Castling queenside;
(c) Remaining in the centre and

(d) Migrating slowly to one side or the other.

Generally the Poisoned Pawn is played as Black by those who prefer to study opening theory thoroughly, who are well-informed about the newest improvements in this system and have plenty of home analyses and new ideas. It is for players who wish or have to play for a win with Black too, and are happy to take on a defensive position throughout because they are experts in the endgame. Players who take on this line need to have a talent for calculating variations quickly, to be super-sensitive to the slightest change in the character of the position, and to memorise a tremendous mass of variations.

White's Possibilities

White obtains three tempi for the 'b' pawn which are used to finish development, and organise a dangerous attack against an enemy king denied the help of the queen.

White can cause great complications in the middlegame with a new pawn sacrifice on e5, an exchange sacrifice on f6 or b4, a knight sacrifice on f6 or e4 or a bishop sacrifice on b5 or e6. By these sacrifices White opens files, weakens the black king position and destroys the enemy pawn structure.

White has three targets to attack. First of all the uncastled king, secondly the unfortunately placed queen and thirdly the un-coordinated rooks on the back rank. White's attack is very dangerous, as there is a considerable local piece superiority near the enemy king, and the rooks and queen dominate not only the open and half-open files but also the third, the seventh and frequently the eighth rank. The mobility and the efficiency of White's queen is increased to the highest degree because of the control of open files, ranks and diagonals. The cooperation of the White pieces is excellent on both wings. White can double rooks and queen on the open lines, and can transfer a rook quickly from b3 to g3 or h3 in order to increase the attack against the enemy king.

In the Poisoned Pawn it is especially advantageous that White can choose from the different sub-variations, and prepare a selected line in advance.

From a psychological point of view, the attacking player is in a more advantageous position. "He who attacks has the advantage" is a famous saying attributed to Teichmann. Often Black successfully defends a difficult position for a long time with the greatest care, but in anticipation of time pressure or in it becomes ex-hausted, fatigued and blunders incomprehensibly in a simple, equal position.

The best place for White's light-squared bishop seems to be e2, because from here the bishop can control both important diagonals (d1–h5 and f1–a6) and can attack and defend simultaneously. White's most dangerous attacking piece is the queen because a mating attack and material capture can be threatened at the same time. The agile white queen combines attack on the enemy position with defence, locks out the black queen from play and co-ordinates the teamplay of the white forces. Therefore White has to avoid a queen exchange even if there is but one possibility. Sometimes White still has sufficient initiative or attack after exchanging queens to compensate for the pawn minus, but approaching the endgame the queenside pawn weakness can cause great anxiety.

General Remarks

In the Poisoned Pawn, the game really begins between the 15th and 25th moves. Having followed a theoretical line to this stage one of the players is then surprised by a new move prepared at home, and is often at a serious disadvantage, because at the board it is very difficult to find the best counter-play. Generally it is then necessary to think for a long time (sometimes as much as an hour), because in the jungle of variations it is easy to lose the right way. General principles are not of much help in the calculation of variations. In time pressure — which is generally of decisive importance in this opening — the surprised player often blunders and loses the game. Thus careful homework on a theoretical improvement is half-way to victory.

Accurate move order is very important in this opening. Sometimes White can transpose two moves without any serious consequences, but Black has to play correctly, or risk immediate loss in certain positions.

In order to play the Poisoned Pawn successfully, the following special talents are required:

(a) Quick, accurate and reliable ability to calculate variations.

(b) Excellent tactical, combinative ability both in attack and defence.

(c) Maximum flexibility and minimum inertia on the approach to, and the assessment of, changes in the position.

Blunders, especially in the middlegame, result in a very interesting psychological re-action. Both players become perturbed and confused after any such unexpected, weak moves. Under great nervous tension the player blundering often goes badly astray, and after making a second decisive mistake, loses the game immediately.

However, in practice, frequently the opponent of the player blundering is disturbed too, and does not react quickly to the mistake failing to take advantage of the error by assessing the new situation incorrectly and continuing to play for the original plan. The result of such inertia is that the reaction is also a weak move, and by mutual mistakes the position is equalised again.

According to modern opening theory, it is very important to seize the initiative before completing development, even if the sacrifice of material is required. These opening lines lead to very sharp, risky tactical variations, where concrete calculations are more important than the assessment by general principles. The attacking and defending players have completely different kinds of advantage and disadvantage. On the basis of general principles it is impossible to compare or to assess them during the limited time of the game, and at the board it is impossible to calculate through the tremendous mass of variations.

Therefore the advantage lies with those players who like to study thoroughly the secrets of these variations at home, and work out improvements in order to surprise the opposition at the board.

Notes on This Book

In order to avoid false assessments in this work, wherever possible I have studied, compared and checked both players' own annotations. Sometimes the loser's assessments are more valuable than the winner's, since the winner's notes are occasionally too euphoric to be regarded as entirely objective. I have tried to find the proper equilibrium between the authoritative body of analysis of variations and the reliable explanation of the basic opening ideas. There is no point in memorising hundreds of variations if the student does not understand the basic ideas behind the opening. In addition, I have brought as many complete games into this study as possible, and have continually considered typical middlegame and endgame positions resulting from the Poisoned Pawn opening.

Much of the analysis contained in this book is derived from Soviet, Yugoslav and Hungarian sources; however American, British, and West German analyses have also been employed as significant information sources.

The arrangement of the work differs from most opening books. I have organised the material by weaving the subject matter into 18 major complete games, selected from the latest grandmaster tournament practice. Within the scope of each main line game the main variations, subvariations and alternatives are discussed in detail according to the usual theoretical books (comment, analysis, critical position, assessment, etc). The contents have been divided into 6 sections. Nearly 200 games are given in full with another hundred given well past the point of opening relevance. This should enable the student to become familiar not only with the opening phase but also with the middlegame and, where appropriate, the endgame as well. The theoretical explanations that precede the games allow the student to grasp the essential ideas of the considered opening line without having to memorise large quantities of variations.

Symbols

+	Check	0–1	White resigned
± ∓	Slight advantage (White and Black)	½–½	Draw agreed
		corr.	Correspondence game
± ∓	Clear advantage (White and Black)	OL	Olympiad
±± ∓∓	Winning advantage (White and Black)	Ch	Championship
		IZ	Interzonal
=	Balanced position	½f	Semi-final
∞	Unclear position	Inf.	Sahovski Informator
!	Good, strong move	BCM	British Chess Magazine
!!	Excellent or hard-to-find move	RSFSR	Russian Soviet Federate Socialist Republic
!?	Double-edged or interesting move	USSR	Union of Soviet Socialist Republics
?!	Dubious move		
?	Bad, weak move		
??	Blunder or a very poor move		
1–0	Black resigned		

W or B by the side of a diagram indicates which side is to move. In the text, a number in brackets refers to the corresponding diagram number.

PART 1

Modern line with 10 Be2 (Games 1–4)

Game 1
VAN DER WIEL–FTACNIK,
AARHUS 1983

1 e4 c5 2 Nf3 d6 3 d4 cxd4 4 Nxd4 Nf6 5 Nc3 a6 6 Bg5 e6 7 f4 Qb6 8 Qd2 Qxb2 9 Rb1 Qa3

10 Be2 (diagram 1)

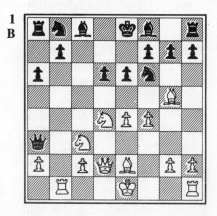

The name "Modern line with 10 Be2" has been given to this variation, because it came into fashion only recently.

The system was worked out by Latvian chess players (first of all by A. Vitolins) in the early 1980s.

White first quickly finishes development, and after castling begins to attack the Black position by the advance of the 'e' pawn. In this respect the line is similar to the "Classical line with 10 e5" (see Part 3) from which several tactical ideas are borrowed and applied. White sacrifices a second pawn on e5 in order to open the 'f' file and free the e4 square for the knight. White obtains a dangerous attack and in order to prevent Black castling often sacrifices the exchange on f6. White centralises both knights on d4 and e4 and attacks the Black king by making use of the weak points d6 and f6.

10 ... Be7 This move seems to be the most solid, and most trusted, reply. Black has three alternatives: A 10 ... Nc6, B 10 ... b5, and C 10 ... Nbd7.

A 10 ... Nc6 A risky, doubtful move because after 11 Nxc6 bxc6 White's attack is worth far more than a pawn.

Lobron–Hulak, Indonesia 1983

12 0–0 (12 e5 Nd5 13 Nxd5 cxd5 14 0–0 dxe5 15 fxe5 Be7 16 Kh1 ± — S. Salov) 12 ... d5 13 Kh1! Bc5? (Better is 13 ... Bb4 14 Bxf6 gxf6 15 Rb3 Qa5 16 f5 dxe4 17 Qd4 Bxc3 18 Rxc3 Qe5 19 Qxe5 fxe5 20 f6 ± according to Lobron) 14 Bxf6 gxf6 15 exd5 f5 (15 ... cxd5 16 Nxd5! exd5 17 Rb3 Qa4 18 Qxd5 ±) 16 Bh5 cxd5 17 Nxd5 Ra7 (17 ... exd5 18 Qxd5 Ra7 19 Qe5+ and 20 Qxh8) 18 Rb8 0–0 19 Rb3! Qa4 20 Nf6+ Kg7 21 Qe1! Rh8 (21 ... Kxf6 22 Qh4+ Kg7 23 Rg3+ ±±) 22 Qh4 h6 23 Rd1 Qa5 (23 ... Be7 24 Rg3+ Kf8 25 Nh7+ Rxh7 26 Rd8+ Bxd8 27 Qxd8+ Qe8 28 Rg8+ ±±) 24 Rg3+ Kf8 25 Nh7+! Ke8 26 Qf6! 1–0.

B 10 ... b5 A risky, but playable move.

S. Salov–A. Sobolev, USSR 1980

11 e5 b4 (11 ... Nfd7 12 f5 Nxe5 13 fxe6 fxe6 14 Ne4 ± S. Salov) 12 Rb3 bxc3 13 Qxc3 Qc5 14 Qxc5 dxc5 15 exf6 Nd7 16 fxg7 Bxg7 17 Nc6 c4 18 Rg3 a5 19 f5! Ra6 20 fxe6 Rxc6 21 exd7+ Bxd7 22 0–0 (±) Bd4+ 23 Kh1 Be6? (Better is 23 ... Rg8! 24 Rd1 Bb6 25 Bf3 Rcg6 26 Bf4 ± S. Salov) 24 Rd1 Bb6 25 Bf6 (25 Bf3! Rc8 26 Bf6 Rf8 27 Bb7 ±) 25 ... Rf8 26 Bf3 Bd5! 27 Bg7 Bxf3 28 Re1+ Re6 29 Rxe6+ fxe6 30 Bxf8 Bd1 31 Bh6 Bxc2 32 Be3 Bc7 33 Rg7 Kd8 and 1–0 in 63 moves.

C 10 ... Nbd7 This alternative

is the subject of Game 4.

11 0–0 The immediate attack with 11 e5 does not cause Black any great trouble: 11 ... dxe5 12 fxe5 Nfd7 13 Rb3 Bxg5 14 Qxg5 and now

(a) Kenworthy–Kwiatowsky, Great Britain 1982

14 ... Qe7? (After 14 ... Qc5 or 14 ... Qa5 Black seems to have sufficient resources against this hasty attack.) 15 Qxg7 Qf8 16 Qg5 Nc5 17 Rb6! Rg8 18 Qh5 Qg7 19 Rf1 Qg6 20 Nd5! Qxh5 21 Bxh5 exd5 22 Bxf7+ Kf8 23 Bxd5+ Kg7 24 Rf7+ Kh8 25 Rh6 1–0.

(b) Van der Wiel–Quinteros, Novi Sad 1982

14 ... Qa5 15 Qxg7 Qxe5 16 Qg4 h5 17 Qe4 Qxe4 18 Nxe4 Ke7 19 0–0 Ne5 20 Rg3 Bd7 21 Rg5 f5 22 Nc5 b6 23 Nxd7 Nbxd7 24 Bxh5 Rac8 25 Be2 Rh4 26 Bxa6 Ra8 27 Bb7 Rxa2 28 Rd1 Kf6 29 Rg8 Nc5 30 Rf8+ Ke7 31 Rc8 Kf6 32 Rf8+ Ke7 33 Rc8 Kf6 ½–½.

(c) Vitolins–Gavrikov, Kaluga USSR 1981

14 ... Qa5 15 Qxg7 Qxe5 16 Qg4 Nc5 17 Nf3 Qf5 18 Qxf5 exf5 19 Ra3 Nc6 20 Nd5 Rb8 21 Nf6+ Ke7 22 Nd5+ Kf8 23 0–0 Be6 24 Nf4 Rd8 25 Ng5 Nd4 26 Bh5 Rg8 27 Rg3 h6 28 Ngxe6+ fxe6 29 Rc3 b6 30 Rb1 Rd6 31 Nd3 Nd7 32 Rc7 Rg7 33 Nf4 Ke7 (∓) 34 c3 Nb5 35 Rc8 e5 36 c4 Nc3 37 Rb3 exf4 38 Re8+ Kf6 39 Rxc3 Rd2 40 Re2 Rxe2 41 Bxe2 Nc5 42 Kf1

Ke5 43 Rh3 Rg6 44 Rh5 Ne4 and 0–1 in 68 moves.

11 ... Nc6 Black has two other main lines: 11 ... Nbd7 (the subject of Game 2) and 11 ... h6 (the subject of Game 3).

12 Nxc6 bxc6 13 e5! dxe5 14 fxe5 Qc5+ White also has good attacking chances after 14 ... Nd7 15 Ne4 Nxe5 16 Rb3 ⩲ according to Van der Sterren.

15 Kh1 Qxe5 (diagram 2)

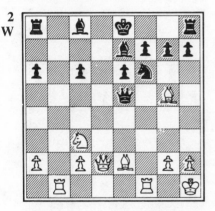

2
W

Better would have been 15 ... Nd7 16 Ne4 Qxe5 17 Bxe7 Kxe7 18 Bd3 or 16 Bxe7 Qxe7 17 Ne4 (Van der Sterren).

16 Bf4! White's attack becomes very dangerous as Black's king does not have time to castle, and the queen is vulnerable in the centre.

16 ... Ne4? This is a fatal mistake, although it was already difficult for Black. Better would have been 16 ... Qa5 17 Bf3 Bd7

(17 ... Nd5?! 18 Nxd5 Qxd2 19 Nc7+ Kd8 20 Bxd2 Kxc7 21 Ba5+ ±± or 17 ... 0–0?! 18 Nd5 Qd8 19 Nxe7+ Qxe7 20 Bxc6 Rd8 21 Qf2 Ra7 22 Bb8 ±) and now 18 Rfd1 Bb4 19 Rxb4 Qxb4 20 Be5! 0–0! 21 a3! Qe7 (21 ... Qxa3 22 Bxf6 gxf6 23 Ne4! ± or 21 ... Qa5 22 Qg5! ±) 22 Bxf6 Qxf6 (22 ... gxf6 23 Ne4) 23 Ne4 Qb2 24 Qxd7 is unclear according to Van der Wiel's analysis in Informator 35/357. Some examples:

(a) Van der Wiel–Fedder, European Team Ch. Plovdiv 1983
16 ... Qa5 17 Bf3 Bd7 18 Rb7 Qd8 (18 ... Rc8 19 Rd1 Nd5 20 Be5! Bb4 21 Bxg7 Bxc3 22 Bxc3 Qxc3 23 Qxc3 Nxc3 24 R1xd7 0–0 25 h4 ± according to Christiansen) 19 Na4 0–0 20 Nb6 e5 21 Bg5 Bc8 22 Rxe7 Qxb6 23 Bxf6 gxf6 24 Qh6 Qd8 25 Be4 f5 26 Qg5+ Kh8 27 Qf6+ Kg8 28 Bxf5 Bxf5 29 Rxf5 Qd1+ 30 Rf1 1–0.

(b) McCambridge–Ftacnik, New York 1983
16 ... Qa5 17 Bf3 Bd7 18 Rb7 Qd8 19 Rd1 (Better is 19 Ne4! Nd5 20 Nd6+ Bxd6 21 Bxd6 Bc8 22 Rxf7! Qxd6 23 Rxg7 ±± or 21 ... Qc8 22 Rc7! Nxc7 23 Qg5 Qd8 24 Qxg7 ±± according to Christiansen) Nd5 20 Bxd5! cxd5 21 Nxd5 exd5 22 Qxd5 0–0 (22 ... Bb5 23 Rxe7+ Kxe7 24 Qc5+! Ke8 25 Re1+ Kd7 26 Qd5+ ±± McCambridge) 23 Rxd7 Qe8 24 c4 Rd8! 25 Rxd8 (25

h3!) 25 ... Qxd8 26 Qxd8 Bxd8 27 c5? (27 Bd6!) 27 ... Ba5! 28 g4 Rc8 29 Bd6? (29 Be3!) 29 ... f6 30 Kg2 Bc7! 31 Kf3 ½–½.

17 Nxe4 Qxe4 18 Bf3 Qc4 19 Bd6! Obviously, White attacks the uncastled King because Black's queen and bishop are out of play, and unable to defend it.
19 ... f5!? Other possibilities are weaker:

(a) 19 ... Ra7 20 Bxe7 Rxe7 21 Qd6! f6 (21 ... f5 22 Bxc6+ Kf7 23 Rxf5+ exf5 24 Bd5+) 22 Bh5+! g6 23 Rxf6 gxh5 24 Rb8 ±± or 23 ... Qd5 24 Qb8 Qd8 25 Bf3 ±± or 23 ... Rf8 24 Be2! Qd5 25 Rxf8+ Kxf8 26 Rf1+ Ke8 27 Qb8 Qd8 28 Qe5 ±± according to Van der Sterren.
(b) 19 ... f6 20 Rfd1 Ra7 21 Rb4 Qxa2 22 Bxe7 Kxe7 23 Qc3! or 20 Bh5+ g6 21 Bxe7 Kxe7 22 Qh6! ±± according to Van der Wiel.

20 Rfd1! Ra7? Immediately fatal. The best defence would have been 20 ... Bxd6 21 Qxd6 Kf7 22 Qc7+ Kf6 (22 ... Kg6? 23 Bxc6 and 24 Be8+ ±±) 23 Rd8 Rxd8 24 Qxd8+ Kg6 ± according to Van der Wiel.

21 Rb4 Qxa2 22 Bxe7 Kxe7 23 Qd4! 1–0 (because Black is unable to defend the different threats simultaneously.) All the lines with 10 ... Be7 11 0–0 Nc6 deserve further investigation and

more practical testing before it will be possible to make any definite assessment of the chances.

Game 2
TAL–FTACNIK, SOCHI 1982

1 e4 c5 2 Nf3 d6 3 d4 cxd4 4 Nxd4 Nf6 5 Nc3 a6 6 Bg5 e6 7 f4 Qb6 8 Qd2 Qxb2 9 Rb1 Qa3

10 Be2 Be7 11 0–0 Nbd7 (diagram 3)

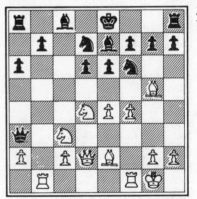

3
W

Most of these very complicated and lengthy variations have been analysed by Latvian theorists and players. Black has two main alternatives 11 ... Nc6 (the subject of Game 1) and 11 ... h6 (the subject of Game 3).
12 e5
Alternatives: A 12 Kh1 and B 12 f5

A 12 Kh1 Black has sufficient resources against this preventing move.

J. Pinter–P. Szekely, Budapest 1971

12 Kh1 h6 (12 ... 0–0 13 Rf3 Qc5 14 Rh3 ≐ S. Salov) 13 Bh4 Qa5 14 Qe3 Qc5 15 Na4 Qc7 16 f5 e5 17 Ne6 fxe6 18 fxe6 0–0 19 exd7 Bxd7 20 Nb6 Rab8 21 Rxf6 Bxf6 22 Nd5 Qxc2 23 Rc1 Qxc1+ 24 Qxc1 Bxh4 25 g3 Bg5 26 Qc7 Bc6 27 Qxd6 Rbd8 28 Qe6+ Kh8 29 Kg2 Rde8 30 Qg6 Rd8 31 Bd3 ½–½.

B 12 f5 White attacks the pawn on e6 immediately because the black knight developed to d7 instead of c6.

(a) Sax–Brown, Wijk aan Zee 1981

12 f5 e5 13 Nb3 Qb4 14 Be3!? (14 Bd3 Bukic) 14 ... Nxe4 15 Nxe4 Qxe4 16 Na5 d5 17 Bf3 Qxe3+ 18 Qxe3 Bc5 19 Qxc5 Nxc5 20 Bxd5 Ke7 21 Rb6 Rd8 22 c4 f6 23 Bxb7 Nxb7 24 Nxb7 Rb8 25 Rfb1 Rd2 26 Nd6 Ra8 27 c5 Rc2 28 Ncx8+ Rxc8 29 Rb7+ Kf8 30 Rd1 R2xc5 31 Rdd7 Rb5 32 Rf7+ Kg8 33 Rxg7+ Kh8 34 Rxh7+ Kg8 35 Rbg7+ Kf8 36 Ra7 Kg8 37 h4 e4 38 g4? (38 Rhe7 ≐) 38 ... Rc2 39 Rab7 Rxb7 40 Rxb7 e3 41 Re7 Rc4 42 Rxe3 ½–½.

(b) Markov–Zuk, Toronto Ch 1972

12 f5 e5 13 Ne6 fxe6 14 fxe6 Nf8

15 Bxf6 gxf6 16 Nd5 Qc5+ 17 Kh1 Bxe6 18 Bh5+ Kd8 19 Nxe7 Kxe7 20 Qh6 Rg8 21 Qxf6+ Kd7 22 Bf7 Kc6 23 Qe7 b5 24 Bxg8 Bxg8 25 Rxf8 Rxf8 26 Qxf8 Bxa2 27 Ra1 Qd4 28 Qf1 Qb2 29 Rd1 a5 30 Qf8 Qa3 31 Qc8+ Kb6 32 Qd7 d5 33 exd5 Qe3 34 Qc6+ Ka7 35 Qxb5 Qc3 36 Rf1 Qc7 37 Rf6 1–0.

(c) Wedberg–H. Olafsson, Denmark 1982

12 f5 Ne5 13 fxe6 fxe6 14 Kh1 0–0 15 Rb3 Qa5 16 Nd5 Qxd2 17 Nxe7+ Kf7 18 Bxd2 Kxe7 19 Rg3 Rf7 20 Bg5 Bd7 21 Bh5 g6 22 Be2 h6 23 Bxh6 Nxe4 24 Rb3 Rxf1+ 25 Bxf1 b5 26 Kg1 Ng4 27 Bd3 Ngf6 28 Ra3 e5 29 Nf3 a5 30 Nd2 Bc6 31 Nxe4 Nxe4 32 Rb3 b4 33 Rb1 Nc3 34 Bg5+ Kd7 35 Rf1 Be4 36 Rf7+ Kc6 37 Rg7 Bxd3 38 cxd3 a4 39 Rxg6 b3 40 axb3 axb3 0–1.

(d) Matov–Fischer, Vinkovci 1968

12 f5 Ne5 13 Kh1 0–0 14 Rb3 Qc5 15 Bxf6?? Bxf6 16 Na4 Nc4! 17 Qf4 Qxd4 18 Rd3 Qe5 19 Qg4 exf5 20 exf5 Ne3 0–1.

12 ... dxe5 13 fxe5 Nxe5 14 Bxf6 (diagram 4) **14 ... Bxf6**

(see following diagram)

In this critical position the other main line 14 ... gxf6 is considered in Game 4.

15 Rxf6 This exchange sacrifice on f6 leads to great complications

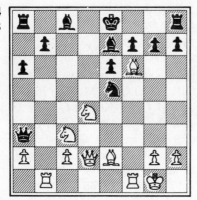

4
B

which now seem definitely in White's favour.

15 ... gxf6 16 Ne4 Qe7 Other moves are weaker:

(a) Timman–Ljubojevic, Linares 1985
16 ... Nd7? 17 Rb3 Qxa2 (17 ... Qe7 18 Nc6 Bxc6 19 Nd6+ Kd8 20 Qa5+ Nb6 21 Qxb6+ Kd7 22 Rd3± ±) 18 Nd6+ Kf8 19 Qc3! Kg7 20 N6f5+ exf5 21 Nxf5+ Kg6 22 Qh3 1–0.

(b) 16 ... f5?! 17 Nf6+ Ke7 18 Qg5 Kf8 (18 ... Kd6 19 Rd1 Qc5 20 Qe3) 19 Qh6+ Ke7 20 Nxf5+ exf5 21 Nd5+ ±±.

17 Qf4 This seems to be White's best attacking move as after the alternative 17 Rb6!? Black has a chance to defend the position. Some variations:

(a) 17 Rb6!? Nd7? 18 Nd6+ Kd8 19 Qa5 Nxb6 20 Qxb6+ Qc7 21 Nxf7+ Kd7 22 Qxe6 mate or

20 ... Kd7 21 Nxb7 Ke8 22 Nc6 Qd7 23 Nc5 Qd2 24 Ne4 Qe1+ 25 Bf1 Kf8 26 Qd8+ Kg7 27 Qxf6+ Kg8 28 Ne7+ Kf8 29 Nd6 ±±.

(b) 17 ... 0–0 18 Qh6 Ng6 19 Nf5 exf5 20 Nxf6+ Qxf6 21 Rxf6 Be6 22 h4 ±± S. Salov.

(c) 17 ... h5! (preventing White's dangerous threat on h6) 18 Qc3 ∞.

17 ... Kd8 Alternatives: (a) 17 ... Nd7 and (b) 17 ... Ng6?

(a) 17 ... Nd7 18 Nd6+ Kd8 (18 ... Kf8 19 Qh6+ Kg8 20 Rb3 Ne5 21 Ne4 Ng6 22 Rb6! Bd7 23 Nf5 exf5 24 Nxf6+ Qxf6 25 Rxf6 or 20 ... Qxd6 21 Rg3+ Qxg3 22 hxg3) 19 Rxb7 Qxd6! 20 Qxd6 Bxb7 21 Bh5 Rf8 22 Bxf7 Rxf7 23 Nxe6+ Ke8 24 Nc7+ Kd8 25 Nxa8 Bxa8 26 Qxa6 Be4= according to Christiansen.

(b) 17 ... Ng6? 18 Nxf6+ Kd8 19 Nc6+ bxc6 20.Qd4+ Kc7 (20 ... Bd7 21 Qb6+ Kc8 22 Qb7+) 21 Qb6+ Kd6 22 Rd1+ Ke5 23 Qd4+ ±± according to Vitolins.

18 Nxf6 Nd7 The alternative 18 ... Ng6? is hopeless for Black because of 19 Nc6+ bxc6 20 Qd2+! Bd7 21 Qa5+ Kc8 22 Bxa6+ ±± (Ftacnik).

19 Nxd7 (diagram 5) **19 ...**

(see following diagram)

Bxd7 White has two possibilities after the alternative 19 ... Kxd7, and in both cases obtains overwhelming attacks:

5
B

(a) 20 Rd1! and
(b) 20 Nxe6!

(a) Analysis by Ftacnik in Informator 34/354, 20 Rd1! Ke8 (or 20 ... e5 21 Nf5+ Ke8 22 Ng7+ Kf8 23 Qh6 Qc5+ 24 Kh1 Ke7 25 Nh5 Re8 26 Qg5+ Kf8 27 Nf6 Qxc2 28 Qh6+ Ke7 29 Ng8+ Rxg8 30 Qd6+ Ke8 31 Qd8 mate) 21 Nb5! axb5 (or 21 ... e5 22 Qh6 Qc5+ 23 Kh1 Be6 24 Nd6+ Ke7 25 Ne4 ±±) 22 Bxb5+ Kf8 23 Qh6+ Kg8 24 Rd3 Ra3 25 c3 Qc5+ 26 Kh1 Rxc3 27 Rd8+ ±±.
(b) Oll–Zagrabelny, USSR 1983
20 Nxe6! fxe6 21 Rd1+ Kc6 22 Bf3+ Kb6 23 Qd4+ Kc7 24 Qe5+ Kb6 25 Rb1+ Ka7 26 Qd4+ Kb8 27 Qxh8 ± (up to this point this variation is recommended by Tal.) 27 ... Ra7 28 Qd4 a5 29 Be4 Ra6 30 Qe5+ Ka7 31 Bd3 Rc6 32 Qxa5+ Kb8 33 Qe5+ Ka7 34 Rb3 h6 35 h3 Rc5 36 Ra3+ Kb6 37 Qb8 1–0.

20 Rxb7 Rc8 After 20 ... e5 21 Nc6+ Bxc6 22 Qd2+ Bd7 23 Bg4 Black's position is hopeless.
21 Nf3! Other moves seem to be weaker:

(a) 21 Qd2 Rg8 22 Bxa6 Qc5 23 Bb5 Rxg2+! 24 Kxg2 Qd5+ or
(b) 21 Qe5 Rg8 22 Bxa6 Qg5! ∞ according to Ftacnik.

21 ... f6 22 Bxa6 Rf8? Instead of this dubious move Black has three alternatives:

(a) 22 ... Rg8,
(b) 22 ... e5! and
(c) 22 ... Rxc2?

(a) Kengis–Azmayparashvili, USSR 1982
22 ... Rg8 23 Bb5? (A blunder in time pressure. Better would have been: 23 Qd4! Ke8 24 Bb5 Rd8 25 c4! ± according to Kengis) 23 ... Qc5+ 24 Kh1 Rc7 25 Rb8+ Rc8 26 Rb7 Rc7 27 Rb8+ Rc8 28 Bxd7 Kxd7 29 Rb7+ Rc7 30 Rxc7+ Qxc7 31 Oxf6 Rb8! 32 Qf7+ Kd6 33 Qf4+ Kd7 34 Qf7+ Kd6 ½–½.
(b) Analysis of Ftacnik: 22 ... e5! 23 Qd2 Rf8 (23 ... Qc5+ 24 Kh1 Qc6 25 Nxe5! fxe5 26 Qg5+ Ke8 27 Qxe5+ Kf7 28 Bc4+ Kg6 29 Bd5 ±±) 24 Bb5 Qc5+ 25 Kh1 Rc7 26 Rb8+ Ke7 27 Rxf8 Qxb5 28 Rh8 Qf1+ 29 Ng1 Rb7 ± or 23 ... Ke8! ∞.
(c) Analysis of Kengis: 22 ... Rxc2? 23 Rb8+ Bc8 24 Nd4! e5 25 Qf5! Rc1+ 26 Kf2 ±±.

23 Qd4! Ke8 Black's other moves lose immediately: 23 ... e5 24 Qb6+ Ke8 25 Rxd7! Kxd7 26 Bb5+ or 23 ... Qg7 24 Qb6+ Ke8 25 Rxd7! Kxd7 26 Bb5+ Ke7 27 Qb7+.

24 Bb5 Rd8 25 Qb6 The alternative 25 c4 seems to be more accurate. Then: 25 ... Rf7 26 c5 Bxb5 27 Rxe7+ Kxe7 ± according to Tal.

25 ... e5 26 Nd2 f5 27 Nc4 Rf6 28 Bxd7+ Rxd7 29 Qb5 Re6 30 a4 e4 31 Kf1!! Qg7? This is a fatal mistake, although the position is already difficult for Black. After a long, difficult defence Black at last sees the possibility of active counter-play on the a1–h8 diagonal but he overlooks White's simple tactical threat.

Better alternatives according to Ftacnik were:

(a) 31 ... e3 32 Ke2 f4 33 a5 Rg6 34 Ne5! Rxg2+ 35 Kf3 Rf2+ 36 Ke4 Rd2 37 Rb8+ Qd8 38 Rxd8+ Kxd8 39 Qb8+ Ke7 40 Nxd7 e2 41 Qe5+ Kxd7 42 Kxf4 ±±.

(b) 31 ... f4 32 Nb6 Rxb6 33 Rxb6 Kf8 34 Qf5+ Kg7 35 Qg4+ Kh8 36 Qxf4 ±.

32 Rb8+ 1–0
(After 32 ... Ke7 33 Qxd7+ Kxd7 34 Rb7+ White wins the queen.)

Summing up, the variation 10 Be2 Be7 11 0–0 Nbd7 12 e5 appears very satisfactory for White according to analysis and practice.

Game 3
VAN DER WIEL–L. PORTISCH, TILBURG 1983

1 e4 c5 2 Nf3 d6 3 d4 cxd4 4 Nxd4 Nf6 5 Nc3 a6 6 Bg5 e6 7 f4 Qb6 8 Qd2 Qxb2 9 Rb1 Qa3

10 Be2 This system could well be named the Latvian variation since most of the exploratory work has been performed by Latvian analysts and players.

10 ... Be7 11 0–0 h6 The other possibility. 11 ... Nc6 was the subject of Game 1 and 11 ... Nbd7 was the subject of Game 2, which showed the importance of the square h6.

After the second pawn sacrifice on e5 and the exchange sacrifice on f6 White obtains a very dangerous attack agains the exposed black king positioned precariously in the centre. There is no escape to f8, because after Qh6+ White quickly organises a mating attack. With 11 ... h6 Black eliminates the weakness on h6 and by this means prevents White's dangerous exchange sacrifice on f6.

12 Bh4 Nbd7 (diagram 6) Al-

(see following diagram)

ternatively, Black has 12 ... Nc6. S. Salov–Glusenko, USSR 1982,

6
W

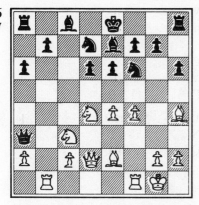

cøntinued 13 Bf2! Nd7 14 f5 Bg5 15 Qe1 Nxd4 16 Bxd4 Bf6 17 e5! Bxe5 (17 ... Nxe5 18 Rb3 Qa5 19 Bb6 ±± or 17 ... dxe5 18 fxe6 exd4 19 exd7+ ±) 18 Bxe5 Nxe5 19 Qg3 exf5 (or 19 ... 0–0 20 f6 g6 21 Qh4 Kh7 22 Rb3 Qc5+ 23 Kh1 g5 24 Qh5 ± according to S. Salov) 20 Qxg7 Rf8 21 Qxh6 Qxc3 22 Qxd6 Nd7 (22 ... Nc6!) 23 Bc4 Qxc4 24 Rfe1+ Qe4 25 Rxe4+ fxe4 26 Re1 f5 27 Qe6+ Kd8 28 Rd1 b5 29 Qb6+ (29 Qc6! Rb8 30 Rxd7+ Bxd7 31 Qd6 Re8 32 Qxb8+ Ke7 ±±) 29 ... Ke7 30 Qd6+ Ke8 31 Qe6+ Kd8 32 h4 Ra7 33 h5 Rc7 34 h6 Bb7 35 h7 e3 36 h8 Q Rxh8 37 Qf6+ Ke8 38 Qxh8+ Ke7 39 Qd4 Be4 40 Qd6+ 1–0.

13 e5?! White can also continue the attack without e5. These lines show the disadvantage of the move 11 ... h6, since from f2 White's bishop can attack the black queen quickly and effectively.

(a)   Tseitlin–Kremenecki, USSR 1962

13 Rf3 (The alternative 13 f5 e5 14 Ne6!? fxe6 15 fxe6 Nc5 16 Bh5+ Kd8 17 Rxf6 gxf6 18 Bxf6 Nxe6 19 Bxh8 ∞ results in a very complicated position, where the attacking and defending possibilities have still not been explored) 13 ... Qc5 14 Bf2 Qc7 15 Rg3 Nc5 16 Bf3 g6 17 Nb3 Ncd7 18 Rd1 h5 19 Rh3 Rg8 20 Be2 b5 21 e5 dxe5 22 fxe5 Ng4 23 Bxg4 hxg4 24 Rd3 Nb6 25 Na5 b4 26 Nc6! Bb7 27 Nxe7 Kxe7 28 Bh4+ f6 29 exf6+ Kf7 30 Na4 Nd5 31 Qh6 Ke8 32 Bg3 Qf7 33 Nc5 Bc6 34 Nxe6 Qxf6 35 Rxd5 Bxd5 36 Nc7+ Kf7 37 Nxd5 Rh8 38 Qe3 1–0.

(b)   Lobron–L. Portisch, Indonesia 1983

13 Kh1 Qa5 14 f5 Ne5 15 fxe6 fxe6 16 Bh5+ Nf7 (16 ... Nxh5? 17 Bxe7 Kxe7 18 Nd5+ ±±) 17 Bxf7+ (17 e5! is better) 17 ... Kxf7 18 e5 dxe5 19 Nf3 e4 20 Nxe4 Qxd2 21 Ne5+ Kg8 (Black castles artificially and tries to simplify the position by the exchange of White's attacking pieces, because the endgame is favourable for him.) 22 Nxd2 Kh7 23 Ndc4 (23 a4! is better) 23 ... b5 24 Na5 Rf8 25 Rbd1 Bd8 26 Nac6 Bb7 27 h3 Bxc6 28 Nxc6 Rc8 29 Rd6 Bc7 30 Rxe6 Nd5 31 Rd1 Nc3 32 Rde1 Nxa2 33 Ne7 Ba5 34 Ra1 Rxc2 35 Rxa6 Bc7 36 Nd5 Be5 37 Re1 Re2 38 Kg1 Rxe1+ 39 Bxe1 Nc1 40 g3 Nd3 41 Bc3 Bxg3 42 Kg2 Be1 43

Rb6 Bxc3 44 Nxc3 b4 45 Nd1 Re8 46 Rd6 Re2+ 47 Kg3 Nc5 48 Rb6 Re1 49 Nb2 Re3+ 50 Kg4 b3 51 h4 Re2 52 Nd1 Rd2 53 Nc3 Rd4+ 0–1.

(c) Kengis–Veingold, Tallin 1983

13 Rf3!? Qa5 14 Bf2 g5!? (14 ... Qc7 15 Rg3 Rg8) 15 f5 Ne5 16 fxe6 fxe6 (16 ... Nxf3+ 17 Nxf3 Bxe6 18 Rxb7) 17 Rxf6! Bxf6 18 Nxe6! Bxe6 19 Qxd6 Nf3+! 20 Bxf3 Qe5 21 Bh5+ Bf7 22 Bxf7+ Kxf7 23 Rxb7+ Kg6 24 Qd7 (24 Qxe5 is roughly level) 24 ... h5? (Much better would have been 24 ... Raf8! 25 h4 gxh4 26 Be3 h3! 27 Qxh3 Bg5 ∞ according to Kengis) 25 h4! Raf8 26 Be3 gxh4 27 Ne2! Qxe4 28 Nf4+ Kh6 29 Nd5+ Kg6 30 Nf4+ Kh6 31 Nd5+ Kg6 32 Qd6? (32 Qc6! ±± Qe5 33 Ne7+ Kg7 34 Nf5+ Kg8 35 Qc4+ leads to mate or 32 ... Qg4 33 Nf4+ Kh6 34 Qe4 ±± or 32 ... Qe8 33 Nf4+ Kf5 34 Qd5+ Qe5 35 Qd7+ Kg5 36 Ne6+ Kg6 37 Nxf8+ Rxf8 38 Qh7 mate according to Kengis) 32 ... h3! 33 Nf4+ Kh6 34 Nd5+ Kg6 35 Nf4+ Kh6 ½–½.

13 ... dxe5 14 fxe5 Nxe5 15 Bxf6 Bxf6 16 Ne4 Now the exchange sacrifice on f6 is dubious because the Black king can escape to f8. For example: 16 Rxf6 gxf6 17 Ne4 Qe7 18 Qf4 Nd7 19 Nd6+ Kf8 ∓∓.

16 ... Bd8 (diagram 7) A criti-

7
W

cal position. The knight pair in the centre and active rooks on the 'b' and 'f' files give White good attacking chances. The alternative 16 ... Be7 is slightly better according to Christiansen. For example:

(a) 17 Qf4 Qa5 18 Rb5 axb5 19 Bxb5+ Bd7 20 Qxe5 0–0 ∓.

(b) 17 Rb3 Qa4 18 Rg3 Bd7 19 Rxg7 0–0–0 ∓.

17 Bb5+ The knight sacrifice on b5 seems to be dubious: 17 Nb5? Bb6+! 18 Kh1 axb5 19 Bxb5+ Kf8 20 Rb3 Qe7 ∓∓ Better would have been 17 Rb3!? Qe7 18 Rg3 Kf8 ∞ according to Minic and Sindik.

17 ... axb5 18 Nxb5 Qa5 19 Nbd6+ Kf8 20 Qf2 White does not avoid the queen exchange, because after it there are still good attacking chances against the cramped Black position, but Black's practical defending chances have been increased con-

siderably (20 Qf4 is dubious as 20 ... f6! is better for Black).
20 ... Qa7! Black's best defence is the queen exchange. 20 ... Qc7 is weaker because 21 Rb5! Ra5 (21 ... Bf6 22 Nxc8 Rxc8 23 Nxf6 gxf6 24 Qxf6 Ng6 25 Qxg6 ±±) 22 Rxa5 Qxa5 23 Nxc8 Kg8 leads to an unclear position.
21 Qxa7 Rxa7 22 Nxc8 Ra8 22 ... Rxa2 is a dubious alternative: 23 Rxb7 (23 Rb5 Rxc2 24 Ncd6 Bf6 25 Rxb7) 23 ... Rxc2 24 Ncd6 Rc7 25 Rb5 Ng6 26 Rb8 Rd7 27 Rd1 Ke7 28 Nc8+ Ke8 29 Ned6+ Kf8 30 Nb6 ± with the better ending for White.
23 Ncd6 b6 24 Rb5 Ra5 25 Rxa5 After 25 Rxe5? Rxe5 26 Nxf7 Rxe4 27 Ng5+ Ke7 28 Nxe4 Bc7 White wins back the sacrificed pawn but loses the endgame because of the two weak isolated pawns on the queenside.
25 ... bxa5 26 Rb1 g5?! (Better would have been 26 ... f5! 27 Nc5 Ke7 ∓) **27 Rb5 Ng6 28 Rb7 Be7 29 Nc8?** Oversight or miscalculation? Here White has an easy draw by perpetual check: 29 Rb8+ Kg7 30 Ne8+ Kh7 31 N4f6+ Bxf6 32 Nxf6+ Kg7 33 Nh5+.
29 ... Ba3 (∓) **30 Ncd6 Ne5 31 Rb5 Bxd6 32 Nxd6 Ke7! 33 Ne4** White obtains a lost ending after 33 Rxe5 Kxd6 34 Rxa5 Rc8 35 Ra7 f5 36 h3 h5! 37 Rh7 g4 38 Rxh5 g3! ∓∓.
33 ... Nd7 34 Rxa5 Rc8 ∓

Black has succeeded in finishing his development, therefore the endgame is hopeless for White.
35 Nf2 Rxc2 36 Ng4 h5 37 Ne3 Rc1+ 38 Kf2 f5 39 Ke2 Kf6 40 a4 f4 The remainder of the game is only a matter of technique for Black.
41 Nf1 Rc2+ 42 Nd2 Ne5 43 Rc5 Black threatened 43 ... Rxd2+ 44 Kxd2 Nc4+, but now after 43 ... Rxc5? 44 Ne4+ Kf5 45 Nxc5 White would have obtained some chance of a draw thanks to the 'a' pawn.
43 ... Ra2 44 a5 g4 45 Kd1 f3 46 g3 Nd3! 47 Rxh5 e5 48 Rh6+ Kg5 49 Rd6 f2! 50 Rxd3 Rxd2+ 51 Kxd2 f1Q 52 Ra3 Qb1 53 Kc3 e4 54 Kc4 (54 a6 Qd3+ ∓∓) **54 ... Qc1+ 0-1** (55 Kb4 Qxa3+ 56 Kxa3 e3 57 a6 e2 58 a7 e1Q 59 a8Q Qa1+ and Black wins the queen.) There are a great number of possibilities for further analysis and exploration in this line with 11 ... h6 12 Bh4 Nbd7. Black's practical defending chances are increased considerably after the queen exchange, therefore White's attacking possibilities are not to be overestimated.

Game 4
TAL–P. SZEKELY, TALLIN 1983

1 e4 c5 2 Nf3 d6 3 d4 cxd4 4 Nxd4 Nf6 5 Nc3 a6 6 Bg5 e6 7 f4 Qb6 8 Qd2 Qxb2 9 Rb1 Qa3

10 Be2 Nbd7 The lines with 10 ... Be7, 10 ... Nc6 and 10 ... b5 were the subject of Game 1.

11 0–0 Be7 It is worth mentioning some nuances of move order here because Black can reach this position in two different ways:

(i) 10 Be2 Be7 11 0–0 Nbd7, considered in Game 2, whereby Black obtains the possibility of the variation 11 ... h6. (11 ... h6 was the subject of Game 3.)

(ii) 10 Be2 Nbd7 11 0–0 Be7, considered in this Game, by which Black obtains the possibility of the variation 11 ... Qc5.

After 11 ... Qc5 and 12 Kh1 Be7 White has two possibilities: (a) 13 Rf3 and (b) 13 f5.

(a1) Lanka–V. Gavrikov, USSR 1983

13 Rf3 h6 14 Rh3 Qc7 15 Rf1 Rg8 16 Bxf6 Nxf6 17 Rg3 Bd7 18 Qe3 e5 19 Nf5 Bxf5 20 exf5 Rc8 21 Rb1 b5 22 h3 Kf8 23 a3 h5 24 Rf3 e4 25 Nxe4 Qxc2 26 Bd3 Qc7 27 Qd4 Rh8 28 a4 Nxe4 29 Qxe4 Rb8 30 axb5 ½–½.

(a2) Kengis–D. Kaiumov, USSR 1983

13 Rf3 0–0 14 Rg3 Kh8 15 Bf3 Qc7 16 Rh3 Re8 17 g4 Nf8 18 f5 Bd7 19 Bh4 Rac8 20 Rb3 Bd8 21 Bg3 e5 22 Nde2 b5 23 g5 Ng8 24 Bf2 d5 25 Qxd5 Ne6 26 g6 fxg6 27 Bb6 Qxb6 28 Qxd7 Ng5 29 fxg6 Rxc3 30 Nxc3 Nxh3 31 Qxh3 Qxg6 32 Nd5 Bb6 33 Qg4 Qh6 34

Rd3 Rf8 35 Rd1 Be3 36 Qg2 Bf4 37 Rf1 Qh4 38 Be2 Rc8 39 Nxf4 exf4 40 Bg4 Rf8 41 e5 Nh6 42 Be2 Nf5 43 Qf2 g5 44 Qxh4 Nxh4 45 e6 Re8 46 Bg4 h5 47 Bxh5 Rxe6 48 Kg1 Rc6 49 Rf2 Kg7 50 Rd2 Kf6 51 Kf2 Ke5 52 Be2 Nf5 53 Bf3 Rc5 0–1.

(b1) Agapov–Barkovsky, Leningrad Ch ½ final 1983

13 f5 e5 14 Ne6 fxe6 15 fxe6 Nf8 16 Be3 Qa5 17 Rxf6 Bd8 18 e7 gxf6 19 exd8Q+ Qxd8 20 Bb6 Qd7 21 Nd5 Kf7 22 Rf1 Ng6 23 Qh6 Qe6 24 Bc4 Nf4 25 Bb3 f5 26 Nxf4 1–0.

(b2) Wedberg–Jacobsen, Sweden v Denmark 1984

13 f5 e5 14 Ne6 fxe6 15 fxe6 Nf8 (15 ... 0–0 16 exd7 Bxd7 17 Rxb7 Ng4! 18 Qd5+! Qxd5 19 Rxf8+ Rxf8 20 Nxd5 Bxg5 21 Rxd7 Nf2+ 22 Kg1 Nxe4 = according to Byrne and Mednis) 16 Rxf6 gxf6 (16 ... Bxf6 17 Bxf6 gxf6 18 Bh5+ Ng6 19 Qh6! Qxc3 20 Bxg6+ hxg6 21 Qxh8+ Ke7 22 Qg8 d5 23 Qf7+ Kd6 24 e7 Bd7 25 Qxf6+ Kc5 26 Qb6+ Kc4 27 Qxb7 ±± Wedberg) 17 Be3 Qc6 18 Rb6 Qc7 19 Nd5 Qd8 20 Qc3! Nxe6? (20 ... Bxe6!=) 21 Bh5+ Kf8 22 Bh6+ Ng7 23 Nc7! Qd7 24 Qb3 d5 25 Ne6+ Qxe6 26 Rxe6 Bxe6 27 Qxb7 1–0.

12 e5 dxe5 13 fxe5 Nxe5 14 Bxf6 gxf6 (diagram 8)

(see following diagram)

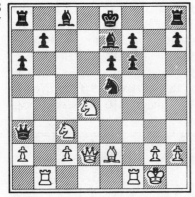

A theoretically critical position, which requires more practical testing. The other main line 14 ... Bxf6 was the subject of Game 2.

15 Ne4 f5 16 Rb3 Qa4 17 Qc3!
17 ... Bd7!

Another possibility is 17 Nxf5! For example:

Lobron–Ribli, Zagreb/Rijeka 1985

17 Nxf5! Qxe4 (17 ... exf5 18 Nd6+ Bxd6 19 Qxd6 Qe4 20 Re1 Nc6 21 Kf1! Be6 22 Bh5 Rd8 23 Qxe6+ Qxe6 24 Rxe6+ Kf8 25 Rf6 Rd7 26 Rxf5± Lobron) 18 Nxe7 Kxe7 19 Re3! Qd5 20 Qb4+ Qd6 21 Qh4+ Ke8 22 Qf6 Rf8 23 Rxe5 Bd7? (Better is 23 ... Qe7 24 Qh6 Bd7 25 Bh5 Kd8 26 Qxh7 ∞) 24 Bh5 Qe7 25 Qg7 Kd8 26 Rxf7! Rxf7 27 Bxf7 Be8? (27 ... Rc8±) 28 Rxe6! Qxf7 29 Qg5+ Kc8 30 Qe5 Kd8 31 Qg5+ Kc8 32 Qe5 Kd8 33 Qd6+! Qd7 34 Qb6+ Kc8 35 Qc5+ Kd8 36 Rd6 Rc8 37 Qg5+ Kc7 38 Rxd7+ Bxd7 39 Qg7 h5 40 Qe5+ Kb6 41 Qd6+ Bc6 42 Qd4+ Kc7 43 Qe5+ Kb6 44 Qxh5 a5 45 Qd1 a4 46 h4 a3 47 Qd4+ 1–0.

Black's defence is extremely difficult in this sub-variation and often requires iron nerves and infinite patience, because Black has to walk a razor's edge to avoid a clear disadvantage in the early stages of the game. These are the alternatives: (a) 17 ... fxe4, (b) 17 ... f6? and (c) 17 ... Rg8!

(a1) Tischbierek–Vegh, Budapest 1983

17 ... fxe4 18 Nb5! axb5 (18 ... 0–0 19 Qxe5 f6 20 Qh5! axb5 21 Rg3+ Kh8 22 Rh3 ±±) 19 Qxe5! (19 Bxb5+ Qxb5 20 Rxb5 Ng6 ∞ Kengis) 19 ... Qa7+ 20 Kh1 (± according to Tal) 20 ... Rg8 21 Bxb5+?! Kf8 22 Rc3! Qb6? (Better is 22 ... Qxa2! 23 Rc7 Qd5!) 23 Rc7 Rg5? 24 Qh8+ Rg8 25 Rxe7! Kxe7 26 Qf6+ Kd6 27 Rd1+ Kc5 28 Qd4+ Kxb5 29 Rb1+ Kc6 30 Rxb6+ 1–0.

(a2) Nunn–Helmers, Norway 1983

17 ... fxe4 18 Nb5! axb5 19 Qxe5! Qa7+ 20 Kh1 Rg8 21 Qh5! Rg7 22 Bxb5+ Kf8 23 Rg3 Bf6! 24 Rxf6 Qd4! 25 Rf1 (White resigned in desperation but he had serious chances of reaching a roughly equal position: 25 ... b6!! 26 c3 Qd5 27 Qh6 Qe5 28 Be8! Rxa2 29 Bxf7 Ba6! 30 Bxe6+

Bxf1 31 Bxa2 Bd3 32 Rxg7! Qxg7 33 Qf4+ Ke7 34 Qc7+ Kf6 35 Qxb6+ ± according to Nunn) 1–0.

(b) Kengis–I. Novikov, USSR 1983

17 ... f6? (17 ... 0–0? 18 Nxf5 Qxe4 19 Nxe7+ Kh8 20 Bf3 ±±) 18 Bh5+ Ng6 19 Nc5!? (Better is 19 Nxf5! exf5 20 Nxf6+ Kf7 21 Nd5 Be6 22 Nxe7 Bxb3 23 Nxf5 or 19 ... Qxe4 20 Nxe7 Kxe7 21 Qxf6+ ±± according to Vitolins) 19 ... Bxc5 20 Qxc5 Kf7 21 Nxe6 Qc6 22 Qxc6 bxc6 23 Nd4 Ra7 24 Rb6 Rd7 25 Nxf5 Rd5 26 Ng3 Rc5 27 Rxf6+! Kxf6 28 Ne4+ Ke5 29 Nxc5 Kd6 30 Nxa6! and 1–0 in 69 moves.

(c) Hort–A. Miles, London (match game 3) 1983

17 ... Rg8! 18 Nc5 Bxc5 19 Qxc5 Nc6 20 Bb5! axb5 21 Nxb5 Ra5! 22 Nc7+ Kd8 23 Rd1+ Bd7 24 Qd6 Ne5 25 Nxe6+ (Better is 25 Rxb7! Rxg2+ 26 Kxg2 Qe4+ 27 Kg1 Qxb7 28 Qf8+ Kxc7 29 Qd6+ Kd8 and a draw by perpetual as in A. Miles–Hort, London, match game 10, 1983) 25 ... fxe6 26 Qb8+ Ke7 27 Qxg8 Qg4! 28 Qxh7+ Kd8 29 Qh8+ Kc7 30 Rc3+ Nc6 31 Rcd3 Rd5 32 Rxd5 exd5 33 Rxd5 Qe4 34 Rd1 Qxc2 35 Qa1! f4 36 Qc1! Qxc1 37 Rxc1 Kd6 ($\overline{\mp}$) 38 Rb1 Nd8 39 Rd1+ Ke7 40 Kf2 Bc6 41 a4! Ne6 42 a5 Kf6 43 Rc1 Bd5 44 Rc8 Ke5 45 Re8 Bc6 46 Re7 Kf6 47 Rh7 Nc5 48 Rh8 Nd3+ 49 Kg1 Ne5 50 Ra8 Bb5 51 Rf8+ Kg5 52 Rg8+ Kf5 53 Rf8+ Ke4 54 h4 (=) Be2 (Mutual time trouble) 55 Rf6 Ba6 56 h5 Ng4 57 Rf7 Ke5 58 Kh1 Nh6 ½–½.

18 Nc5 Bxc5 19 Qxc5 Nc6 20 Rd1 (diagram 9) The second criti-

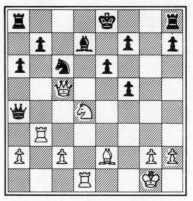

9
B

cal position. Black has to play the right move every time in order to survive White's dangerous attack and general principles are not of much help. It is known that absolutely precise play in chess is purely theoretical, and the more difficult a position, the higher the probability of errors. Other possibilities here are: 20 Nxc6 Bxc6! (20 ... Qxc6 21 Qe5 Rg8 22 Bf3 ±) 21 Rb4 Qa3 ∞ or 20 c3!?

20 ... Rg8? It is worth mentioning that after this blunder every black piece and pawn is on a white square.

The alternatives are:

(a) 20 ... Qa5! 21 Qd6 Qe5 22

Nxf5 Qxd6 23 Nxd6+ Ke7 24
Nxf7! Rhb8 25 Bf3± Christiansen
or 20 ... Qa5! 21 Bb5 0-0-0 ∞
Tal.

(b) 20 ... Rc8 21 Nxf5 exf5 22
Re3+ Kd8 23 Qd6 Nb8 24 Qb6+
Rc7 25 Qf6+ Kc8 26 Qxh8+ ±±.

(c) 20 ... Nxd4 21 Rxd4 Qc6 22
Qe5 Rg8 23 Bf3 Qxc2 24 Rxd7
Kxd7 25 Rxb7+ Kc8 26 Rxf7!
Qb1+ 27 Kf2 Qb6+ 28 Ke2 Rb8
29 Qc3+ ±± according to
Kengis.

21 Bf3! (±± according to Tal)
21 ... Qa5 22 Qd6 Nxd4 After
22 ... Qe5 23 Qxd7+! Kxd7 24
Nxc6+ White wins.

23 Qxd4 Bb5 The position is
hopelessly lost for Black, and the
rest is a technical problem only.
After 23 ... Bc6 24 Bxc6+ bxc6
25 Qd6! Rg4 26 Rb7 wins.

**24 c4 Ba4 25 Rxb7 Kf8 26 Qd6+
Kg7 27 Qxe6 Rgf8** 27 ... Raf8 is
better as the rook on g8 can
defend Black's king as well.

28 Bd5 Qc3 Black's position is
just as depressing after 28 ...
Bxd1 29 Rxf7+ Rxf7 30 Qxf7+
Kh6 31 Qf6+ Kh5 32 Qxf5+ Kh6
33 Qf6+ Kh5 34 Bf7+ ±± ac-
cording to Tal's analysis in In-
formator 35/356.

**29 Rxf7+ Rxf7 30 Qxf7+ Kh6
31 Qe6+ Kg7 32 Qe7+ Kh6 33
Re1 Qd4+ 34 Kh1 Ra7 35 Re6+
1-0** Summing up, the sub-vari-
ation 14 Bxf6 gxf6, according to
analysis and practice, appears
very satisfactory for White, be-
cause Black's defensive task is
very difficult. Perhaps Black can-
not fully equalise at all.

PART 2

Strategical line with 10 Bxf6 gxf6 11 Be2 (Games 5–7)

Game 5
B. IVANOVIC–FTACNIK,
LUCERNE OLYMPIAD 1982

1 e4 c5 2 Nf3 d6 3 d4 cxd4 4 Nxd4 Nf6 5 Nc3 a6 6 Bg5 e6 7 f4 Qb6 8 Qd2 Qxb2 9 Rb1 Qa3

10 Bxf6 gxf6 11 Be2 (diagram 10) We give the name "Strategical

line with 10 Bxf6 gxf6 11 Be2" to this sub-variation, because White tries to restrain the black bishops by doubling pawns on f7 and f6 and thus tries to create a long-

lasting positional advantage out of better development. This system was played first by Simagin in 1961 (Simagin–Stein, 28th USSR Ch., Moscow), but immediately afterwards Yugoslav players, especially Bruno Parma, worked out the theory of this line systematically and tested their analyses in practice. Parma obtained a very strong attack in three important games against Robert Fischer (Bled 1961, Havana 1965 and Rovinj–Zagreb 1970).

This line is similar to the "Solid line with 9 Nb3" (See Part 5), because White quickly finishes developing and retains the initiative for a long time. Black's kingside bishop is developed to g7 generally, therefore Black endeavours to open the a1–h8 diagonal with the pawn advance f6–f5. From the strategical point of view White tries to prevent this plan by the pawn advance f4–f5 at a suitable moment. Naturally White has excellent attacking chances along the 'g' and 'h' files if Black castles kingside.

11 ... Nc6 Black has two alternatives. 11 ... Bg7 is considered in Games 6–7. The other move is 11 ... h5.

After 11 ... h5 12 0–0 Nd7 White has a small, but definite space and time advantage as a consequence of Black's last pawn move.

Some examples:

(1) Velimirovic–Tringov, Osijek 1978

13 Kh1 Nc5 14 Rf3 Qa5 15 Nb3 Qc7 16 Nxc5 dxc5 17 f5 Bd7 18 fxe6 fxe6 19 e5 Qxe5 20 Re3 (Better is 20 Rxb7 Bd6 21 Rh3 h4 ∞ according to Minic and Sindik) 20 ... Bh6 21 Qxd7+ Kxd7 22 Rxe5 fxe5 23 Rxb7+ Kc6 24 Bf3+ e4! 25 Bxe4+ Kd6 26 Rb6+ Ke5 27 Bxa8 Rxa8 28 g3 Rd8 29 Rxa6 Rd2 30 Nb5 Rxc2 31 Nc7 Kf5 32 Rxe6 Bg7 33 Re1 Rxa2 34 Rf1+ Kg6 ½–½.

(2) Spassov–Tukmakov, Student OL, Ybbs 1968

13 Bf3 Nc5? (Better is 13 ... Be7 or 13 ... Qa5 or 13 ... Qc5 according to Milic) 14 e5! fxe5 15 fxe5 dxe5 16 Nb3 Qb4 17 Kh1 Na4 18 Nxa4 Qxa4 19 Qg5! Rh7 20 Bxh5 Qd7 21 Rxf7! Rxf7 22 Rf1 Qe7 23 Qg8 1–0.

(3) Simagin–Stein, 28th USSR Ch., Moscow 1961

(In this game the moves 7 ... h6 8 Bh4 were played but led to the same position by transposition after 8 ... Qb6 9 Qd2 Qxb2 10 Rb1 Qa3 11 Bxf6 gxf6 12 Be2 h5 13 0–0 Nd7 14 Kh1 Qc5 15 Rf3 Be7 16 Rh3 h4 17 f5? (Better is 17 Nd1! Nb6 18 Rc3 or 17 ... b5 18 a4 b4 19 c3! according to Simagin) 17 ... Nb6! 18 Nd1 Nc4 19 Qc3 Ne5 20 Qb2 b5 (20 ... exf5! 21 exf5 is better) 21 Ne3 Bd7 22 c3! Rc8 23 Rc1 Bd8! (23 ... b4 24 Qb3) 24 Qb3 Ke7 25 Qd1 Bb6 26 Qf1 Qa3 27 Rd1 Rxc3 (27 ... Bc5 is better) 28 fxe6 fxe6 29 Ndf5+ Kd8 30 Nxd6 Rf8 (30 ... Ke7 31 Ndf5+ Kd8 32 Bxb5! or 31 ... Ke8 32 Nxh4) 31 Rxh4! Rxe3? (Much better is 31 ... Bc7!! 32 Rh8 Bxd6 33 Rxf8+ Bxf8 34 Qxf6+ Kc8 35 Qxe5 Rxe3 36 Qd4 Bc6 37 Qb6 Bd7 38 Qd4 = according to I. Zaitsev) 32 Rh8! Rxh8 33 Qxf6+ Kc7 34 Qxe5 Kc6 35 Nxb5 Qc5 (Not 35 ... Qe7 36 Rd6+ Kb7 37 Rxb6+ Kxb6 38 Qc7 mate) 36 Rd6+ Kb7 37 Rxd7+ Kc8 (diagram 11). 38

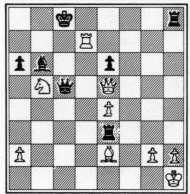

**11
W**

Rc7+! Qxc7 39 Nxc7 Rxh2+ (39 ... Rd8? 40 Bxa6+ Kd7 41 Bb5+ Kc8 42 Qxe6+) 40 Qxh2! Rxe2 41 Qh8+ Kxc7 42 Qc3+ Kb7 43 Qc4 Re1+ 44 Kh2 Bc7+ 45 Kh3 Rh1+ 46 Kg4 Rh2 47 Kf3 Rh6 48 Qb4+ Kc6 49 Qc3+ Kb7 50 Qb2+ Kc8 51 Qg7 Rh5 52 Qg8+ Kb7 53 Qxe6 Ra5 54 g4 1–0. It is worth mentioning that this game, with its multiple sacrifices, won the brilliancy prize.

(4) Jimenez–Tringov, Leningrad 1967

13 Kh1 Nc5 14 Rf3 Qa5 15 f5 Bd7 16 Nb3 Nxb3 17 Rxb3 (17 cxb3!?) 17 ... Bc6! 18 fxe6 fxe6 19 Rxf6 Qe5 (=) 20 Rg6 Be7 21 Bc4 Rf8! 22 Rb1 Bf6 23 Nd5 0–0–0 24 Rxf6 Rxf6 25 Nxf6 Qxf6 26 Rf1 Qg6 27 Bd3 Bxe4 ∓∓.

12 Nxc6 (diagram 12) White

12
B

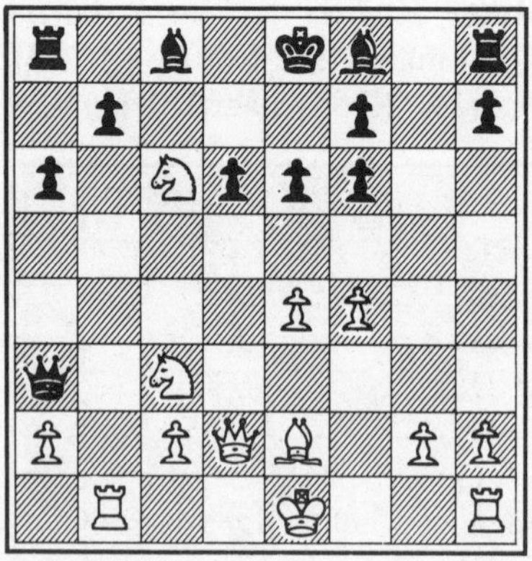

has two alternatives A 12 Rb3, and B 12 Nb3.

A 12 Rb3

Novopashin–Korchnoi, USSR Ch Erevan 1962

12 ... Qa5 13 Nxc6 bxc6 14 f5 (14 0–0 d5 15 exd5 cxd5 16 f5 ±) 14 ... exf5 15 0–0? (Better is 15 exf5 Bxf5 16 0–0 Be6 17 Rb7 Qe5 18 Bf3 d5 19 Re1 Bc5+ 20 Kh1 Qg5 21 Qd3± or 17 ... Bc8! 18 Rb1 d5 ∞ or 16 ... Be7 17 Bf3 0–0 18 Bxc6 ± according to Korchnoi) 15 ... Be6 16 Rb7 (16 exf5 is better) 16 ... fxe4! 17 Rxf6? (Better is 17 Qd4! Qe5! 18 Qb6 Qxc3 19 Rb8+ Rxb8 20 Qxb8+ Ke7 21 Qc7+ Bd7 22 Bg4 Bh6 23 Bxd7 Kf8 24 Be8! Kxe8 25 Qc8+ Ke7 26 Qxh8 ∓) 17 ... 0–0–0 18 Rfxf7 Bxf7 19 Rxf7 d5 20 Kh1 (Threatening 21 Nb5! Qb6 22 Qa5!) 20 ... Kb8 21 Nxe4 Qxd2 22 Nxd2 Re8 23 Bxa6 Re1+ 24 Nf1 Bc5 25 g4 Rf8 26 Rxf8+ Bxf8 27 Kg2 h6 28 Kf3 Bd6 29 Bd3 Ra1 30 Ne3 Bxh2 31 Nf5 c5 32 Nxh6 c4 33 Bf5 d4 34 g5 Be5 35 g6 Rxa2 36 Nf7 Bg7 37 Nd6 d3 38 cxd3 c3 39 d4 Bxd4 40 Bb1 c2 41 Bxc2 Rxc2 42 Nf5 Bf6 0–1.

B 12 Nb3 (diagram 13) It is

(see following diagram)

worth mentioning that this alternative is a transposition from the "Strategical line with 10 Bxf6 gxf6 11 Be2" to the "Solid line with 9 Nb3". Alternatives now are: (a) 12 ... h5, (b) 12 ... Bh6!?, (c) 12 ... Qb4!? and (d) 12 ... Bg7.

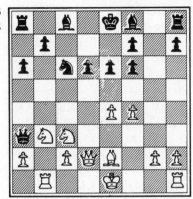

13
B

(a1) Kupreichik–M. Mukhin,
Kiev 1970
12 ... h5 13 0–0 Bd7 14 Rf3
0–0–0?! 15 Kh1 h4 16 Qe1 (±) h3
17 gxh3 Be7 18 Nd2 Qc5 19 Na4
Qa5 20 Nb6+ Kc7 21 Rfb3 Rb8 22
Bf1 Be8 23 c3 Na7 24 Bg2 Rg8 25
Bf3 Qc5 26 Rb4 Bb5 27 Na4 Qc6
28 Nb3 Qe8 29 Na5 Nc6 30 c4
Bxa4 31 Rxb7+ Rxb7 32 Rxb7+
Kc8 33 Qb1 Bb5 34 cxb5 Nxa5 35
bxa6 Qc6 36 Rb8+ Kd7 37 Rxg8
Qxa6 38 Rb8 1–0.

(a2)   Tukmakov–Platonov,
USSR Ch Moscow 1969
12 ... h5 13 0–0 Bd7 14 Rf3
Rc8! 15 Kh1 b5 16 Re1 Be7 17
Rh3 h4 (∓) 18 Bg4 Na5 19 Qe2
Nxb3 20 cxb3 Bd8 21 Rd1 Ba5 22
Nb1 Qc1! 23 Qf1 Qc5 24 Rhd3
Bc7 25 Nd2 Bb8 26 Nf3 Bc6 27
Rc1 Qb6 28 Re1 Bb7 29 Qe2 Ke7
30 Nd4 Rc5 31 Bf3 Rhc8 32 Qe3
Qc7 33 h3 Rc3 34 Nf5+ Kf8 35
Nxh4 Ba7 36 Qe2 Rxd3 37 Qxd3
Bf2 and White lost on time.

(a3) Tal–Sakharov, USSR Ch
Alma Ata 1968
12 ... h5 13 0–0 Bd7 14 Rf3
Rc8! 15 Kh1 b5 16 Rh3 h4 17 Qe1
Bg7?! (Better is 17 ... Na5 18
Nxb5 axb5 19 Nxa5 Qxa2 = Sak-
harov) 18 Rd1 Ne7 19 Qd2 d5 20
exd5 exd5 21 Nxd5 Nxd5 22
Re3+! Be6 23 Qxd5 Qe7 24 Qd4
± but Black obtained a draw in 41
moves.

(a4)   Omelichenko–Zudro,
corr. USSR 1968
12 ... h5 13 0–0 Na5?! 14 e5! f5
15 Nd5! Nxb3 16 Nf6+ Ke7 17
Rxb3 Qc5+ 18 Kh1 dxe5 19 Rc3
Qd4 20 Rd3 Qc5 21 fxe5 Qxe5 22
Nd5+! exd5 23 Re3 Qxe3 24
Qxe3+ Be6 25 Qb6 Bh6 26
Qxb7+ Kf6 27 Bd3 Rhd8 28
Qb2+ d4 29 Bxf5 Bxf5 30 Qb6+
Ke5 31 Qc5+ 1–0.

(b) Wade–Barczay, Sombor
1968
12 ... Bh6!? 13 0–0 Bd7 14 Rf3
Rc8 15 Rh3 Bf8 16 f5 Ne5 17 Kh1
b5 18 Nd4 Qc5 19 a3 h5 20 fxe6
fxe6 21 Nb3 Qc7 22 Rf1 Bh6 23
Bxh5+ Ke7 24 Qf2 Bg5 25 Rg3
Rcf8 (25 ... Rxh5 26 Rxg5 and 27
Qxf6+) 26 Be2 Bh4 27 Rg7+ Rf7
28 Rxf7+ Nxf7 29 Qd4 Ne5 30
Rd1 Bg3 31 h3 Ng6 32 Qe3 Be5 33
Nd4 Nf4 34 Bf1 Rc8 35 Nce2 Nxe2
36 Qxe2 Bxd4 37 Rxd4 Qxc2 38
Qg4 Be8 39 Qg3 Qc5 40 Rd3 Qe5
∓ Black won in 55 moves.

(c)   Shamkovich's   untested
recommendation is 12 ... Qb4!?

(d) The 12 ... Bg7 variation is

practically a transposition to Game 6. One game which has an independent significance is considered here:

Rosetto–Panno, Mar del Plata 1962

12 ... Bg7 13 0–0 f5! 14 exf5 Qb4 15 Nd1 Qxd2 16 Nxd2 Nd4 17 Bd3 Nxf5 18 Bxf5 exf5 19 Nc4 Be6! (∓) 20 Nde3 0–0–0 21 Rfd1 Kc7 22 Nd5+ Kb8 23 a4 Rhe8 24 a5 Bxd5 25 Rxd5 Re4 26 Rxd6 Bd4+ 27 Kh1 Rde8 28 Ne5 Bxe5 29 fxe5 R4xe5 30 h3 R8e7 and 0–1 in 43 moves.

12 ... bxc6 13 0–0 Be7 (diagram 14) Alternatives are (a) 13

14 W

... Qa5, (b) 13 ... d5, (c) 13 ... Bh6, (d) 13 ... h5 and (e) 13 ... Bg7.

(a1) Matanovic–Bertok, Yugoslav Ch, Vrnjacka Banja 1962

(White has two different move orders which are only trans-

positions: (a) 13 0–0 Be7 14 Kh1 Qa5 and (b) 13 0–0 Qa5 14 Kh1 Be7). 13 ... Qa5 14 Kh1 Be7 15 f5 exf5 16 exf5 Bxf5 17 Bxa6! Qxa6 18 Rxf5 d5 19 Re1 Qb7 20 Rxf6 (20 Qh6! is better — Matanovic) 20 ... 0–0 21 Qg5+ Kh8 22 Qe5 Bxf6 23 Qxf6+ Kg8 24 Re3 Rfe8 25 Qg5+ Kh8 26 Qf6+ ½–½.

(a2) Molli–Gonzales, corr. 1964

13 ... Qa5 14 Kh1 Be7 15 f5 exf5 16 exf5 Bxf5 17 Bxa6! Qxa6 18 Rxf5 d5 19 Re1 Qb7 20 Qh6! 0–0–0 21 Qh3 Qd7 22 Na4 Kc7 23 Qe3! Rde8 24 Qb6+ Kc8 25 Rb1 Bd6 26 Nc5! Qc7 27 Qa6+ Kd8 28 Rxf6! Bxc5 29 Rxc6 Qe5 30 Qa5+! Ke7 31 Qxc5+ Kd8 32 Rd6+ Ke7 33 Rxd5+ 1–0.

(a3) Barczay–Krogius, Hungary v RSFSR, Budapest 1963

13 ... Qa5 14 e5 f5 (14 ... fxe5 15 Bf3!) 15 exd6 Qc5+ 16 Kh1 Qxd6 17 Qe3 Bg7 18 Rfd1 Qe7 19 Na4 0–0 20 Nb6 Ra7 21 Rb3 c5 22 Nxc8 Rxc8 23 Bc4 Rd8 24 Rxd8+ Qxd8 25 Rd3 ½–½.

(a4) Parma–Bertok, Yugoslav Ch Vrnjacka Banja 1962

13 ... Qa5 14 Kh1 Be7 15 Rf3 Ra7! 16 f5 Rb7 17 Rbf1 (17 Re1! ±) 17 ... h5 18 Bc4 d5 19 Bb3 dxe4 20 Nxe4 Qxd2 21 Nxd2 exf5 22 Nc4 Rb5 23 Ne3 Bd6 (=) 24 Nxf5 Bxf5 25 Rxf5 Rxf5 26 Rxf5 Be5 27 Rf3 Ke7 28 g3 Rd8 29 Rd3 Rxd3 30 cxd3 f5 ½–½.

(a5) Parma–Ramirez, Torremolinos 1963

13 ... Qa5 14 Kh1 d5 15 exd5
cxd5 16 f5 Bg7? (16 ... Bd6!? 17
fxe6 fxe6 18 Rxf6 Be5 19 Rf3 Rf8
∞ Koblenz) 17 Rf3 (17 fxe6! fxe6
18 Bh5+ ±) 17 ... 0–0 18 Rbf1
Bd7 19 Rg3 Kh8 20 Bh5 Rac8 21
Rff3! h6? (21 ... Qd8! is better)
22 Rxg7! Kxg7 23 Rg3+ Kh7 24
Bg6+! Kg7 25 Bh7+! 1–0.

(a6) Janosevic–Ostojic, Kra-
gujevac 1974

13 ... Qa5 14 Kh1 Be7 15 f5
exf5 16 exf5 Bxf5 17 Bf3? Rc8 18
Rfe1 Be6 19 Rb7 Qg5?! (19 ...
h5!) 20 Qxg5 fxg5 21 Bg4 Bf6??
(Better is 21 ... d5! 22 Bxe6 fxe6
23 g3! Rf8 according to Janose-
vic) 22 Ne4! Be5 23 Bxe6 fxe6 24
Nxd6+! Bxd6 25 Rxe6+ Kf8 26
Rxd6 (±±) g4 27 Kg1 h5 28 Ra7
h4 29 Rf6+ Ke8 30 Rg6 g3 31
hxg3 hxg3 32 Rxg3 Rd8 33 Kf21
Rf8+ 34 Ke2 Rf7 35 Rg8+ Rf8 36
Rg6 Rd7 37 Rxa6 Re7+ 38 Kd3
Rf2 39 Raxc6 Kf7 40 Rg3 1–0.

(a7) Maric–Gligoric, Belgrade
1962

13 ... Qa5 14 Kh1 Be7 15 f5
exf5 16 exf5 Bxf5 17 Bf3? 0–0! 18
Bxc6 Rac8 19 Bb7? Rxc3 20 Rxf5
Rb3!! 0–1.

It is worth mentioning this
game was repeated 21 years later
in Aleksic–Vujovic, S. Barto-
lomeo Mare, Italy 1983.

(a8)   Gunsberger–Stanciu,
Rumanian Ch 1964

13 ... Qa5 14 Kh1 Be7 15 f5
exf5 16 exf5 Bxf5 17 Bf3? 0–0! 18
Bxc6 Rac8 19 Qd4! Qe5! 20 Qxe5

fxe5 21 Nd5 Bh4! 22 Rb4 Bd8 23
Bb7 Rxc2 24 Ne3 Bd3! 25 Nxc2
Bxf1 ∓∓.

(b) Minic–Korchnoi, Yugo-
slavia v USSR 1963

13 ... d5 14 Kh1 Qa5 15 f5
Bb4? (15 ... Bg7± is better) 16
Rb3 dxe4 17 Qd4 Bxc3 18 Rxc3 e5
(18 ... Qe5 19 Qxe5 fxe5 20 f6!
Bb7 21 Rb1 0–0–0 22 Rcb3 Rd7
23 Bxa6 ±± according to Matsu-
kevich) 19 Qe3 Bd7 20 Rc5 Qd8
21 Qxe4 (±) 0–0? 22 Rxe5! Be6?
(22 ... fxe5 23 f6! Re8 24 Bd3) 23
fxe6 fxe5 24 exf7+ 1–0.

(c) Ghizdavu–Espig, Riga 1967

13 ... Bh6 14 Kh1 0–0 15 Rf3
Rd8 16 Qe1 Qa5 17 Qh4 Bg7 18
Rg3 Kh8 19 e5 dxe5 20 Ne4 exf4
21 Rxg7! Kxg7 22 Qxf6+ Kg8 23
Qh6 f5 24 Nf6+ Kf7 25 Bh5+ Ke7
26 Qg7+ Kd6 27 Rd1+ Kc5 28
Qe7+ Kc4 29 Qxd8 Qxd8 30
Rxd8 e5 31 Nd7 Kc3 32 Nb6 Rb8
33 Nxc8 Kxc2 34 g3 fxg3 35 hxg3
f4 36 gxf4 exf4 37 Kg2 c5 38 Bf7
and White won in 48 moves.

(d)   Chekhlov–Dementiev,
Riga 1976

13 ... h5 14 Kh1 Qa5 15 Rb3 h4
16 h3 Be7 17 Bf3 Kf8 18 Qf2 d5 19
exd5 cxd5 20 f5 Qc5 21 Qd2 Ra7
22 Nxd5 exd5 23 Rc3 Qb5 24
Rxc8+ Kg7 25 Be2! Rxc8! 26
Bxb5 axb5 27 Qxd5 Rxc2 28 Rf4
Ra4 29 Rxa4 bxa4 30 Kg1 a3 (=)
31 Kf1 Bf8 32 Qb3 Rb2 33 Qc4
Rb4 34 Qd5 Rb2 35 Ke1 Bb4+ 36
Kd1 Bf8 ½–½.

(e1)   Kavalek–Zuckerman,

Student OL, Cracow 1964
13 ... Bg7 14 Rfd1 0–0 15 Rb3 Qc5+ 16 Kh1 d5 17 f5 Ra7 18 Na4 Qd6 19 c4 Qe5 20 fxe6 dxe4! 21 Qe3 Re7 22 exf7+ Rexf7 23 c5 f5 24 Rb4 a5 25 Rbd4 Be6 26 Rd6 f4 27 Qf2 Bd5 28 Nb6 f3 (diagram 15) 29 gxf3 exf3 30 Bf1 Qe2! 31

13 ... Bg7 14 Kh1 0–0 15 Rb3 Qa5 16 Qxd6 Ra7 17 Ra3 Rd8 18 Rxa5 Rxd6 19 Bd3?! f5 20 e5 Rd4 21 Na4 Bf8 22 Nb6 Bb7 23 Ra4 Rd8 24 Nc4 Rd4 25 Nb6 Rd8 26 Nc4 Rd4 ½–½.

14 Kh1 (diagram 16) Another possibility is 14 Rb3. For ex-

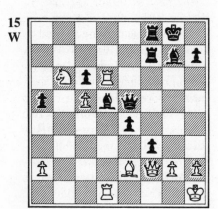

15
W

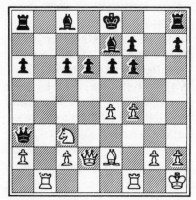

16
B

Rd2 Qxf2 32 Rxf2 Bd4 33 Rc2 Be4 34 Rxd4 Bxc2 35 Bc4 f2 36 Rf4 Kh8! 0–1.

(e2) Matanovic–Tringov, Kecskemet Zonal 1964
13 ... Bg7 14 Kh1 0–0 15 Rb3 (15 Rf3!?) 15 ... Qa5 16 Qxd6 Ra7 17 Ra3 Rd8 18 Rxa5 Rxd6 (± according to Nunn) 19 Na4 Rd4 20 Bd3 Bf8 21 Nc5 Rb4 22 g4 Rb5! 23 Nb3 (=) Rd7 24 Kg2 Rxa5 25 Nxa5 Rd4 26 Rb1 Ra4 27 Rb8 Rxa5 28 Rxc8 Rxa2 29 Rxc6 a5 30 f5 exf5 31 gxf5 Kg7 32 Rc7 Bd6 33 Rd7 Be5 ½–½.

(e3) Matanovic–Minic, Yugoslav Ch, Vrnjacka Banja 1962

ample: Jimenez–Letelier, Pam-American Ch 1966, 14 Rb3 Qa5 15 Kh1 0–0 16 f5 exf5 17 Qh6 f4 18 Nd5! cxd5 19 Rxf4 Kh8 20 Qxh7+! Kxh7 21 Rh4+ 1–0.

14 ... Qa5 15 f5 h5!? Alternatively, Black has 15 ... exf5 16 exf5 Bxf5 17 Bxa6 Qxa6 18 Rxf5 ± according to Gipslis.

16 Qd3 h4 17 Qh3 Kd8 Another possibility is 17 ... exf5!

For example: Wedberg–L. Portisch, Amsterdam 1984
17 ... exf5! 18 exf5 d5 19 Rb3 Kf8 20 Rf4 Bd6 21 Rxh4 Rxh4 22 Qxh4 Ke7! 23 Nd1 Bd7! 24 Re3+ Kd8 25 Qxf6+ Kc7 26 c3 Qxa2 27

Bf3 Qd2 28 Qxf7 Rb8! 29 Qf6
Rb1 30 Qd4 Qxd4 31 cxd4 Bxf5 32
Re1 a5 33 Rg1 Rb3! 34 Nf2 a4 35
Bd1 Rb2 36 Bxa4 Rxf2 0–1.

18 Bg4 Qe5 (=) 19 Rb6?! Better
would have been 19 Na4!? or 19
fxe6 fxe6 21 Na4!? according to
Parma in Informator 34/357. **19
... Kc7 (∞) 20 Rfb1 Ra7 21 Ne2
exf5 22 Bxf5 Bxf5 23 Qxf5 d5! 24
Qf2 Bd6 25 Rxc6+! Kxc6 26
Nd4+ Kd7 27 Nf3 Qxe4 28 Qxa7+
Bc7 29 Re1 Qxc2 30 Qxa6 h3 31
gxh3 Rg8 32 Qb5+ Kd6 33 Qf1?!**
White would have obtained an
equal position after 33 Qa6+.
**33 ... Bb6 34 Re2 Qf5 35 Re1 Qc2
36 h4?** A blunder in time press-
ure. **36 ... Qf2 (∓) 37 Qh3??**
Shaken by his previous error,
White promptly makes another,
the result of not having enough
time on the clock to adjust to the
new situation. After this fatal
blunder White loses immediately.
37 ... Qxe1+ 0–1.

Summing up, the sub-variation
12 ... Nc6, according to analysis
and practice, appears very satis-
factory for White, because there
is more than adequate compen-
sation for the pawn.

Game 6
NUNN–L. PORTISCH,
TILBURG 1982

**1 e4 c5 2 Nf3 d6 3 d4 cxd4 Nxd4
Nf6 5 Nc3 a6 6 Bg5 e6 7 f4 Qb6 8
Qd2 Qxb2 9 Rb1 Qa3**

10 Bxf6 gxf6 11 Be2
In the starting position of the
Parma, or Yugoslav, variation
Black has three possibilities. The
lines 11 ... h5 and 11 ... Nc6
were considered in Game 5 and
the most important line 11 ... Bg7
is the subject of Games 6 and 7.

In the less important lines of
Game 5, Black's dark-squared
bishop was usually developed to
e7. However in Games 6–7 Black
develops this bishop to g7 in order
to control the a1–h8 diagonal,
and in order to defend the castled
King. In this case White has two
main strategical purposes, firstly
trying to block the a1–h8 diag-
onal with the pawn advance f4–
f5, and secondly attempting to
liquidate the strong defensive
bishop on g7 with the knight
manoeuvre Nc3–e2–g3–h5 xg7.

11 ... Bg7 (diagram 17) **12 f5**
The alternatives are: A 12 0–0
and B 12 Rb3.

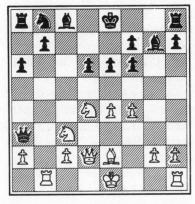

17
W

A 12 0–0 The variation 12 0–0 is considered in Game 7. For the moment there is one game where Black, after 12 0–0, omitted f6–f5 and White reached an advantageous position with the pawn advance f4–f5.

Tal–Sakharov, USSR Ch Kiev 1964/65

12 0–0 0–0 13 Rf3 Nc6 14 Nb3 Rd8 (14 ... f5!? is better according to Borisenko) 15 f5! Ne5 16 Rg3 Kh8 17 Rf1 Qb4 18 Kh1 d5 19 exd5 exd5 20 Nd4 ($\pm$) Qf8 21 Rh3 b5 22 Rf4 Bb7 23 Rfh4 Qg8 24 Qf4 Rac8 25 Nd1 Re8 26 Ne3 Rc3 27 Rh5 Nd7 28 Bd3 Re5 29 Qh4 Nf8 30 Ng4 Re8 31 Kg1 Rc4 32 Nxf6 $\pm\pm$.

B 12 Rb3 This is often only a transposition to the game line. The variation continues with: 12 ... Qa5 (12 ... Qc5? 13 Na4 and 14 Nb6) 13 f5 (13 0–0? f5! 14 Rd1 fxe4 $\mp$) 13 ... 0–0 (13 ... Qe5 can lead to a quick draw by repetition: 14 Nf3 Qa5 15 Nd4 Qe5) 14 0–0 Nc6 15 Nxc6 bxc6 16 Qxd6. In this position Black has two lines: (a) 16 ... exf5 and (b) 16 ... Ra7!

(a1) Zaitsev–Krogius, USSR Ch Erevan 1962

16 ... exf5 17 Qxc6 Be6 18 Nd5 fxe4 19 c4 Qd2 20 Ne7+ Kh8 21 Qxe4 f5 22 Qf3 Rad8 23 Nd5 Qxa2 24 Ra3 Qb2 25 Rxa6 Bxd5 26 cxd5 Qd4+ =.

(a2) Stein–Bronstein, USSR Team Ch Leningrad 1962

16 ... exf5 17 Bc4 f4 18 Qxc6 Ra7 19 Nd5 Be6 20 Kh1 f5 21 exf5 Bxf5 22 Qd6 Bxc2 23 Rb8 Ra8 24 Rxa8 Rxa8 25 Nxf4 Qe5 26 Bxf7+! Kh8 27 Qd2 Be4 28 Ne6 Bd5 29 Nxg7 Rf8! 30 Ne8 Rxf7 31 Re1 Qf4 32 Qxf4 Rxf4 33 Nc7 Bxa2 34 Nxa6 Bc4 35 Nc5 Rf1+ 36 Rxf1 Bxf1 37 Kg1 Bb5 38 Kf2 Kg7 39 Ke3 Kf6 40 Kf4 h6 41 Ne4+ Kg6 ½–½.

(b1)   Balashov–Christoph, Hastings 1965/66

16 ... Ra7! 17 Ra3 Rd8 18 Rxa5 Rxd6 19 e5! Rd4! (19 ... fxe5 20 f6!) 20 exf6 Bxf6 21 fxe6 Bg7 22 exf7+ Rxf7 23 Bf3 Rc4 24 Ne2 Rxc2 25 Rd1 Bh6 26 Re5 Bg7 ½–½.

(b2) Pietsch–Kavalek, Leipzig 1965

16 ... Ra7! 17 Qf4 Re8 18 Bg4 Qc5+ 19 Qf2 Bf8 20 fxe6 fxe6 21 Na4 Qxf2+ 22 Rxf2 f5 23 Bf3 Rd8 24 exf5 exf5 25 Re2 f4 26 Rd3 Rad7 27 Rxd7 Bxd7 28 Rd2 Be7 29 Nc3 Be8 30 Rxd8 Bxd8 31 Kf1 Bf6 32 Ne4 Be5 33 Nc5 a5 34 Ke2 ½–½.

12 ... 0–0 Alternatively, Black has 12 ... Bh6?! (Weaker is 12 ... Nc6? 13 Nxc6 bxc6 14 Rb3! Qa5 15 Qxd6 $\pm$ as Black's king is exposed) 13 Qd3 Qc5 and now there are two possibilities: (a) 14 Rd1 and (b) 14 fxe6.

(a) Flores–Geller, Santiago 1965

14 Rd1 Nc6 15 Nxc6 bxc6 16

Qxd6 Qxd6 17 Rxd6 Ke7 18 Rd3 Rb8 (=) 19 0–0 Rb2 20 e5 exf5 21 exf6+ Kxf6 22 Rd6+ Be6 23 Rxc6 Rc8 24 Rxc8 Bxc8 (=) 25 Bd3 Be3+ 26 Kh1 Bd4 27 Nd5+ Ke5 28 Ne7 Be6 29 Nc6+ Kd5 30 Nxd4 Kxd4 31 Bxa6 Rxc2 32 Bb7 Rxa2 = and ½–½ in 51 moves.

(b1) Ivkov–Sakharov, USSR v Yugoslavia, Suhumi 1966

14 fxe6 fxe6 15 Bg4! (±) Rg8! (15 ... Nc6?! 16 Nxe6 Bxe6 17 Bxe6 Nb4 18 Rxb4 Qxb4 19 0–0 ± or 15 ... Ke7 16 Nxe6 Bxe6 17 Rxb7+ Bd7 18 Bxd7 Nxd7 19 Qh3 and 20 Nd5+ ± according to Ivkov or 15 ... Qe5 16 Qc4!) 16 Bxe6 Rxg2 17 Bxc8 Rd2! (if 17 ... Qxc8 18 Nf5 with a double threat which neither 18 ... Bd2+ 19 Kf1 nor 18 ... Bf8 19 Qh3 can adequately defend) 18 Qh3?! (Much better would have been 18 Qg3! Qxd4 19 Bxb7 Bg5! 20 Ne2! Qc4 21 Qg4 Qxc2 22 0–0 ± according to Ivkov and O'Kelly) 18 ... Qxd4 19 Ne2 Qxe4 (19 ... Rxe2+ 20 Kxe2 Qxe4+ 21 Kf2 Qxc2+ 22 Kf3 Qd3+) 20 Qh5+ Qg6 (20 ... Kd8 21 Bxb7 Qxc2 22 0–0!) 21 Qxg6+ hxg6 22 Bxb7 Ra7 23 Be4 ½–½.

(b2) Arnaudov–Tringov, Plovdiv 1967

14 fxe6 fxe6 15 Bg4! Rg8! 16 Bxe6 Rxg2 17 Bxc8 Rd2! 18 Qf3 Qxd4 19 Ne2! (19 Bxb7?! Ra7 20 Nd5 Rxc2!) 19 ... Qe3 20 Qxe3 Bxe3 21 Bxb7 Ra7 22 Rb3 Bg5 23 h4 Bh6 24 Bd5 Nd7 25 Rg1 ±.

13 0–0 Nc6 14 Nb3 Alternatively, White has 14 Nxc6. Zinser–Buljovcic, Reggio Emilia 1966/67

continued 14 ... bxc6 15 Kh1 (∞) Qa5 16 Rf3 exf5 17 Qxd6 Be6 18 Rbf1 fxe4 19 Nxe4 Qe5 20 Bd3 Rfd8?! (better is 20 ... Qxd6!? 21 Nxd6 Bxa2 22 Rh3 h6 23 Nf5 Be6 24 Nxh6+ Bxh6 25 Rxh6 = according to Maric) 21 Qa3! (±) Rd4 22 Ng3 Rh4 23 Re3! Qc7 24 Bf5 Bxf5 (24 ... Bd5 is better) 25 Rxf5 a5 26 Rf1 Rd8 27 h3 Rf4 28 Rfe1? (Better is 28 Ref3! Rxf3 29 Qxf3 Qe5 30 Nf5 ±) ½–½ in 51 moves.

14 ... Ne5 Another possibility is 14 ... Ne7?!

Matulovic–Sakharov, USSR v Yugoslavia 1966

14 ... Ne7?! 15 Bd3 Kh8 16 Rf3 b5 17 Rh3 exf5 18 exf5 Bb7 19 Rf1 Ng8 20 Rf4 Rfe8 21 Rfh4 h6 22 Rg3 Kh7 23 Rhg4 Bh8 24 Ne2 Re5 25 Nf4 Qxa2 26 Nh5?? (Better is 26 Ne6!! fxe6 27 fxe6+ f5 28 Qf4 Qb1+ 29 Nc1! winning or 26 ... Re8 27 Rxg8 Rxg8 28 Qxh6+! leading to mate) 26 ... Qb1+ 27 Nc1 Rae8 28 Kf2 Be4 29 Bxe4 Rxe4 30 Rxe4 Rxe4 31 Rb3 Qa1 32 Ne2 Qe5! ∓.

15 Bd3 (diagram 18) Alternatively, White has 15 Nd4: Parma–Fischer, Bled 1961

(see following diagram)

15 Nd4 (It is worth comparing the two different move orders up

18
B

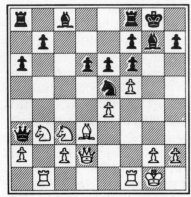

to this point, Parma–Fischer: 10 Bxf6 gxf6 11 Be2 Nc6 12 Nb3 Bg7 13 f5 0–0 14 0–0 Ne5 and Nunn–Portisch: 10 Bxf6 gxf6 11 Be2 Bg7 12 f5 0–0 13 0–0 Nc6 14 Nb3 Ne5) 15 ... b5 16 Kh1 Bd7 17 Bh5 Rac8 (∞) 18 Rb3 Qc5?! (18 ... Qa5!?) 19 Nce2 Nc4 20 Qc1 e5 21 Rg3! Kh8 22 Rxg7! Kxg7 23 Rf3 Rg8 24 Rg3+ Kf8 (24 ... Kh8 25 Qh6 Rxg3 26 Nxg3 and White threatens 27 Qxf6+ and 28 Bxf7+) 25 Qh6+ Ke7 26 Qxh7 exd4 (26 ... Rxg3 27 Qxf7+ Kd8 28 Ne6+ Bxe6 29 fxe6 ±± or 26 ... Rcf8 27 Rxg8 ±± or 26 ... Rgf8 27 Rg7 exd4 28 Bxf7! Kd8 29 Be6! ±±) 27 Qxf7+?! (Better would have been 27 Bxf7!!) 27 ... Kd8 28 Rxg8+ Kc7 29 Nf4 Qa3 30 Nd5+ Kb8 31 h3 (31 h4!? is better) 31 ... Ne3! 32 Rxc8+ Kxc8 33 Nxe3 (33 Nb6+ Kc7 34 Nxd7 Qc1+ 35 Kh2 Nf1+) 33 ... Qxe3 34 Bf3 Qc1+ 35 Kh2 Qf4+ 36 Kg1 Qc1+ 37 Kh2 ½–½.

15 ... Bd7! This improvement by Portisch is much better than the former theoretical line with 15 ... Qb4.   Matulovic–Minic, Yugoslav Ch, Titograd 1965, 15 ... Qb4 16 a3 Qb6+ (Not 16 ... Qxa3 17 Nd5 exd5 18 Ra1 or 17 Nb5 axb5 18 Ra1) 17 Kh1 Rd8 18 Ne2 d5 19 fxe6 fxe6 20 exd5 (±) Rxd5? (20 ... Nxd3! ± is better) 21 Nf4 Rd6 22 Nh5 Qd8 23 Nc5 Nxd3 24 Ne4! Rd4 25 Nexf6+ Kh8 26 cxd3 Qe7 27 Nxg7 Qxg7 28 Ne8 Qe7 29 Qh6 Rg4 30 Rf8+ Rg8 31 Rbf1! 1–0.

16 Ne2 Kh8? Better would have been 16 ... Rac8! 17 Ng3 Qxa2! with advantage for Black.

17 Ng3 Rac8 18 Nh5 Qxa2 19 Nxg7 Kxg7 Alternatively, Black has: 19 ... Nxd3 20 Nd4! Kxg7 21 Qxd3 ∞ or 20 Qxd3? Rxc2! 21 Qg3 Rg8 ∓∓ or 20 Qh6 Rxc2 21 Nxe6 Rxg2+ 22 Kh1 Rxh2+ 23 Qxh2 Qxh2+ 24 Kxh2 fxe6 25 fxe6 Bxe6 26 Nd4 Bc8 ∓∓ according to Nunn in Informator 34/356.

20 Nd4! Qa4 The alternative 20 ... Nxd3 21 Qxd3 Qc4 22 Rxb7! leads to an unclear position.

21 Ne2 Nxd3 22 cxd3 Rc2 23 Qe3 Rxe2! 24 Qxe2 Qd4+ 25 Kh1 exf5? Instead of this last move Black could have obtained a great advantage after 25 ... b5! as 26 Rbc1 exf5 27 Rc7 Be6 28 exf5 Bd5 ∓ or 26 Rf3 exf5 27 Rg3+ Kh8 28 Qh5 fxe4 ∓∓ or 26 Rf4 exf5 27

Rh4 h6! 28 Qh5 Qe3 ∓ are all better for Black according to Nunn.

26 Rxb7 Bb5 27 Rd1 fxe4 28 Qg4+ Kh8 29 dxe4 (±) **Qf2!** Here and subsequently Black has to play accurately in order to equalise.

30 Rg1 Qc5 31 Qf4 Kg7 32 Rd1?! The alternative 32 h3 ± would have been slightly better for White.

32 ... Qe5! 33 Qg4+ Qg5 34 Qf3 34 Qxg5+ fxg5 35 Rxd6 Re8 36 Rd4 Bc6 37 Rbb4 f5 leads to a level position.

34 ... Re8! 35 Rb6! ½–½ (35 ... d5 36 Rxb5! axb5 37 exd5 is equal although 36 exd5? Be2 37 Rg1! Bxf3 38 gxf3 ∓ is already slightly better for Black).

Summing up 11 ... Bg7 12 f5, Black seems to have considerably strengthened the defensive possibilities, and it appears to be very difficult for White to obtain any real advantage in this line.

Game 7
VELIMIROVIC–FTACNIK,
BANJALUKA 1983

1 e4 c5 2 Nf3 d6 3 d4 cxd4 4 Nxd4 Nf6 5 Nc3 a6 6 Bg5 e6 7 f4 Qb6 8 Qd2 Qxb2 9 Rb1 Qa3

10 Bxf6 gxf6 11 Be2 Bg7 Black's other possibilities 11 ... Nc6 and 11 ... h5 were considered in Game 5.

12 0–0 Alternatively, White has 12 f5 which was the subject of Game 6.

12 ... f5 (diagram 19) In this line of the Parma, or Yugoslav,

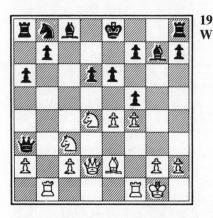

19
W

variation Black's most important strategical purpose seems to be the f6–f5 pawn advance as soon as possible. By this means Black opens the a1–h8 diagonal, of vital importance to the dark-squared bishop. By controlling this diagonal, Black obtains counter-play because White's grip on the dark squares has diminished following the exchange of the bishop at f6. Therefore this pawn sacrifice, the loss of time it involves and the slight weakening of the black king position are less important than reviving the bishop buried on g7. Alternatively, Black has (a) 12 ... Nc6 and (b) 12 ... 0–0.

(a)   Bronstein–Suetin,   34 USSR Ch Tbilisi 1967

12 ... Nc6 13 Nxc6 bxc6 14 Rb3 Qc5+ 15 Kh1 f5 16 exf5 exf5 17 Na4! Qd4 18 Qxd4 (18 Qa5!? Petrosian) 18 ... Bxd4 19 Rd1 Bf2! 20 Rxd6 0–0 21 Nb6 Bxb6 22 Rxb6 Re8 23 Bf1 Be6 (=) 24 Kg1 Bxa2 25 Rxa6 Rxa6 26 Bxa6 Bd5 27 Kf2 Re4 28 g3 Bc4 29 Rxc6 Re2+ 30 Kg1 Bxa6 31 Rxa6 Rxc2 32 Ra5 Kg7 33 Rxf5 Kg6 34 Rg5+ Kf6 ½–½.

(b) 12 ... 0–0 transposes to Game 6, because then White has 13 f5.

13 Rfd1 Nc6 (diagram 20) Alternatively, Black has 13 ... 0–0

20
W

(Doubtful is 13 ... fxe4? owing to 14 Nxe4 d5 15 f5! exf5 16 Nxf5 Bxf5 17 Qxd5 ± or 15 ... dxe4 16 Nxe6! ± according to Matsukevich). White now has two possibilities: (a) 14 Kh1 and (b) 14 exf5.

(a) B. Ivanovic–L. Portisch, Niksic 1983

14 Kh1 fxe4 15 f5 (15 Nxe4 is better according to Tal) 15 ... exf5 16 Nd5 e3!? 17 Qe1 (17 Nxe3 is better) 17 ... Nc6 18 Qg3 Kh8 19 Qh4 Nxd4 20 Rxd4 Qc5! 21 c3 Be6! (21 ... Bxd4 22 Nf6! leads to a perpetual) 22 Nxe3 Qxc3 23 Rd3 Qf6 24 Qf2 b5 25 Rf1 Rac8 26 Bd1 Rfe8 27 Bb3 Bc4 28 Bxc4 bxc4 29 Rd5 Qe6 30 Re1 f4 0–1.

(b1)   Parma–Bogdanovic, Yugoslav Ch, Titograd 1965

14 exf5 Nc6 15 Nxc6 bxc6 16 f6! Bxf6 17 Ne4 Bg7 18 Rb3 Qa4 19 Nxd6 (±) c5 20 Kh1 Ra7 21 Rg3 Kh8 22 f5 Qh4 23 Nxc8 Rxc8 24 fxe6 fxe6 25 Rh3 Qf6 26 Bd3 h6 27 Rf1 Qe5 28 Re1 Qf6 29 Qe2 Rf8 30 Rf3 Qd4 31 Rxf8+ Bxf8 32 Rf1 Qd6 33 Qe4 a5 34 Rf6 Rd7 35 g3 c4 36 Qxc4 Bg7 37 Rxe6 Qd5+? 38 Qxd5 Rxd5 39 Re8+ 1–0.

(b2)   Parma–Fischer, Rovinj–Zagreb 1970

14 exf5 exf5!? 15 Nd5 Nc6 16 Nxc6 bxc6 17 Ne7+ Kh8 18 Nxc8 Rfxc8 19 Qd3?! (Much better is 19 Qxd6! Qxa2 20 Qc5 and 21 Bd3 ± or 19 ... Qe3+ 20 Kf1 Re8 21 Qd2 ± according to Parma) 19 ... Qc5+ 20 Kh1 Re8 21 Qc4 Qxc4 22 Bxc4 Re4 23 Bxf7 Rf8 (∓) 24 Bh5 Rxf4 25 Rb6 (25 Rxd6 Rh4 26 Bf3 Be5 ∓) Black is certainly better, but must still work hard to win this difficult ending. 25 ... Be5 26 Rxa6 Rh4 27 Bf3 Rxh2+ 28 Kg1 c5 29 Ra8 Rxa8 30 Bxa8 Rh4 31 Bc6 Rb4 32 a4 Rb2 33 c4 Kg7 34 Rd3 Ra2 35

Kf1 Kg6 36 Re3 h5 37 Re2 Ra3 38
Rd2 h4 39 Ke2 Bf4 40 Rd3 Ra2+
and 0–1 in 57 moves.

(b3) Ljubojevic–Ribli, Bugoj-
no 1984

14 exf5 exf5 15 Nd5 Nc6 16 c3
Qa5 17 Nb6 Rb8 18 Bf3 Nxd4 19
cxd4 Qxd2 20 Rxd2 Rd8 21 d5
Bc3 22 Rd3 Ba5 23 Ra3 Bd2 24 g3
½–½.

14 Nxc6 Bxc3 Alternatively,
Black has 14 ... bxc6 which line
continues with: 15 Rb3 Qc5+ 16
Kh1 0–0 (16 ... d5?! is dubious as
17 Na4 Qd6 18 exd5 cxd5 19 c4! is
better for White).

Some examples:

(1) Matanovic–Bronstein, Wijk
aan Zee 1963

17 Qxd6 Qxd6 18 Rxd6 e5! 19
Rxc6 = (Interesting is 19 Bd3?! or
19 fxe5!? according to Matano-
vic) 19 ... exf4 20 Nd5 fxe4 21
Nxf4 Rd8! 22 Rc5! Rd2 23 Rd5
Rxd5 24 Nxd5 Be6 25 c4 Rd8 26
g3 Be5 27 Kg2 Kg7 28 Re3 f5 29
Ra3 Bxd5 30 cxd5 Rxd5 31 Rxa6
Rd2 32 Kf1 h5 33 Ra5 Kf6 34
Ra6+ Kg7 35 Ra5 Kf6 36 Ra6+
Kg7 ½–½.

(2) Ankerst–Bogdanovic, Vuk-
ovar 1966

17 Na4 Qf2! 18 Rf3 Qa7? (18
... Qh4 =) 19 Qxd6 fxe4 20 Rg3
Qf2 21 f5! (±) Kh8 22 Rxg7?
(Much better would have been 22
Nb6! Qxb6 23 Rxg7 Kxg7 24 f6+
Kxf6 25 Qxf8 ±± or 22 ... Ra7 23
Nxc8 Rxc8 24 Qd8+! ±± accord-
ing to Maric) 22 ... Kxg7 23 Rf1
Qxe2 24 f6+ Kg6 (=) 25 Qg3+
Kh5 26 Qe5+ Kg6 27 Qg3+
½–½.

(3) Parma–Barczay, Sarajevo
1969

17 Na4 Qf2! 18 Rf3 Qh4! (=) 19
exf5 exf5 20 Nb6 Rb8 21 Nxc8
Rfxc8 22 Bxa6 Re8 23 Re3
Rxe3?! 24 Qxe3 (=) c5? (24 ... d5
is better according to Parma) 25
g3 Qf6 26 Bc4 (±) Rb7 27 Re1
Bf8 28 Qd3 h5 29 Kg2 h4 30 Qd5
Rb2 31 Bb3 Bg7 32 a4 Kh7 33
Re2?! Rb1 34 Qxf7 Qxf7 35 Bxf7
Bd4 36 Bc4 Rg1+ 37 Kh3 hxg3 38
hxg3 Kg7 39 a5 Ra1 40 a6 d5 41
Bb5! Ra5 42 c4 dxc4 43 Bxc4 Ra4
44 Re7+ 1–0.

15 Qe3 bxc6 Doubtful for Black
is 15 ... Bb2 16 Qb6 bxc6 17 exf5!
± according to Matanovic and
Parma.

16 Rb3 Qc5 17 Rxc3!? (diagram
21) This is a theoretically critical
position, which requires more

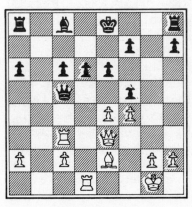

21
B

practical testing. Alternatively, White has 17 Qxc5, which line continues with: 17 ... dxc5 18 Rxc3 fxe4 19 Rxc5 Bd7 (19 ... Ke7 is level according to Stean) 20 Re5 f5 21 g4 (21 Bc4 Ke7 22 g4 Rhg8 23 Rxd7+ Kxd7 24 Bxe6+ Kd6 25 Bxg8 Rxg8 26 g5 is better for White according to Nunn) 21 ... Rg8 22 Kf2 fxg4.

Some examples:

(a) Parma–Fisher, Havana 1965
23 Rxe4 h5 24 Kg3 Ke7 25 Re5 (25 Kh4!? might have retained an edge for White according to Nunn, but according to O'Kelly's analysis Black could have held the draw: 25 ... Raf8 26 Bxa6 g3 27 hxg3 Rg4+ 28 Kh3 Rfg8 and now 29 Rg1 h4 30 Re3 hxg3 31 Rexg3 Rxg3+ 32 Rxg3 e5+ 33 Kg2 Ra8 34 Bc4 Ra4 = or 29 Rd3 h4 30 gxh4 Rg1 31 Re2 e5+ 32 Kh2 Be6 =) 25 ... h4+! 26 Kxh4 Rh8+ 27 Rh5 Rxh5+ 28 Kxh5 Rh8+ 29 Kxg4 Rxh2 30 Rd2 a5 31 Kg3 Rh1 32 Bc4 Re1 33 Re2 Rxe2 34 Bxe2 ½–½.

(b) Lehmann–O'Kelly, Solingen 1968
23 Kg3! (23 f5 Ke7 with 24 Bc4 Kf6 or 24 fxe6 Bxe6 25 Bc4 Rg6 is roughly level) 23 ... Ke7 24 Bc4 Rg7? (24 ... Rgf8! = is better) ½–½.

According to Matanovic and Parma after the inaccurate 24 ... Rg7? White would have obtained the better position with 25 f5! Kf6 26 Kf4!

17 ... Qxe3+ 18 Rxe3 Kd7 (diagram 22) The following comments are based on notes by

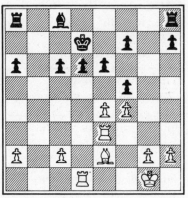

22
W

Ftacnik in Informator 35/358. Black had three alternatives:

(a) 18 ... Ke7?! 19 exf5 Rd8 (19 ... Rg8 20 f6+! Kxf6 21 Rxd6 ± or 20 ... Kd7 21 Bh5 Rf8 22 Rg3 and 23 Rg7 ±) 20 fxe6 fxe6 21 Bg4 Rf8 22 Bxe6 Bxe6 23 Rde1 Rf6 24 f5 ±.

(b) 18 ... fxe4 19 Rxd6 f5 20 Rxc6 Ke7 (20 ... 0–0 21 Rg3+ Kh8 22 Rc7 ±) 21 Rb3 ±.

(c) 18 ... d5 19 exf5! (19 exd5 cxd5 20 Rxd5 0–0) 19 ... 0–0 20 f6 ±.

19 exf5 After the queen exchange White has an enormous initiative which compensates fully for the sacrificed pawn. Theoretically chances seem balanced, although in practice Black's defensive task is difficult. The alternatives are 19 Red3 fxe4 20 Rxd6+ Kc7 which is unclear and 19 Bh5 fxe4! 20 Rxe4 Ke7 21 f5 e5 22 f6+ Kxf6 23 Rxd6+ Be6 which is equal.

19 ... exf5 A dubious line for Black is 19 ... Kc7?! 20 Bh5 Rf8 21 f6 Bd7 22 Rg3 Rg8 23 Rdd3 Raf8 24 Rxg8! Rxg8 25 Rg3 Rxg3 26 hxg3 Be8 27 g4 ±.

20 Red3 This game is an excellent example of how both sides should handle this difficult ending. Here 20 Bh5 Rf8 21 Rde1 Kd8! is unclear and 20 c4!: Rb8 21 Red3 Re8! 22 Rxd6+ Kc7 23 Bf3 Re6 is slightly better for White.

20 ... d5 Black has to play accurately as 20 ... Kc7!? 21 Rxd6 Re8! 22 Bh5 Re6 23 R6d3 Re7 and 21 ... Be6 22 Bf3 Bd5 23 Rf6 Be6 24 Rh6 Rab8 25 Rd3 are slightly better for White.

21 c4 Ke7 22 cxd5 cxd5 23 Rxd5 The other possibility 23 Bf3 Be6 24 Bxd5 Rab8! leads to a roughly equal position.

23 ... Be6 24 Ra5 Rhb8 25 Rd2 Rb4 26 a3?! More accurate is 26 g3 with better chances for White.

26 ... Rb6?! Better would have been 26 ... Rxf4 27 g3 Rg8 28 Rxa6 Re4 29 Bf3 Rc4 with a slight advantage for White.

27 Rc2 Kf6 28 Kf2 h6 29 Bf3 Rd8 30 Rc6 Rxc6 31 Bxc6 Rd6 32 Bf3 Here 32 Bb7 Bc4 33 Rc5 Rd4

34 g3 Kg7 is slightly better for White.

32 ... Bc4 33 Rc5 Bb5 34 Bd5! Rd7 35 Ke3 Ke7? Black has tired during a long and difficult defence and makes a mistake. Better would have been: 35 ... Re7+ 36 Kd4 Re2 37 Rc7 Rd2+ 38 Kc5 Rf2 39 Rxf7+ Kg6 with a roughly level position.

36 Kd4 Bf1 37 Rc2 Bb5 38 Rc8 Kf6 39 Kc5 Bd3 40 Rc6+ Kg7 41 Rd6 Rc7+ 42 Kd4?! Instead of this inaccurate move White would have obtained good winning chances after 42 Bc6 Be4 43 Kb6 Rc8 44 Kb7 Re8 45 a4 a5 ±.

42 ... Bb5 43 Rb6 Rc1 44 Rb7 Ra1 45 Rxf7+ Kg6 46 Ke5 Re1+ 47 Kd6 Rd1 48 Re7 Bc4! 49 Re5 Rd2 50 Ke6 Bxd5+ Black has succeeded in simplifying to a rook endgame, where a draw will be the outcome of accurate play.

51 Rxd5 Rxg2 52 Rxf5 Re2+! 53 Re5 Rxh2 54 Re1 Rb2 (=) 55 Rg1+ Kh7 56 f5 Rb6+ 57 Ke5 Rb5+ 58 Ke4 a5 59 Rc1 Kg7 60 Rc7+ Kf6 61 Rc6+ Kf7 62 Ra6 Kg7 63 Kf4 Rc5 64 Rg6+ Kf7 64 ... Kh7 is also equal.

65 Rxh6 Rc3 66 a4 Rc4+ 67 Kg5 Rxa4 68 Rh7+ Kg8 69 Ra7 Ra1 70 Kg6 Rg1+ 71 Kf6 Rf1 (=) Now the game is a clear draw; the rest is only shadow boxing.

72 Rxa5 Rf2 73 Ra8+ Kh7 74 Re8 Rf1 75 Rd8 Rf2 76 Rf8 Ra2! 77 Rf7+ Kg8 78 Rg7+ Kf8 79 Re7 Rf2 80 Re1 Rf3 81 Ra1 Kg8 82

Rg1+ Kf8 83 Kg6 Kg8 84 Re1
Rg3+ 85 Kf6 Rf3 ½–½.

More experience of this variation is required before it can be said with confidence whether or not the line with 12 ... f5 13 Rfd1 Nc6 is definitely advantageous for White.

PART 3

Classical line with 10 e5 (Games 8–10)

Game 8
QUINTEROS–BROWNE,
LONDON 1981/82

1 e4 c5 2 Nf3 d6 3 d4 cxd4 4 Nxd4 Nf6 5 Nc3 a6 6 Bg5 e6 7 f4 Qb6 8 Qd2 Qxb2 9 Rb1 Qa3

10 e5 (diagram 23) The name "Classical line with 10 e5" is given

23
B

to this variation, because the career of the Poisoned Pawn opening began with this line 30 years ago. It was introduced by

Paul Keres in 1955 (Keres–Fuderer, Göteborg IZ), and the system was very popular for the next ten years. Nowadays the line has gone out of fashion completely. Using the diagonals g1–a7 and e1–a5 Black can pin the White knights on c3 and d4 with bishop and queen, and Black can castle quickly. Therefore, this line seems quite satisfactory for Black. Moreover, in many lines Black has more than one way to equalise with accurate defence. Fischer worked out the most important lines of defence and obtained excellent results with them in practice. This very complicated and very deeply analysed variation is discussed relatively briefly in order to bring to mind Black's characteristic lines of defence and White's dangerous tactical possibilities, which also seem to be very useful in the Modern Variation with 10 Be2.

10 ... dxe5 Alternatives are (a) 10 ... Nfd7?, (b) 10 ... Nd5? and (c) 10 ... h6.

33

(a) Keres–Fuderer, Göteborg
IZ 1955
10 ... Nfd7? 11 f5! Nxe5 (11 ...
dxe5 12 fxe6 exd4 13 exf7+ Kxf7
14 Bc4+ Ke8 15 Qf4 Qxc3+ 16
Kd1 or 11 ... exf5 12 e6! ±±
according to Keres) 12 fxe6 fxe6
13 Be2! N8c6 (13 ... Nf7 14 Ne4!
d5 15 Bh5 dxe4 16 Nb5! ±±) 14
Nxc6 bxc6 15 Ne4 d5 16 0–0 Qa4
17 Bh5+ Kd7 18 Rxf8! 1–0.

(b) After 10 ... Nd5? 11 Nxd5
exd5 12 Rb3! Qxa2 13 Qc3 (13
Re3!?) 13 ... Nd7 14 exd6 Bxd6
15 Nf5 White has a decisive
attack.

(c1)   Vitolins–Magerramov,
Smolensk 1982
10 ... h6 11 Bxf6 (11 exf6? gxh5
12 f5 gxf6 13 fxe6 fxe6 14 Bd3 Nc6
15 Nxc6 bxc6 16 Bg6+ Kd8 17
Ne4 d5! 18 Nxf6 Bd6 19 Qxg5
Qc3+ 20 Ke2 Be7! 21 Rhf1 Qc4+
22 Bd3 Qh4 ∓∓ Matsukevich and
Boleslavsky) 11 ... gxf6   12
Bb5+?! axb5 15 Ndxb5 Qa5 14
exd6 Na6 15 0–0 Bd7 16 Qd4 Bg7
17 Rf3 Kf8 18 Rg3 Rg8 19 Nc7
Rc8 20 Ne4 Bh8! 21 Nxf6 Rxg3 22
hxg3 Bxf6 23 Qxf6 Kg8 24 g4
Nxc7 25 dxc7 Bc6 26 Rd1 Qxc7 27
Qxh6 Qe7 28 Rd3 Qf8 29 Qg5+
Qg7 30 Rd8+ Rxd8 31 Qxd8+
Kh7 32 Qd3+ Qg6 33 Qh3+ Kg8
34 f5 exf5 35 gxf5 Qg5 36 Kh2 Be4
37 g4 Qd2+ 38 Kg3 Qe3+ 39 Kh4
Qxh3+ 40 Kxh3 Bxc2 41 Kg3 Kg7
42 Kf4 f6 0–1.

(c2)   Sporish–Sorokin, USSR
corr. Ch 1966/67

10 ... h6 11 Bxf6 gxf6 12 Ne4
fxe5 13 Rb3 Qxa2 14 Nf6+ Ke7 15
fxe5 dxe5 16 Nf5+! Kxf6 17
Qd8+ Kg6 18 Ne7+! Bxe7 19
Qxe7 Qa5+ 20 Ke2! Nc6 21
Rg3+ Kf5 22 Rf3+ Ke4 23 Re3+
Kd5 24 c4+ Kxc4 25 Qd6! Kb5 26
Rb3+ Kc4 27 Rb1 Rd8 28 Ke3+
Kc3 29 Bd3! 1–0.

(c3)   Gudat–Prieditis, USSR
corr. 1966

10 ... h6 11 Bxf6 gxf6 12 Ne4
fxe5 13 Rb3 Qa4 14 fxe5 dxe5 15
Nf6+ Ke7 16 Nf5+ Kxf6 17
Qd8+ Kxf5! 18 Bd3+ e4 19 0–0+
Kg6 (Better is 19 ... Ke5! 20
Qf6+ Kd6 21 Qxh8 Nd7 22 Rxf7!
exd3 23 Rxd3+ Kc6 24 Rxf8 Nxf8
25 Qxf8 Kb6 26 Qf2+ Kc7 27
Qg3+   drawing by perpetual
check according to Fischer) 20
Qf6+ Kh7 21 Rf4 Bg7? (21 ...
exd3! 22 Rxa4 dxc2 23 Qxf7+ Bg7
24 Rc4 Rf8 25 Qc7! Nd7 26 Rg4
±) 22 Rxe4! Kg8 (22 ... Bxf6 23
Rg4+!) 23 Qd8+ 1–0.

(c4)   Bradvarevic–Buljovcic,
Yugoslavia Ch 1965

10 ... h6 11 Bxf6 gxf6 12 Ne4
fxe5 13 Rb3 Qa4 14 fxe5 dxe5 15
Nf6+ Ke7 16 Nf5+ exf5 17 Nd5+
Ke6 18 Nc7+ Kf6 19 Nd5+!
drawing by perpetual check ac-
cording to Matsukevich.

11 fxe5 Nfd7 12 Ne4 (diagram
24) White has three alternatives:

(see following diagram)

A 12 Bc4, B 12 Rb3 and C 12 Be2.

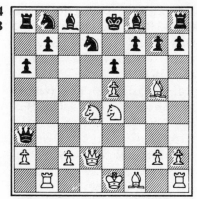

24
B

Variation A, 12 Bc4, is considered in Games 9 and 10.

B 12 Rb3
Zheliandinov–Zilberstein,
Chernovich USSR 1967

12 ... Qa5 13 Be2 Qxe5 14 Ne4!? Nc6 (14 ... Qxe4 15 Nxe6! fxe6 16 Re3 or 14 ... Nc5 15 Nxc5 Bxc5 16 Nxe6 Qa1+ or 14 ... Nc5 15 Re3!? according to Jimmy Adams) 15 Nxc6 Qxe4 16 Nb4 Bc5 17 Nd3 0–0 18 Nxc5 Nxc5 19 Rg3 Qe5 20 0–0 Ne4 21 Qe3 f5 22 Bh6 Rf7 23 Bh5 g6 24 Bxg6 hxg6 25 Rxg6+ Kh8 26 Bf4 Qc5 27 Be5+! Kh7 28 Rh6+ Kg8 29 Rh8 mate.

C 12 Be2 Black has three alternatives: (a) 12 ... Qa5, (b) 12 ... Qc5 and (c) 12 ... Bb4.

(a1) Heitmann–Bucholz, corr. 1975
12 ... Qa5 13 0–0 Bb4? 14 Ne4! Bxd2 15 Nd6+ Kf8 16 Nxe6+ Kg8 17 Rxf7 Qxe5 18 Re7 Nf8 (18 ... h6 19 Re8+ Kh7 20 Bd3+

g6 21 Re7+ Kg8 22 Bc4 hxg5 23 Nf4+ and 24 Nxg6 mate) 19 Rf1! Qxe6 20 Bc4! Bd7 (20 ... h6 21 Rxf8+ Kh7 22 Bd3+ Qg6 23 Rxh8+ Kxh8 24 Bxg6 Bd7 25 Bxd2) 21 Rxf8+ Kxf8 22 Bxe6 g6 23 Rf7+ Kg8 24 Rxd7+ Kf8 25 Rf7+ Kg8 26 Bf6 1–0.

(a2)   Dworzynski–Walther, Moscow OL 1956
12 ... Qa5 13 0–0 Bc5 14 Kh1 Bxd4 15 Qxd4 Nc6 16 Qf2 0–0 17 Ne4 Qxe5 18 Bd3 f5 19 Nd2 Nf6 20 Nc4 Ng4 21 Qh4 Qc7 22 Nb6 Rb8 23 Bf4 e5 ∓∓.

(b)   Vasyukov–Shcherbakov, USSR Ch ½ Final, Moscow 1955
12 ... Qc5 13 Ne4 Qxe5 14 Bf3 Nf6 15 Ne2 Nbd7 16 Nxf6+ Nxf6 (∓) 17 Rxb7 Bxb7 18 Bxb7 Ra7 19 Bc6+ Nd7 20 Bf4 Qa1+ (20 ... Qc5! 21 Be3 Qxc6 22 Bxa7) 21 Nc1 e5 22 Qe3 Bb4+ 23 Kd1 Qc3! (23 ... Qd4+ 24 Qxd4 exd4 25 Bb8!) 24 Qxa7 Qxc6 25 Nd3 Qxg2 26 Rg1 Qf3+ 27 Kc1 Ba3+ 28 Kd2 exf4 29 Re1+ Kd8 30 Qxa6 Bc5 31 Qa5+ Bb6 32 Qg5+ f6 33 Qxg7 Be3+ 0–1.

(c)   G.   Mahia–Quinteros, Buenos Aires 1980
12 ... Bb4 13 Rb3 Qa5 14 0–0 (14 a3!? Bc5 15 Ne4!? Qxd2+ 16 Kxd2 ∞ according to Taimanov) 14 ... 0–0 15 Bf6?! (15 a3) 15 ... Nxf6!? (15 ... gxf6? 16 Qh6! Qxe5 17 Rxb4 ±) 16 exf6 Rd8! 17 fxg7 Rxd4?? (Instead of this fatal blunder Black could have won easily with 17 ... Bc5!) 18 Qh6!

Qe5 19 Ne4!! Qxe4 (19 ... Rxe4
20 Bh5 f5 21 Rg3! wins) 20 Bh5
Rd7 21 Rd3! Bc5+ (21 ... f5 22
Bf7+! Kxf7 23 Qxh7 wins) 22 Kh1
Bd4 (Better is 22 ... Qxd3 23
cxd3 Bd4 24 Bg6! Bxg7 25 Qxh7+
Kf8 26 Qh5 f5 ±) 23 Rg3! Nc6 24
Bg6!! Qxg6 25 Rxg6 Ne7 26 Rxf7!
Kxf7 27 g8Q+! Nxg8 28 Qxh7+
1–0.

12 ... h6! (diagram 25)
Alternatives are weaker: (a)
12 ... Qa4?, (b) 12 ... Qxa2 and
(c) 12 ... Nc6.

25
W

(a) Alexander–Walther, Dub-
lin (Zonal) 1957
12 ... Qa4? 13 Bb5! axb5 14
0–0 Bc5 15 Nxc5 Nxc5 16 Nf5!
0–0 17 Ne7+ Kh8 18 Rxf7 Nbd7
19 Qf2 Rg8 20 Rf4 (threatening
21 Ng6+ and 22 Rh4 mate)
20 ... Qxf4 21 Bxf4 (±±) Re8 22
Be3 b6 23 Bxc5 Nxc5 24 Qf7 Bb7
25 Rf1 Be4 26 h4 Bxc2 27 h5 h6 28
Ng6+ Bxg6 29 Qxg6 Re7 30 Rd1
Nd7 31 Qe4 Rxa2 32 Qb7 Re2 33

Rxd7 Rxd7 34 Qxd7 Rxe5 35
Qd8+ Kh7 36 Qxb6 Kg8 37
Qb8+ 1–0.

(b1)   Ostrovjerhov–Koshelj,
corr. 1971
12 ... Qxa2 13 Rb3 Nc6 14
Nxc6 bxc6 15 Qc3 Qa4 16 Bc4!
(±) Nc5 (16 ... Nxe5 17 0–0!
Nxc4 18 Nf6+ gxf6 19 Qxf6 ±±
according to Boleslavsky) 17 Qd2
f6 18 exf6! Nxe4 19 f7+ Kxf7 20
Qf4+ Ke8 21 Qxe4 Bc5 22 Rd3
Bb6 23 Ra3! Qxa3 24 Qxc6+ 1–0.

(b2) Tal–Tolush, USSR Ch,
Leningrad 1956
12 ... Qxa2 13 Rb3 Qa1+? 14
Kf2 Qa4 15 Bb5?! (Better is 15
Nxe6!! fxe6 16 Nd6+ Bxd6 17
Qxd6 Rf8+ 18 Kg3! and now
18 ... Nf6 19 exf6 gxf6 20 Be2!
Nd7 21 Rd1 Rg8 22 Qxe6+ Kf8 23
h4 threatens 24 Bc4 and 24 Rf1
±± or 18 ... Rf7 19 Qxe6+ Kf8
20 Bc4 Nxe5 21 Qd6+ ±±
Spassky and Tolush) 15 ... axb5
16 Nxb5 f6 17 exf6! gxf6 18 Re1!
Ra6 19 Bxf6 Nxf6 20 Nxf6+ Kf7
21 Rf3 Qh4+ 22 Kf1 e5 23 Qd5+
Be6 24 Nd7+ Kg6 25 Nxe5+ Kg7
26 Rg3+ Qxg3 27 Qxb7+ Nd7 28
hxg3 Rb6 29 Qc7 Bc5 30 Nxd7
Bc4+ 31 Re2 1–0.

(c) Analysis of Boleslavsky:
12 ... Nc6 (12 ... Nxe5? 13
Nb5!) 13 Nxc6 bxc6 14 Rb3 Qxa2
15 Qc3 Qa4 16 Bc4 Nxe5 17 0–0
Nxc4 18 Nf6+! gxf6 19 Qxf6 ±±.

13 Bb5!? The alternative is 13
Bh4

(a) Korchnoi–Tolush, Riga 1958

13 Bh4 (13 Rb3 Qa4 ∓) 13 ... Qxa2 14 Rb3! Qa1+ (14 ... Nc6 15 Nxc6 bxc6 16 Qc3 Qa4 17 Bc4 ±) 15 Kf2 Qa4! 16 Bb5 axb5 17 Nxb5 Bc5+! 18 Nxc5 Qxh4+ 19 g3 Qd8! 20 Qd6 Nxc5! 21 Nc7+ Qxc7 22 Qxc7 N8a6 23 Qb6 Nxb3 (∓∓) 24 cxb3 0–0 25 Ra1 Nc7 26 Rxa8 Nxa8 27 Qd6 b6 28 Qc6 Ba6 29 Qd7 Rc8 30 Qa7 Bb5 31 Qb7 Rc2+ 32 Ke1 Nc7 33 Qxb6 Re2+ 34 Kd1 Nd5! 35 Qd4 Rxh2 36 g4 Rg2 37 Kc1 g5 38 b4 Kg7 39 Kb1 Be2 0–1.

(b) Mazzoni–Tringov, Hague (Zonal) 1966

13 Bh4 Qxa2 14 Rb3! Qa1+ 15 Kf2 Qa4! 16 Re3 Nc6 17 Nxc6 Qxc6 18 Nd6+ Bxd6 19 exd6 Qc5! 20 Be7 Ne5 (∓∓) 21 Be2 Ng6 22 Rd1 Bd7 23 Bf3 Bc6 24 Bxc6 bxc6 25 Rb1 Nxe7 26 dxe7 Qxe7 27 Rg3 Qf6+ 28 Kg1 0–0 29 Rf1 Qe5 30 Re1 Rad8 31 Qc1 Qd4+ 32 Kh1 Kh7 33 Qa3 Qd2 34 Qa1 f6 0–1.

13 ... hxg5 The alternative is 13 ... axb5!?

Platonov–Minic, USSR v Yugoslavia, Sochi 1968

13 ... axb5!? 14 Nxb5 hxg5 15 Nxa3 Rxa3 16 Rb5 Nc6 17 0–0 Be7 (∓) (17 ... Ra4!?) 18 Nd6+ Bxd6 19 exd6 f6 20 Re1 Nce5! 21 Qb4 (21 Rbxe5!? fxe5 22 Qxg5 Kf7 23 Qe7+ Kg6 24 Rf1 ∞) 21 ... Ra6 ∓ ½–½.

14 Rb3 axb5 Black has another possibility: 14 ... Qxa2

(a) Lochvitsky–Shalnev, USSR corr. 1968

14 ... Qxa2 (14 ... Qe7 15 Nd6+ Kd8 16 Bxd7 and 17 Qa5+) 15 Qc3 axb5? 16 Qxc8+ Ke7 17 0–0! and White obtained a tremendous attack. According to Nunn 15 ... Nc6! is better as after 16 Bxc6 bxc6 17 Qxc6 Qa1+ 18 Ke2 Qxd4 19 Qxa8 Qc4+ Black has winning chances.

(b) Sieriro–Vera, Havana 1983

14 ... Qxa2 15 Qc3 Nc6 16 Bxc6 bxc6 17 0–0 c5 18 Nc6! (18 Nxe6 fxe6 19 Ra1 Qxa1 20 Qxa1 c4 ∞) 18 ... Qa4 19 Qf3 Nxe5 20 Nxe5 Qd4+ 21 Re3! f6 22 Nc6 and 23 Nxf6+ ±± according to Vera.

(c) Quinteros–Sunye Neto, San Pedro de Jujuy 1982

14 ... Qxa2 15 Qc3 Nc6 16 Bxc6 bxc6 17 0–0 Nxe5 18 Ne2 Qa4 19 Qxe5 Qc4 20 Rd3 f5 21 Rxf5! Ra7 22 Rxf8+! 1–0.

15 Rxa3 Bxa3 16 Qxg5 Ra4! 17 c3 Nc6 18 Qxg7 Rf8 19 0–0 (diagram 26)

(see following diagram)

19 ... Be7?! Better would have been 19 ... Ncxe5 20 Ng5 b4! 21 Ndxe6 bxc3! 22 Nxf8 Bxf8 ∓ according to Minic and Sindik in Informator 34/355.

20 Nd6+ Bxd6 21 exd6 (±)

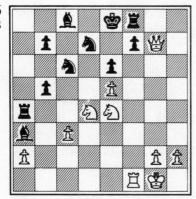

26
B

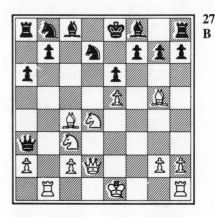

ably good enough for a draw, but it does not give White winning chances against accurate play.

Game 9
BILEK–FISCHER,
STOCKHOLM 1962

1 e4 c5 2 Nf3 d6 3 d4 cxd4 4 Nxd4 Nf6 5 Nc3 a6 6 Bg5 e6 7 f4 Qb6 8 Qd2 Qxb2 9 Rb1 Qa3

10 e5 dxe5 11 fxe5 Nfd7 12 Bc4 (diagram 27)

27
B

The alternatives 12 Ne4, 12 Be2 and 12 Rb3 were the subject of Game 8. In choosing Games 9 and 10 there was the problem that nowadays the Classical line with 10 e5 has completely disappeared from master practice. Hence, old, but famous grandmaster games where the characteristic lines of this sub-variation can be illustrated excellently have been selected.

Nxd4 22 cxd4 Ra6? The position is probably still a draw if Black plays 22 ... b6 23 Rc1 Rc4.
23 Qg3? White had little time left and in such a tense situation it is no wonder that he missed the winning continuation: 23 Rc1 Kd8 (23 ... Rc6 24 Rxc6 bxc6 25 h4 ±±) 24 Rc7 Re8 25 Qg5+ f6 26 Qc1 Ra8 27 Rxd7+ leads to mate.
23 ... Nb6! 24 h4 Nc4 25 h5 Nxd6 26 h6 Nf5 27 Qg5 Nxh6! 28 Qxh6 Rxa2 29 Qg5! Bd7 30 d5! (±) **Ra6 31 Qe5! Ke7 32 dxe6 Bxe6 33 Qc7+ Bd7 34 Qc5+ Ke8 35 Rd1 Ra8 36 Qe5+ Be6 37 Qxb5+ Ke7 38 Qxb7+ Kf6 39 Rf1+ Kg7 40 Qe7! Ra5! 41 Rf3?** Much better would have been 41 Qf6+ Kh7 42 Rf3 with definite winning chances. **41 ... Ra1+ 42 Kf2 Ra2+ 43 Kg1** (43 Kg3 Rg8! =) **43 ... Ra1+ 44 Kf2 Ra2+ ½–½.**

Practical experience indicates that the line with 12 Ne4 is prob-

12 ... Be7 The alternatives are A 12 ... Nxe5?, B 12 ... Qc5?!, C 12 ... Qa5 and D 12 ... Bb4. The strongest line for Black, 12 ... Bb4, is considered in Game 10.

A 12 ... Nxe5? This line is dubious for Black as is seen after 13 Nxe6! Qa5 (13 ... fxe6? 14 Qd8+ Kf7 15 0–0+ Kg6 16 Rf6+! Kxg5 17 Ne4+ leads to mate) from the next examples:

(a) 14 Bb5+! Nbd7 (14 ... axb5 15 Rxb5 ±±) 15 Bxd7+ Bxd7 16 Nd5 Qxd2+ 17 Bxd2 fxe6 18 Nc7+ Kd8 19 Nxa8 Nc4 20 Nb6 Nxb6 21 Ba5! ±± according to Jimmy Adams.

(b) Bakhchevansky–Kadrev, Bulgaria 1963
14 Rb6?! Qxb6 15 Nd5 Nf3+ 16 gxf3 Qxe6+ 17 Kd1 Qc6 18 Nc7+ Qxc7 19 Re1+ Be6 20 Bxe6 fxe6 21 Rxe6+ Be7 22 Rxe7+ Qxe7 23 Bxe7 Nc6 24 Bd6 0–0–0 25 Kc1 Rd7 26 c4 b6 27 c5 bxc5 28 Qd5 Kb7 29 Qb3+ Ka8 30 Bf4 Nb4 31 Qe6 Rhd8 32 Bg5 Rd1+ 33 Kb2 Re1! 34 Qc4 Rd3 35 Qg8+ Kb7 36 Qxg7+ Kc6 37 Bc1 Re2+ 38 Kb1 Nxa2 39 Bb2 Nc3+! 0–1.

(c1) Djordjevic–Uzunov, corr. 1967
14 Bd8 Nf3+ (14 ... Nxc4 15 Bxa5 Nxd2 16 Nc7+ Kd7 17 Kxd2 Nc6 18 Nxa8 Nxa5 19 Nb6+ ±) 15 gxf3 Qe5+. 16 Kd1 fxe6 17 Nd5! Bd6 (17 ... Kxd8 18 Qa5+ b6 19 Rxb6 Qd4+ 20 Kc1! ±± Nunn) 18 Bg5 Nc6 19 Bf4 Qf5 20 Bxd6

Qxf3+ 21 Kc1! 1–0 (because of 21 ... Qxh1+ 22 Kb2 Qe4 23 Nc7+ Kf7 24 Rf1+ Kg6 25 Bd3 ±±).

(c2) Bednarski–Tringov, Kecskemét (Zonal) 1964
14 Be8 Nf3+ 15 gxf3 Qe5+ 16 Ne4 fxe6 17 Bh4 Nc6 18 0–0 b5? (18 ... Be7 ∞) 19 Bd3 Be7 20 Bxe7 Kxe7 21 a4 b4 22 Rxb4 Nxb4 23 Qxb4+ Kf7 24 Nd6+ Kf6 25 Ne4+ Kf7 26 Nd6+ Kf6 27 Ne4+ Kf7 28 Nd6+ ½–½.

B 12 ... Qc5?! This line is highly precarious for Black. 13 Bxe6! fxe6 (13 ... Qxe5+? 14 Kd1 and 15 Re1 or 13 ... Be7 14 Bxf7+! Kxf7 15 0–0+ Kg8 16 Bxe7 Qxe7 17 Nd5 and then 17 ... Qc5 18 Nc7! Qxc7 19 Ne6 Qc6 20 Qg5! ±± or 17 ... Qd8 18 e6 Nf6 19 e7! Qe8 20 Rxf6! ±±) 14 Nxe6 Qxe5+ 15 Qe3! Qxe3+ 16 Bxe3 Bd6 (diagram 28). White now has two alternatives: (a) 17 Nd5 and (b) 17 0–0.

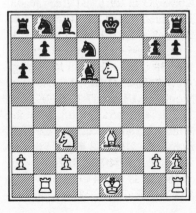

28
W

(a1) Matanovic–Barcza, European Team Ch, Vienna 1957
17 Nd5 Nf6? 18 Nxg7+ Kf7 19 0–0 Kxg7 20 Rxf6! Rd8 21 Rbf1! Kg8 22 Nb6! Be5 23 R6f2 Be6 24 Nxa8 (±±) Bc4 25 Rc1 Bxa2 26 c4 Bb3 27 Nb6 a5 28 Bg5! Rf8 29 Rxf8+ Kxf8 30 Re1 Bc3 31 Rf1+ Kg7 32 Rf3! Bd4+ 33 Be3 Bb2 34 Bh6+ Kxh6 35 Rxb3 Bd4+ 36 Kf1 Na6 37 Rd3 Be5 38 g3 Kg6 39 Rd7 and 1–0 in 47 moves.

(a2) 17 Nd5 Kf7 18 Nec7 Nf6 19 0–0 Kg6 20 Nf4+ Bxf4 21 Rxf4 Nc6 22 Nxa8 Nd5 23 Rf3 Bg4 24 Rg3 Nxe3 25 Nb6 Re8 26 Nc4! Nxc4 27 Rxg4+ and 28 Rxc4 ±± according to Jimmy Adams.

(b1) Matanovic–Darga, European Team Ch, Vienna 1957
17 0–0 Ne5 18 Nxg7+ Kd7 19 Rbd1 Nc4 20 Bf4 Kc7 21 Nd5+ Kc6 22 Bxd6 Nxd6 23 Rf6 (23 Ne7+ Kc7 24 Rf6 Ne4 25 Nd5+ ± Darga) 23 ... Bg4! 24 Nb4+ Kb5 25 Rd4 Nc4 (∞) 26 Nd3 Ne3 27 a4+ Ka5 28 Nc5 Nc6 29 Nxb7+ Kb6 30 Rb4+ Ka7 31 Rxc6 Rab8 32 Rc7 Nd5 33 Na5+! Nxc7 34 Nc6+ Ka8 35 Nxb8 ±±.

(b2) Petrovic–Lipiniks, corr. 1968
17 0–0 b6 18 Nd5 Bb7 19 Bg5! Nc5 20 Nxg7+ Kd7 21 Rf7+ Kc6 22 Nb4+ Kb5 23 Nf5 Ne4 24 Nxd6+ Nxd6 25 Rc7 Ka4 26 Nd3 Rg8 27 Be3 Rxg2+ 28 Kf1 Rg4 29 Rb3 Bg2+ 30 Kf2 b5 31 Bb6 b4 32 c4! Nxc4 33 Rxb4+ Ka3 34 Bc5 Kxa2 35 Re7 Nd7 36 Re2+ Ka3

37 Re1 Ka2 38 Nc1+ Ka3 39 Be7 Rf4+ 40 Kxg2 Rg8+ 41 Kh1 Rfg4 42 Re3+! 1–0 (If 42 ... Nxe3 43 Rxg4+ Kb2 44 Rxg8 Kxc1 45 Bg5 Kd2 46 Re8 ±±).

C 12 ... Qa5 This move is recommended by Fischer. Now White has three possibilities: (a) 13 Nxe6?, (b) 13 Bxe6 and (c) 13 0–0.

(a) Mazzoni–Fischer, Monte Carlo 1967
13 Nxe6? fxe6 14 Bxe6 Qxe5+ 15 Qe3 Qxe3+ 16 Bxe3 Nc6 17 Nd5 Bd6 18 0–0 Nf6! 19 Nxf6+ gxf6 20 Rxf6 Ke7 21 Bxc8 Kxf6 22 Bxb7 Ne5 23 Bxa8 Rxa8 (∓) 24 Rb7 Rc8 25 Ra7 Rc6 26 Bd4 Kf5 27 c3 Rxc3! 28 Rxa6 Rc1+ 29 Kf2 Ng4+ 30 Ke2 Bxh2 31 Kd3 Rd1+ 32 Kc4 Rd2 33 a4 Rxg2 34 Ra8 Ke4 35 Re8+ Ne5+ 36 Bxe5 Bxe5 37 a5 Rc2+ 38 Kb5 Kd5 39 Rd8+ Bd6 40 Rh8 Rc7 41 Kb6 Rd7 42 Rc8 Be5 43 Rc5+ Ke4 44 Rc4+ Bd4+ 45 Kb5 h5 0–1.

(b) Salamon–Murey, corr. 1967
13 Bxe6 fxe6 (13 ... Qxe5+? 14 Kd1 and 15 Re1) 14 Nxe6 Nxe5! 15 Bd8? (15 Nd5 Qxd2+ 16 Kxd2 Bxe6 17 Nc7+ Kd7 18 Nxa8 b5 ∓∓ according to Murey) 15 ... Nf3+! 16 gxf3 Qe5+ 17 Kd1 Bxe6 18 Re1 Qf5 19 Bh4 Nd7 20 Ne4 Qxf3+ 21 Re2 Qf1+ 22 Qe1 Qxe1+ 23 Kxe1 Be7 24 Bxe7 Kxe7 25 Ng5 Nc5 26 Rb6 Rhe8 27 Nxe6 Nxe6 28 Rexe6+ Kd7 29

Rbd6+ Kc7 30 Kd2 Rad8 31 Kc3 Rxd6 32 Rxe8 Kd7 33 Re2 b5 ∓∓ and Black won in 40 moves.

(c) Norton–Freeman, New Zealand Junior Ch 1978

13 0–0 Bc5 (13 ... Bb4? 14 Ne4! ± according to Nunn or 13 ... Bb4? 14 Rxf7! Bxc3 15 Nxe6! Kxf7 16 Nc7+ Kg6 17 Qd3+ Kxg5 18 Ne6+ Kh6 19 Qe3+ leads to mate according to O'Kelly or 13 ... Nxe5 14 Rbe1!? Nbc6! 15 Nxc6 Nxc6 16 Qf4 Bc5+ 17 Kh1 0–0 ∓ according to Boleslavsky) 14 Nd5! (14 Rxf7 Nxe5! or 14 ... Kxf7 ∓ Stean) 14 ... Bxd4+ (14 ... Qxd2? 15 Nc7+ Kf8 16 Nxe6+ Kg8 17 Bxd2 Nxe5 18 Nxc5 Nxc4 19 Rbe1 h6 20 Bc3± or 14 ... Nc6 15 Qxa5 Bxd4+ 16 Kh1 Nxa5 17 Nc7+ Kf8 18 Bxe6 Nxe5 19 Bxf7 Nxf7 20 Rbe1 Bd7 21 Nxa8 ∞ according to Nunn) 15 Qxd4 Nc6 (15 ... exd5? 16 Bxd5 0–0 17 e6 fxe6 18 Bxe6+ Kh8 19 Bh6! Nf6 20 Bxc8±±) 16 Qf4 Ndxe5 17 Rbe1 Qc5+ 18 Kh1 Qxc4 19 Nc7+ Kf8 20 Nxa8 h6! 21 Nb6 hxg5 22 Nxc4 gxf4 23 Nxe5 Nxe5 24 Rxe5 Bd7 25 Rxf4 Ke7±.

13 Bxe6 (diagram 29) After the alternative 13 Rb3 Black has two

(see following diagram)

possibilities: (a) 13 ... Bxg5 and (b) 13 ... Qc5.

(a) Keres–Tolush, 24th USSR Ch, Moscow 1957

29
B

13 ... Bxg5 14 Qxg5 Qe7? (Better is 14 ... Qc5! 15 Bxe6?! 0–0! 16 Nf5 Qxe5+ 17 Ne4 fxe6 18 Ne7+ Kh8 19 Qh4 g5! ∓ according to Tolush, or 14 ... Qc5! 15 Nd5! and now 15 ... g6! 16 Re3 h6 17 Qf4 exd5 18 e6 0–0 19 e7 Re8 20 0–0 Rxe7 21 Bxd5! ± according to Euwe or 15 ... 0–0? 16 Ne7+ Kh8 17 Nxe6 fxe6 18 Ng6+! hxg6 19 Rh3+ Kg8 20 Bxe6+ Rf7 21 Bxf7+ Kxf7 22 Rf1+ Ke6 23 Qxg6+ Ke7 24 Rf7+ Kd8 25 Rh8+ Kc7 26 Qd6+! Qxd6 27 exd6+ Kxd6 28 Rxc8 ± or 15 ... exd5? 16 Nf5 Nxe5 17 Nxg7+ Kf8 18 Qxe5 Qxe4 19 Ne6+ Bxe6 20 Qxh8+ Ke7 21 Rxb7+ Kd6 22 Rxb8 Qe4+ 23 Kd1 Bg4+ 24 Kc1 Qf4+ 25 Kb1 ± or 15 ... Rg8 16 Rf1 exd5 17 e6 fxe6 18 Nxe6 Qe7 19 Re3 Qxg5 20 Nxg5+ Kd8 21 Bxd5 ±± according to Jimmy Adams) 15 Qxg7 Qf8 16 Qg5 Rg8 17 Qf4 Nc5 18 0–0! Qg7 19 Rf2(±) Nbd7

20 Nd5!! (diagram 30) 20 ... Nxb3 (20 ... exd5 21 Bxd5 Nxb3 22 Bxf7+) 21 Nc7+ Ke7 22 Bxb3

31
W

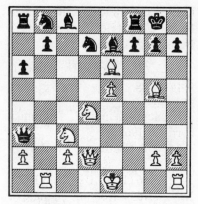

30
B

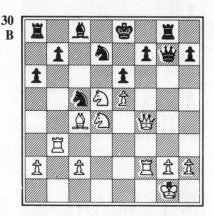

Qxe5 (22 ... Rb8 23 Ndxe6! fxe6 24 Qh4+ Qg5 25 Qb4+ Kd8 26 Nxe6+ ±±) 23 Qxf7+ Kd6 24 Ndxe6 Nf6 (24 ... Rf8 25 Nxf8 Kxc7 26 Qxh7 Qa1+ 27 Rf1 Qd4+ 28 Kh1) 25 Rxf6 Qe1+ 26 Rf1 Qe3+ 27 Kh1 Bxe6 28 Nxe6 Rac8 29 Qxb7 1–0.

This game gives a good insight into White's possibilities in this variation and demonstrates what Black must avoid.

(b) Analysis of Borisenko and Kiselev, 13 ... Qc5 14 Nd5! (14 Ne4 Bxg5 15 Nxg5 Nxe5! 16 Bxe6 0–0 17 Rc3 Qe7! ∓) 14 ... exd5 15 Bxe7 Qxe7 16 Nf5 gives White a dangerous attack.

13 ... 0–0 (diagram 31)

(see following diagram)

Black has three alternatives: A

13 ... Nxe5?, B 13 ... fxe6, and C 13 ... Bxg5.

A 13 ... Nxe5? This line is doubtful for Black as after 14 Rb3 Bxg5 15 Qxg5 Qe7 16 Qxe7+ Kxe7 17 Nd5+ White wins.

With the alternative *B 13 ... fxe6* after 14 Nxe6 Bxg5 White has two possibilities: (a) 15 Nc7+! and (b) 15 Qd3?!

(a)   Mavlikeyev–Glumov, USSR 1966

15 Nc7+! Kd8 16 Ne6+ Ke8 17 Nxg5 Qa5 18 0–0 Nxe5 19 Qe3 Nbc6 20 Rbd1 Rf8 21 Rfe1 Bd7 22 Rd5 Qc7 23 Qc5 Rf5 24 Nf3 ±±

(b) Analysis of Ermakov and Shaposhnikov

15 Qd3 and now 15 ... Qe7 16 Nd5! Nxe5 17 Ndc7+ Kf7 18 Nxg5+! Qxg5 19 0–0+ Ke7 21 Qa3+ ±± or 15 ... Nc6 16 0–0 Ncxe5 17 Nxg7+ Kd8 18 Ne6+ Ke8 19 Qg3! Bf6 20 Rxf6! Nxf6 21 Nc7+! Kf7 22 Qxe5 Rb8 23 N7d5 ±± or 15 ... Rf8 16 Nc7+ Kf7 17

Qd5+ Kg6 18 Qd3+ Rf5 19 g4
Nxe5 20 gxf5+ Bxf5 21 Qg3
Nd3+! ∓∓

C 13 ... Bxg5 This line is
depressing for Black. For
example:
Ekblom–Rempreti, Finnish
corr. Ch 1962
14 0–0 (Better is 14 Bxf7+!
Kxf7 15 0–0+ Ke8 16 Qxg5 ±±)
14 ... fxe6 (14 ... Bxd2? 15 Bf7+
Ke7 16 Nd5+ Kd8 17 Ne6 mate or
15 ... Kd8 16 Ne6+ Ke7 17 Nd5
mate) 15 Qxg5 Qe7 (15 ... Qxc3
16 Nxe6 ±±) 16 Ne4 Qxg5 17
Nd6+! Kd8 18 Nxe6+ Ke7 19
Nxg5 Nxe5 20 Ndf7 Nxf7 21
Rxf7+ Kd6 22 Rxg7 Rf8 23 Nxh7
Rf4 24 Rd1+ Kc6 25 Rd8 Nd7 26
Rgxd7 Bxd7 27 Rxa8 Ra4 28 Nf6
Rxa2 29 h4 Bf5 30 h5 Bxc2 31 h6
Kc7 32 Re8 Ra4 33 g4 b5 34 Kg2
Rc4 35 Kf3 Rc3+ 36 Re3 Rxe3+
37 Kxe3 Bg6 38 h7 Bxh7 39 Nxh7
Kd7 40 Nf6+ Ke6 41 Ne4 a5 42
Kf4 a4 43 Nc3 a3 44 Na2 Kd5 45
g5 b4 46 Nc1! Kd4 47 g6 a2 48 g7!
1–0.
14 0–0 (diagram 32) The alter-
native 14 Nd5?! leads to a double-

(see following diagram)

edged position. Schmidt–
Lombardy, Student Olympiad,
Budva 1963
14 Nd5?! Bxg5 15 Qxg5 h6
(15 ... fxe6? 16 Nxe6 Rf7 17 Rf1!
±±) 16 Qd2 fxe6 17 Rb3! Qxa2
18 Ne7+ Kf7? (Better is 18 ...

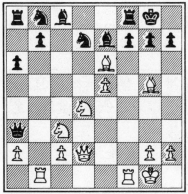

32
B

Kh7! 19 Qd3+ Kh8 20 Ng6+ Kg8
21 Ne7+ Kf7 ∓) 19 Qb4! a5 20
Qd6 Ra6 21 Rf1+! Ke8 22 Rxf8+
Nxf8 23 Qxb8 Kxe7 24 Qxc8
Qa1+ 25 Ke2 Qxd4 26 Qxb7+
Nd7 27 Qxa6 Qxe5+ 28 Re3 Qd5
29 Ke1! Ne5 30 Qe2 Nc4 31 Rd3
Qg5 32 Rg3 Qc1+ 33 Qd1 Qb2 34
Qd3 Nd6 35 Re3 a4 36 Qg6 Qb4+
37 c3 Qh4+ 38 g3 Qf6 39 Qxf6+
gxf6 40 Kd1±± and White won in
63 moves.
14 ... Bxg5 Alternatively,
Black has 14 ... fxe6. Dückstein–
Euwe, Neuchatel 1958
14 ... fxe6 15 Nxe6 Nc6 16
Nd5! Bc5+ 17 Kh1 Ncxe5 18 Nxf8
Bxf8 19 Nc7 Rb8 20 Qd5+ Kh8 21
Ne6 Ng6 22 Qd4(±) Nf6 23 Nxf8
Qxf8 24 Rbe1 Bd7 25 Bxf6 Bc6 26
Be5 Qd8 27 Bxg7+ Kg8 28
Qxd8+ Rxd8 29 Bh6 Kh8 30 Kg1
Rg8 31 g3 Bd5 32 a3 Rc8 33 Rf5
Bc6 34 h4 1–0.
15 Qxg5 h6! Euwe's recom-
mendation (diagram 33).

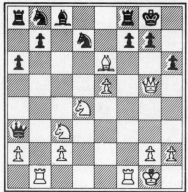

33
W

A theoretically critical position where White must have the better of it in view of superior development and considerable local piece superiority near the enemy king.

Other moves are dubious for Black: 15 ... Qxc3? 16 Nf5! Qxe5 (16 ... g6 17 Qh6 Qxe5 18 Ne7+ Kh8 19 Nxg6+ ±±) 17 Nh6+ Kh8 18 Nxf7+ Rxf7 19 Qd8+ leads to mate and 15 ... fxe6 16 Nxe6 Rf7 (16 ... g6 17 Nd5 Nc6 18 Qh6±±) 17 Qd8+ Nf8 18 Qxc8±±.

16 Qh4? This attempted improvement by White is the source of all his subsequent difficulties. White has two alternatives: A 16 Qh5! (The main line, recommended by Murey) and B 16 Qd2? (A dubious line, suggested by Euwe).

A 16 Qh5! This line seems advantageous for White. The variation continues with 16 ... fxe6 (16 ... Qxc3? 17 Rxf7!

Qxd4+ 18 Kh1 Kh8 19 Rbf1 Qc5 20 Qg6 Rxf7 21 Qxf7 Qf8 22 Qxf8+ ±± or 16 ... Nxe5? 17 Qxe5 Bxe6 18 Nxe6 fxe6 19 Rxb7! Rxf1+ 20 Kxf1 Qc1+ 21 Kf2 Qxc2+ 22 Ke1 Qc1+ 23 Nd1 ±± according to Dan Wolf) and after 17 Nxe6 (diagram 34) reaches a complicated crucial position.

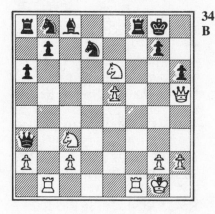

34
B

Now Black has four possibilities: (a) 17 ... Qe7, (b) 17 ... Qxc3, (c) 17 ... Nf6, (d) 17 ... Rxf1+.

(a) 17 ... Qe7 18 Nxf8 Nxf8 19 Nd5! Qc5+ 20 Kh1 Qxd5 (20 ... Be6 21 Nb6 Ra7 22 Qe8 Nbd7 23 Nxd7 Bxd7 24 Qf7+ Kh7 25 Qxf8 Qxe5 26 Rbe1 Qg5 27 Rf7 wins) 21 Rbd1! Qb5 (21 ... Qe6 22 Rxf8+! Kxf8 23 Rd8+ or 21 ... Qxd1 22 Qf7+ Kh7 23 Rxd1 according to Euwe or 21 ... Be6 22 Rxd5 Bxd5 23 Qe8 or 21 ... Qc5 22 Rd8 Nbd7 23 Qf7+ Kh7 24 e6 according to Sokolsky are all ±±) 22 c4! (the idea of P. Szekely) 22 ... Qd7 23 Rxd7 Nbxd7 24 Qf7+ and 25 e6 ±± (or, instead of 22 c4, according to Rashkovsky 22 Qf7+ Kh7 23 Qxf8 Bg4 24 Rd8 Be6 25 Qh8+ Kg6 26 Re1 Qa5 27 Re3 ±±).

(b) 17 ... Qxc3 18 Nxf8 Qc5+ 19 Kh1 Nxf8 (19 ... Nf6 20 Rxf6! gxf6 21 Nh7! Qxc2 22 Nxf6+ Kg7 23 Ne8+ Kg8 24 Rf1 ±± or 21 ... Kxh7 22 Qf7+ Kh8 23 exf6 Qg5 24 Qe8+ Kh7 25 Qxc8 ±± according to Dan Wolf) 20 Qf7+ Kh7 21 Qxf8 Nd7 (21 ... Qxf8 22 Rxf8 Nd7 23 Re8 b5 24 Rd1 Nb6 25 e6 ±±) 22 Qf5+ Kh8 23 Rbd1! Qe7 24 Rd6! Nxe5 25 Qf8+ Qxf8 26 Rxf8+ Kh7 27 Rdd8 ±± Ermakov and Shaposhnikov.

(c) 17 ... Nf6 18 exf6 Bxe6 19 fxg7 Rxf1+ 20 Rxf1 Qxc3 21 Qxh6 Qxg7 22 Qxe6+ Kh8 23 Qe8+ Kh7 24 Rf7 ±± Ermakov and Shaposhnikov.

(d) 17 ... Rxf1+ 18 Rxf1 Qe7 19 Qf5! (Murey) 19 ... Nb6! (19 ... Nxe5 20 Qf8+ Qxf8 21 Rxf8+ Kh7 22 Rxc8 ±± Dan Wolf or 19 ... Nc6 20 Nd5 Qe8 21 Ndc7 ±±) 20 Qf8+ Qxf8 21 Rxf8+ Kh7 22 Nc7! Ra7 23 e6 Nc6 (23 ... Bxe6 24 Nxe6 Nc6 25 Rf7 Kg6 26 Rf3 Ra8 27 Nf8+ Kh5 28 Ne4 Re8 29 Ng3+ Kg5 30 Rf5+ Kg4 31 Kf2 ±± Ermakov and Shaposhnikov) 24 Ne4!(±) Kg6 (24 ... Bxe6 25 Nxe6 Ne5 26 Re8! Ng6 27 Nd6 Nd5 28 Nf5 b5 29 h4 Nf6 30 Rb8 Rd7 31 g4! ±) 25 Nd6 Bxe6 26 Nxe6 Ra8 27 Rf3! Kh7 28 Rb3 ± according to Ermakov and Shaposhnikov.

The critical position after 16 Qh5 was analysed first by the Romanian master Dan Wolf in the Romanian chess journal *Revista de Sah* (No. 4, 1963). These analyses were checked, confirmed and supplemented entirely by Ermakov and Shaposhnikov in *Shakhmatny Byulletin* (No. 10, 1963).

B 16 Qd2? This line is doubtful for White, for example:

Statsenko–Dobrotvorsky, corr. USSR 1965

16 ... fxe6 17 Nxe6 Rxf1+ 18 Rxf1 Qe7 19 Nf4 (19 Qd5 Nb6! ∓) 19 ... Nf8? (19 ... Nxe5 20 Nfd5 Qc5+ 21 Kh1 Nbc6 22 Ne4 Qc4 ∓ Geller) 20 Nfd5 Qc5+ 21 Kh1 Nc6 22 Ne4 Qa3 23 Ndf6+! Kh8 24 Nd6 Be6 25 Nfe8 Kg8 26 Nxg7! Qa5 27 Qxh6 Qxe5 28 Nh5 Nh7 29 Ne4! Kh8 30 Nef6 1–0.

16 ... Qxc3 17 Rxf7 Rxf7 18 Qd8+ Nf8 19 Bxf7+ Kxf7 20 Rf1+ Kg6 21 Rxf8 According to John Nunn and Rolf Schwarz White could have obtained a draw in this position by 21 Qe8+ as the variation 21 ... Kh7 22 Rxf8 Qxd4+ 23 Kf1 appears to leave Black only a perpetual check. However, it seems to me that Black has clear winning chances after 23 ... Qd1+ 24 Kf2 Qxc2+ 25 Kf1 Qb1+ 26 Kf2 Qxa2+ 27 Kf1 Qc4+ 28 Kf2 Qc5+ when White's position is hopeless. For example: 29 Kf1 Qb5+ 30 Qxb5 axb5 31 Rxc8 Ra1+ 32 Kf2 Nc6 or 29 Kf3 Qc6+ 30 Qxc6 Nxc6 or 29 Ke2 Bg4+ or 29 Ke1 Qg1+ 30 Kd2 Qxg2+ 31 Ke1 Qg1+ 32 Kd2 Qd4+ all are ∓∓.

21 ... Bd7! 22 Nf3 The alternative 22 Rf6+ Kh7! 23 Rxh6+ Kxh6! 24 Qh4+ Kg6 loses more quickly.

22 ... Qe3+ 23 Kh1 Qc1+ 24 Ng1 Qxc2 25 Rg8? A serious blunder in time pressure. 25 Qe7 Qc4! 26 Rf3! is better according to Stahlberg since despite Black's extra piece he has a surprising number of defensive problems.

25 ... Qf2 26 Rf8 Qxa2 27 Rf3 Kh7 ∓∓ and White lost on time.

Summing up the variation 12 ... Be7, according to analysis and practice, both 13 Rb3 and 13 Bxe6 appear very satisfactory for White. Viewing this Game objectively, one must conclude that Black's superior strength was the cause of his winning, because White avoided the main line and lost his way in the complications.

Game 10
HARTSTON–MECKING, HASTINGS 1966/67

1 e4 c5 2 Nf3 d6 3 d4 cxd4 4 Nxd4 Nf6 5 Nc3 a6 6 Bg5 e6 7 f4 Qb6 8 Qd2 Qxb2 9 Rb1 Qa3

10 e5 dxe5 11 fxe5 Nfd7 12 Bc4 Other moves, 12 Ne4, 12 Be2 and

12 Rb3, were the subject of Game 8.

12 ... Bb4 (diagram 35) The other main line, 12 ... Be7, was

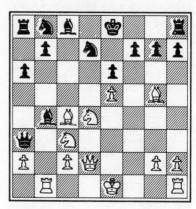

35 W

considered in Game 9. It is due to 12 ... Bb4 that the classical line has gone out of fashion completely nowadays. This old game illustrates the different possibilities of Black's strongest counter-play against 10 e5.

13 Rb3 The other choice is Smejkal's idea, 13 Nxe6 (diagram 36).

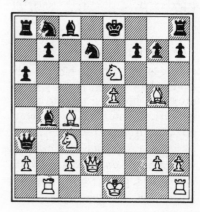

36 B

(a) Stenquist–Karason, corr. 1976/77

13 Nxe6 fxe6 (13 ... Bxc3? 14 Nc7+ Kf8 15 0–0 Qc5+ is dubious. 16 Kh1 Qxc4 17 Qd6+ Kg8 18 Nd5 ±± or 16 Be3 Qxc4 17 Qd6+ Kg8 18 Nd5! Nc6 19 e6! Nf6 20 Ne7+! leads to mate) 14 Rxb4 Qxb4 15 Bxe6 (diagram 37).

37
B

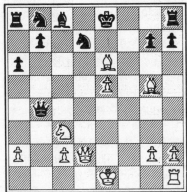

White has a very strong attack for the sacrificed material but with perfect defence Black can perhaps hold out. (Dubious for White is 15 0–0 Qc5+! 16 Rf2 Qxc4 17 Ne4 Qxe4 18 Qd6 Qe1+ 19 Rf1 Qxf1+! 20 Kxf1 Rf8+ 21 Kg1 Kf7 ∓∓ according to Fischer) 15 ... Nc6 (Alternatives are 15 ... h6 and 15 ... Rf8. The move 15 ... h6 leads to unclear, double-edged positions, analysed by Boleslavsky, Geller, Stean and O'Kelly, for example: 16 Bf7+ Kxf7 17 Qd5+ Kg6 18 Qd3+ Kh5! 19 Be7!? Qf4!? ∞ according

to Nunn. The move 15 ... Rf8 results in a roughly equal position, for example: 16 Nd5 Qxd2+ 17 Kxd2 Rf2+ 18 Kc1 Nb6 19 Nc7+ Kf8 20 Bxc8 Nxc8 21 Nxa8 Nc6 = Nunn) 16 0–0 Rf8 17 Rd1 Qd4+ 18 Qxd4 Nxd4 19 Rxd4 h6 20 Bh4 g5 21 Bg4 (If 21 Bg3 Nxe5 22 Bd5 Nc6 23 Re4+ Kd8 24 Re2 and according to Geller the position is roughly equal) 21 ... Nb6!? (21 ... gxh4 22 Bh5+ Ke7 23 Nd5+ Ke6 24 Nc7+ Kxe5 25 Rd5+ Kf6 26 Nxa8 Ne5 27 Nc7 = according to Maric) 22 Bh5+ Ke7 23 Bf2 Be6 24 Rd3?! (24 Rb4 Nd7 25 Rxb7 Rfc8 26 Ne4 Rab8 27 Bc5+ Kd8 28 Rxb8 Rxb8 with just an edge for Black according to Nunn) 24 ... Nd7 25 Nd5+ Bxd5 26 Rxd5 Rf4 27 h3 Rc8 28 Bg4 Rxg4 29 hxg4 Rxc2 ∓.

(b) Smejkal–Gutzler, corr. 1966

13 Nxe6 fxe6 14 Rxb4 Qxb4 15 Bxe6 Nc6 16 0–0 Ndxe5? 17 Nd5! Qc5+ 18 Kh1 Qd6 19 Nf6+ gxf6 20 Qxd6 fxg5 21 Bd5 1–0 (Better would have been 16 ... Nf6 17 Bxc8 Rxc8 18 exf6 0–0 19 Qd5+ Kh8 20 Ne4 Qd4+ 21 Qxd4 Nxd4 22 fxg7+ Kxg7 23 Bf6+ Rxf6 24 Nxf6 Rxc2 25 Ne8+ leading to a draw according to Smejkal).

13 ... Qa5 14 0–0 (diagram 38)

(see following diagram)

White has two alternatives: A 14 Bxe6?! and B 14 a3.

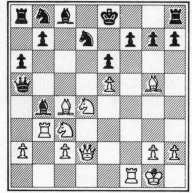

38
B

A 14 Bxe6?! This line is dubious for White:

Kurajica–Tukmakov, Yugoslavia v USSR Vrnjacka Banja 1965

14 ... 0–0 (14 ... fxe6 15 Nxe6 Qxe5+ 16 Qe3 Bd6 17 Nd5!) 15 Bxf7+ Rxf7 16 e6 Rf8 17 Rxb4! Qxb4 18 e7 Re8 19 Nf5 (19 0–0 Nc6! 20 Nf5 Nxe7 21 Nd6 Rf8! ∓) 19 ... Nf6 20 Bxf6 Bxf5 21 Qd5+ Kh8 22 Qf7 Rxe7+ 23 Qxe7 Qxe7+ 24 Bxe7 Nc6 25 Bc5 Bxc2 26 Rf1 Kg8 (∓∓) 27 Rf2 Bg6 28 Nd5 Bf7 29 Ne3 Ne5 30 Rd2 Re8 31 Ke2 b5 32 Rd6 a5 33 a3 Nc4 34 Rc6 b4 35 axb4 axb4 36 Kf2 Ne5 and 0–1 in 80 moves.

B 14 a3 This line leads to double-edged positions, where Black should have no great difficulty in equalising.

Martinov–Murey, USSR 1968

14 a3 Bc5 (14 ... Qxe5+ 15 Kd1! Ba5 16 Re1 Qc7 17 Nxe6! ± or 14 ... Bf8 15 Nxe6 fxe6 16

Bxe6 Nc6 17 Nd5± or 14 ... Bxa3 15 Rxa3 Qxa3 16 0–0 0–0! 17 Bf6 Nxf6! 18 exf6 Rd8! 19 Qg5 g6 ∓ or 14 ... Bxc3 15 Rxc3 0–0 16 Be7 Re8 17 Bb4 Qxe5+ 18 Re3 ± Borisenko and Kiselev) 15 Nxe6 (15 Bxe6 0–0 16 Bxf7+ Rxf7 17 e6 Rf8 18 exd7 Bxd7 ∓) 15 ... fxe6 16 Bxe6 h6 17 Bf7+ Kxf7 18 Qd5+ Kg6 19 Qe4+ Kf7 20 Qd5+ with a draw by perpetual check according to analysis of Zaitsev and Hasin.

14 ... 0–0 The alternatives are A 14 ... Nxe5? and B 14 ... Bc5.

A 14 ... Nxe5? This move leads to variations which are all depressing for Black.

14 ... Nxe5? 15 Rxb4! (15 Nxe6 Bxe6 16 Bxe6 0–0! 17 Bf5 Nbc6∓ Jimmy Adams) 15 ... Qxb4 16 Nxe6 Qb6+ (16 ... Nbc6 17 Nc7+ Kf8 18 Bxf7! Nxf7 19 Be3 Rb8 20 Qd5! ±±) 17 Be3 Nxc4 18 Nxg7+ Kf8 19 Rxf7+! Kxf7 20 Qd5+ Be6 (20 ... Kxg7 21 Bxb6 Nxb6 22 Qd4+ Kg8 23 Qxb6 Nc6 24 Nd5 Be6 25 Nc7 ±±) 21 Qh5+ Kxg7 22 Bxb6 Nc6 23 Qg5+ Kf7 24 Ne4 Rhe8 25 Bc7 Rac8 26 Bf4 Rcd8 27 Qh6! ±± according to Roessel.

B 14 ... Bc5 An untested line where it is doubtful whether White's attack is sufficient against accurate defence.

14 ... Bc5 15 Kh1 Bxd4 16 Qxd4 Nc6 17 Qf4 Ncxe5 18 Ne4 0–0 19 Rg3 Ng6 ∞ according to Nunn.

15 Bf6 The idea of Byrne (diagram 39) 15 Nxe6 is a dubious alternative for White.

**39
B**

Tringov–Fischer, Havana 1965
15 Nxe6 (15 a3 Bc5 16 Kh1 Bxd4 17 Qxd4 Nc6 18 Qf4 Ncxe5 ∓ Boleslavsky) 15 ... fxe6 16 Bxe6+ Kh8 17 Rxf8+ Bxf8 (17 ... Nxf8!? 18 Bxc8 Nc6 19 Bxb7 Qb6+ 20 Qf2 Qxb7 21 a3 Ne6 22 Be3 Rf8! 23 Qg3 Qf7! ∓∓ according to Fischer) 18 Qf4 Nc6! 19 Qf7 Qc5+! 20 Kh1 (20 Be3 Qxe3+ 21 Kf1 Qc1+ 22 Ke2 Nd4+ and 23 ... Nxe6 ∓∓ Evans) 20 ... Nf6! 21 Bxc8 Nxe5 22 Qe6 Neg4 0–1.

15 ... Nxf6 Other moves give White a decisive attack: A 15 ... gxf6 and B 15 ... Nc6.

A 15 ... gxf6

(a) Mazzoni–Bobotsov, Le Havre 1966
15 ... gxf6 16 Qh6! Qxe5 (16 ... Nxe5 17 Ne4! ±± or 16 ...

Bxc3 17 Bd3 Bxd4+ 18 Kh1 f5 19 Bxf5 exf5 20 Rg3+ Kh8 21 Qg7 mate or 16 ... Qc5 17 Nce2 Nxe5 18 Rg3+ Ng6 19 Rh3 Re8 20 Rxf6 Re7 21 Bd3 Rc7 22 Qxh7+ Kf8 23 Bxg6 Ke7 24 Qxf7+ Kd6 25 Rxe6+ Bxe6 26 Qxe6 mate — Byrne) 17 Nf5!! exf5 18 Ne4! Re8 (18 ... Qxe4 19 Rg3+ Qg4 20 Rxg4+ fxg4 21 Bd3 f5 22 Bxf5 Nf6 23 Qg5+ Kh8 24 Qxf6+ Kg8 25 Bxh7+ Kxh7 26 Qh4+ Kg8 27 Qg5+ Kh8 28 Rf6 ±± or 18 ... fxe4? 19 Rh3 ±± or 18 ... f4 19 Rxf4 f5 20 Rg3+ Kh8 21 Qxh7+! Kxh7 22 Rh4 mate — Byrne) 19 Rh3 Nf8 20 Nxf6+ Qxf6 21 Qxf6 Be6 22 Bxe6 fxe6 23 Rff3 (A quicker finish would have been achieved by 23 Rg3+ Ng6 24 Rxg6+ hxg6 25 Qxg6+ Kf8 26 Qf6+ Kg8 27 Rf3 ±±) 23 ... Bd6 24 Rd3 Bc7 25 Rh5 Bf4 26 Rxh7 Nxh7 27 Qg6+ Kf8 28 Qxh7 Nc6 29 Rd7 Ne7 30 Rxe7 Rxe7 31 Qh8+ Kf7 32 Qxa8 Be5 33 Qd8 Bf6 34 g3 e5 35 Kf2 e4 36 Qd5+ Kg6 37 h4 Rc7 and 1–0 in 80 moves.

(b) R. Byrne–Evans, USA Ch, New York 1965/66
15 ... gxf6 16 Qh6! Qxe5 17 Nf5!! exf5 18 Ne4! Bd2 19 Nxd2 Qd4+ 20 Kh1 Ne5 21 Rg3+! Ng4 22 h3 Qe5 23 Rf4 Qe1+ 24 Nf1 Qxg3 25 Rxg4+! Qxg4 26 hxg4 Nd7 27 Ng3 Kh8 28 Bd3 (28 Nxf5!? Rg8 29 Bxf7 Rxg4 30 Be8! and 31 Bxd7 according to Evans) 28 ... Rg8 29 Bxf5 Rg6 30 Bxg6

fxg6 31 Ne4 b5 32 g5! Bb7 33 Nxf6 (33 gxf6! Rg8 34 Ng5 Nxf6 35 Nf7 mate) 33 ... Nf8 34 Qh2! Bc8 35 Qe5 Ne6 36 Nd7+ 1–0.

B 15 ... Nc6
Radulov–Bobekov, Bulgaria 1968
15 ... Nc6 (15 ... Nxe5? 16 Rxb4 Qxb4 17 Bxe5 Qxc4 18 Bxg7! Kxg7 19 Qg5+ Kh8 20 Qf6+ Kg8 21 Rf4! e5 22 Nf5! ±± according to Byrne or 15 ... Bxc3? 16 Rxc3 Nxe5 17 Rg3! Qxd2 18 Rxg7+ leads to mate according to Evans) 16 Nxc6?! (Better is 16 Nf5! Qc5+ 17 Rf2! gxf6 18 Qh6 exf5 19 Ne4 ±± Nunn or 16 Rxb4! Nxb4 17 Nd5! exd5 18 Qg5 ±± Jimmy Adams) 16 ... bxc6 17 Rxb4 Qxb4 ½–½.
16 exf6 Rd8! 16 ... gxf6? is a weak alternative as 17 Qh6! gives White a dangerous mating attack.
17 Rxb4 Qxb4 18 Qg5 Geller's 18 Qd3!? is an interesting idea **18 ... g6 19 Rf4!?** (diagram 40)

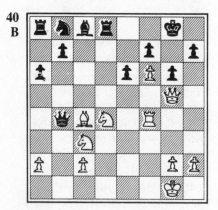

According to Boleslavsky 19 Ne4! is a remarkable alternative. Doubtful for White is 19 Nxe6 Bxe6 20 Bxe6 Qxc3 21 Qh6 Qc5+ and 22 ... Qf8 ∓∓). Some examples:

(a) Svager–Prieditis, Latvian corr. Ch 1968
19 Ne4! Qf8 20 Nf3 b5 21 Bb3 (21 Qg4 bxc4 22 Neg5 h6 23 Nxf7 Qxf7 24 Ne5 Qa7+ 25 Kh1 and White has a dangerous attack according to Nunn) 21 ... Bb7 22 Bxe6 (22 Qh4 and 23 Neg5 is Geller's suggestion) 22 ... Bxe4 23 Bxf7+ (Better is 23 Ne5! — an idea of Vitolins — 23 ... exf6 24 f7+ Kg7 25 Qf6+ Kh6 26 Qh4+ with a perpetual check) 23 ... Qxf7 24 Ne5 Qa7+ 25 Kh1 Qf2! 26 f7+ Kg7 27 f8Q+ Qxf8 28 Nf7 Nd7 29 Qh6+ Kg8 30 Qe3 Nf6! 31 Nh6+ Kg7 0–1.
(b) Ortega–Bobotsov, Sochi 1966
19 Ne4! Qf8 20 c3 Nc6 21 Nxc6 bxc6 22 h4 Rd5! 23 Bxd5 exd5 24 Ng3 h6 25 Qe3 Be6 26 h5 g5 (∓) 27 Nf5 Bxf5 28 Rxf5 Re8 29 Re5 Rxe5 30 Qxe5 Qc8 31 Qe7 c5 32 Qd6 d4! 33 cxd4 c4! 34 Qe5 c3 35 Qe3 c2 36 Qc1 Qc4 37 Kh2 Qe2 38 Qb2 Qxh5+ 0–1.
(c) Analysis of Nunn
19 Ne4 Qf8 20 Nf3 Nc6 21 Qh4 with a double-edged position. According to Nunn this line represents White's best chance in the 12 ... Bb4 variation.

19 ... Qf8 Black has two satisfactory alternatives: A 19 ... b6 and B 19 ... Rxd4 (Other moves are dubious for Black. For example: 19 ... b5? 20 Rh4 Qf8 21 Nf3 bxc4 22 Rxh7! Kxh7 23 Qh4+ Kg8 24 Ng5 ±± or 19 ... Nc6 and 19 ... e5 20 Rh4 Qf8 21 Nf3 threatening 22 Rxh7!).

A 19 ... b6 White has various possibilities after 20 Rh4 Qf8:

(a) P. Szekely–B. Toth Budapest 1967
21 Nce2!? Bb7? (21 ... Ra7 is better) 22 Nxe6! Rd1+ 23 Kf2 fxe6 24 Bxe6+ Kh8 25 Qxg6 (25 Rxh7+! Kxh7 26 Qh4+ Qh6 27 Bg8+ ±±) 25 ... Qc5+ 26 Nd4! 1–0.

(b) Tringov–Palmasson, Havana OL 1966
21 Qe3 Ra7? (Better is 21 ... Bb7 22 Qh3 Qc5 23 Ne2 Rxd4! as after 24 ... Nd7 Black may very well succeed in defending) 22 Ne4 Rad7? 23 Rxh7! 1–0.

(c) Mazzoni–Lee, Havana OL 1966
21 Kf1 Ra7? (21 ... Rd6! 22 Nf3 Nd7 23 Ne4 Bb7! 24 Nxd6 Qxd6∓ or 24 Rxh7 Kxh7 25 Qh4+ Kg8 26 Nfg5 Nxf6 27 Nxf6+ Kg7 ∓ according to O'Kelly) 22 Nf3 Nd7 23 Ne4 Bb7 24 Rxh7! (±± according to Nunn) 24 ... Kxh7 25 Qh4+ Kg8 26 Nfg5 Nxf6 27 Nxf6+ Kg7 28 Ng4 Bxg2+ 29 Kxg2 Rd2+ 30 Kf1 Qh8 31 Qe1 Qd8 32 Qe5+ Kf8 33 Nh7+ Ke8 34 Qh8+ Ke7 35 Qf6+ Ke8 36 Qh8+ Ke7 37 Qf6+ ½–½.

B 19 ... Rxd4 This line results in a roughly equal position after 20 Qh6 Rd1+ 21 Nxd1 Qf8 22 Qg5 Nd7 23 Rd4 h6 ⩲ according to Boleslavsky. Instead of 20 ... Rd1+ Black can play 20 ... Qf8!? immediately, for example:

R. Byrne–Zuckerman, USA Ch New York 1967
20 ... Qf8!? 21 Qxf8+ Kxf8 22 Rxd4 Nc6 23 Rd6 (23 Rh4! Kg8 24 Ne4 Bd7 25 g4 with enough play for the pawn according to Stean) 23 ... Ke8 24 Ne4 (24 Na4!? Ne5 25 Nb6 = is better) 24 ... Bd7 25 Nc5 Ne5 26 Bb3 Kd8! 27 Rd4 b6 28 Nd3 Nxd3 29 Rxd3 h5! 30 Kf2 Rc8 31 h3 Rc5 32 g4 Kc7 33 Kg3 a5 34 a4 hxg4 35 hxg4 g5! 36 Re3 Kd6 37 Rd3+ Kc7 38 Re3 Be8 39 Rd3 b5 40 axb5 Bxb5 41 Rd4 Bd7 42 Kf2 e5! 43 Rd5 Rxd5 44 Bxd5 Bxg4 45 Bxf7 Kd6 46 Bb3 Bd7 47 Bd5 a4 48 c4 Be8 49 f7 Bxf7 50 Bxf7 Kc5! 51 Bg6 a3 52 Bb1 Kxc4 53 Ba2+ Kc3 54 Kf3 Kb2 0–1.

20 Rh4 b5 21 Bd3 b4 22 Bxg6! **hxg6** Not 22 ... fxg6? as 23 f7+ wins.) **23 Rh6 Rxd4 24 Rxg6+** ½–½.

Summing up, the sub-variation 12 ... Bb4, according to analysis and practice, appears very satisfactory for Black. This line has been extensively analysed in chess literature with the result that Black's defensive possibilities have been considerably strengthened. As a result the "Classical line with 10 e5" has almost entirely disappeared from master practice.

PART 4

Tactical Line with 10 f5 (Games 11–15)

Game 11
VELIMIROVIC–CVITAN,
VRBAS 1982

1 e4 c5 2 Nf3 d6 3 d4 cxd4 4 Nxd4
Nf6 5 Nc3 a6 6 Bg5 e6 7 f4 Qb6 8
Qd2 Qxb2 9 Rb1 Qa3

10 f5 (diagram 41)

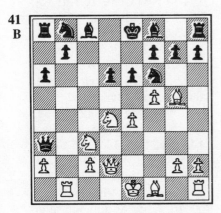

41
B

The name "Tactical line with 10
f5" is given to this line because it
results in very complicated, very
exciting variations, where mutual
sacrifices, combinations and
tactical elements predominate.

This line was played initially by
Vitolins (Vitolins–Gofshtein,
Kiev 1963) but first caused a great
sensation when Gipslis won
quickly against Korchnoi (Gips-
lis–Korchnoi, USSR Ch 1963). It
has retained its popularity with
grandmasters right up to the
present day. After the second
pawn sacrifice on e5 White sacri-
fices a knight on f6 or on e4 in
order to destroy Black's pawn
structure completely, and to open
the 'd', 'f' and 'g' files. The vari-
ation is excellent proof of the
truth of the principles discovered
by Paul Morphy (1837–1884):

(1) Develop quickly in the
opening, and use pawn sacrifices
if necessary in order to seize the
initiative.

(2) Open files and diagonals
near the enemy king, using piece
sacrifices if necessary.

(3) Attack the enemy king with
considerable local piece super-
iority.

White's attacking possibilities
are the following:

(1) The pawn advance f4–f5 weakens e6, opens the 'f' file and threatens the Black king on the diagonals d1–h5 and a2–g8.

(2) By a second pawn sacrifice on e5 White opens the 'd' file, disrupts Black's central pawn formation and frees the e4 square for the knight.

(3) By sacrificing this knight on e4 or f6 White completely destroys the opposing pawn structure. Black's double or triple isolated pawns on the 'e' file restrict development of the bishops, while White's heavy pieces can use the open files to penetrate the enemy camp without difficulty.

(4) Black's pieces do not co-operate, but operate in isolation. Black's queen especially is in danger of being trapped and White can exploit this to organise a double attack on the queen and the key points of Black's un-developed position.

(5) The uncastled black king is threatened with a mating attack in consequence of White's con-siderable local piece superiority.

(6) White's well-developed and centralised forces, especially the mobile, dangerous queen, are ideally placed for action on both wings. White's rooks dominate the open files and will try to use them to infiltrate the ranks near the enemy king.

10 ... Nc6

Alternatives: A 10 ... Qa5, B 10 ... Qc5, C 10 ... Be7, D 10 ... e5 and E 10 ... b5!?

A 10 ... Qa5 A dubious vari-ation for Black. For example:

Maeder–Kondratiev,   corr. 1973

11 fxe6 fxe6 12 Bc4 d5 13 e5 Bb4 (13 ... dxc4 14 0–0! Nd5 15 Qf2! Qc7 16 Ne4 and Nd6+ ±±) 14 Rxb4 Qxb4 15 Be2 Ng8 16 0–0 Nc6?! 17 Nxc6 bxc6 18 Nb5! c5 (18 ... Qxd2 19 Nd6+ Kd7 20 Rf7+ Ne7 21 Rxe7+ Kd8 22 Nf7 mate) 19 Qxb4 cxb4 20 Nc7+ ±± according to Gipslis.

B 10 ... Qc5 An inferior alter-native for Black after 11 fxe6 fxe6 12 Bxf6 gxf6 13 Na4! Bh6 14 Qxh6 Qxd4 15 Nb6 Qc3+ 16 Kd1 Ra7 17 Qg7 Rf8 18 Be2 and 19 Bh5+ ±± according to Nunn.

C 10 ... Be7 is dubious for Black after 11 fxe6! fxe6 12 Bc4 d5 (12 ... 0–0 13 Nxe6 Bxe6 14 Bxe6+ Kh8 15 Rxb7± or 12 ... e5 13 Nf5! ± or 12 ... h6 13 Bxe6! Nc6 14 Nxc6 bxc6 15 Bxc8 ±) 13 exd5 Qc5 (13 ... b5 14 Bb3 e5 15 Ne6 ±) 14 Bb3 Nxd5 (14 ... exd5) 15 Nxd5 exd5 16 0–0 ±± according to Vitolins.

D 10 ... e5 A dubious alter-native for Black. For example:

(1) Levchenkov–Zilberstein, Nikolaev 1981

10 ... e5 11 Bxf6 gxf6 12 Nd5! exd4 (12 ... Kd8 13 Nb3 Nd7 14 Qc3 Nc5 15 Nxf6 or 13 Nb6 Ra7

14 Nb3 Nd7 15 Nxc8 Kxc8 16 Bc4 according to Evans) 13 Nc7+ Kd8 14 Nxa8 Qxa2 15 Rb3 (15 Qb4! b5 16 Bd3 Bb7 17 0–0 d5 18 Qxd4 ± according to Matsukevich) 15 ... Qa1+ 16 Kf2 Nd7 17 Bb5! Qxh1 18 Qa5+ Ke7 19 Nc7 Bh6? 20 Nd5+ Ke8 21 Nxf6+ Ke7 22 Nd5+ Ke8 23 Qc7 Be3+ 24 Rxe3 dxe3+ 25 Nxe3 Kf8 26 Bxd7 Qa1 27 Qd8+ 1–0.

(2) Aleksikov–Fedorov, Kaluga 1981

10 ... e5 11 Bxf6 gxf6 12 Nd5 exd4 13 Nc7+ Kd8 14 Nxa8 Qxa2 15 Rb3 Qa1+ 16 Kf2 Nd7 17 Bb5! Qxh1 18 Qa5+ Ke7 19 Nc7 Bh6? (Better is 19 ... axb5 20 Nd5+ Ke8 21 Qc7 Be7 22 Qxc8+ Bd8 23 Nc7+ Ke7 24 Nd5+ with a draw by perpetual) 20 Nd5+ Ke8 21 Nxf6+ Ke7 22 Nd5+ Ke8 23 Qc7 Be3+ 24 Kf3 Kf8 25 Qxc8+ Kg7 26 Qxd7 axb5 27 f6+ Kg6 28 Rxe3! Qf1+ 29 Kg3 h5 30 Nf4+ Kh6 31 Qxf7 h4+ 32 Kg4 1–0.

E 10 ... b5!? Black intends to prevent the development of White's bishop at c4 in order to decrease the pressure on e6. After 11 fxe6 fxe6 White has two alternatives: (a) 12 Rb3 and (b) 12 Be2.

(a1) Velimirovic–Marjanovic, Yugoslav Ch 1979

12 Rb3 Qc5?! 13 Ncxb5! Nxe4 (13 ... axb5 14 Rc3 Nxe4 15 Rxc5 Nxd2 16 Rxc8+ Kd7 17 Rd8+ ±±) 14 Qa5! Kf7 (14 ... Qxg5 15

Nc7+ Kf7 16 Qxg5 and Nxa8 ±± or 14 ... Nxg5 15 Nc7+ Kf7 16 Qxc5 dxc5 17 Nxa8 cxd4 18 Rxb8 Bd6 19 Rb6 ± according to Marjanovic) 15 Be3 Bd7 16 Be2! (±) Nc6 17 0–0+ Nf6 18 Nxc6 Qxc6 19 Nd4 (±) Qa4? (19 ... Qc8!? and ... d5) 20 Qxa4! Bxa4 21 Rb7+ Be7 22 Bg4? (22 Bh5+! g6 23 Bg5 ±± is better) 22 ... Rhb8! 23 Bxe6+ Ke8 24 Rfb1 Rxb7 25 Rxb7 g6 26 Bg5 Nd7 27 Bxe7 Kxe7 28 Bd5 Rc8 29 Ra7 Kf6 30 Bb3 Bxb3 31 axb3 Nc5 32 Rxh7 Ke5 (32 ... Ne6!) 33 Nf3+ Kf6 34 Rh4 Ne6 35 Re4 and Black lost on time.

(a2) Matulovic–Marjanovic, Ruma 1978

12 Rb3 Qa5 13 Bxf6 gxf6 14 Be2 b4 15 Nd1 Bg7 16 Qxb4 Qxb4+ 17 Rxb4 0–0 18 Bf3 (18 Bc4!? ±) 18 ... Bd7 ½–½.

(b) Tischbierek–A. Mikhalchishin, Leipzig 1979

12 Be2 (12 Bd3!) 12 ... b4 (12 ... Be7 13 Bf3 Ra7 14 Be3=) 13 Bxf6 Qxc3 14 Bh5+ Kd7 15 Bg5! Be7 16 Bxe7 Kxe7 17 Rxb4 Qxd2+ 18 Kxd2 ±.

11 fxe6 The move order is important now. White has to exchange first on e6 and only then on c6.

Barczay–Marjanovic, Ruma 1978

11 Nxc6?! bxc6 12 Rb3 (12 fxe6 Bxe6!) 12 ... Qa5 13 Bd3 Be7 14 0–0 h6 15 Be3 Ng4 16 Bf4 Ne5 17

Kh1 exf5 18 Bxe5 Qxe5 19 exf5 Bg5! 20 Qd1 0-0 ∓.

11 ... fxe6 11 ... Bxe6? is a dubious alternative.

Belyavsky–Buljovcic, Novi Sad 1979

12 Rxb7 (12 Nxe6 fxe6 13 Bc4 ±) 12 ... Nxd4 13 Qxd4 Be7 14 Bc4 Rc8 15 Bb3 (±) Qc5 16 Qxc5 Rxc5 17 Nd5 Nxd5 18 exd5 Bxg5 19 dxe6 fxe6 20 0-0 Bf6 21 Rb8+ Bd8 22 Bxe6 Rf8 23 Bd7+ Ke7 24 Rxf8 Kxf8 25 Rxd8+ Ke7 26 Rh8 Kxd7 27 Rxh7 Rg5 28 h4 Rg4 29 Kh2 Ke6 30 Kh3 Rg6 31 a4 Ke5 32 g4 Kf6 33 Rh5 Ke7 34 Kg3 Re6 35 Rg5 g6 36 Kf3 Rf6+ 37 Ke4 Ke6 38 c4 Kd7 39 Kd5 a5 40 c5 Kc7 and Black lost on time.

12 Nxc6 bxc6 13 e5 (diagram 42) There are two alternatives: (a) 13 Be2!? and (b) 13 Bxf6.

42
B

(a1) Oll–Ubilava, Moscow Spartakiad 1983

13 Be2 Be7 14 0-0 0-0 15 Kh1 Ra7 16 Qe3! Rd7 (16 ... Rb7 17 Rxb7 Bxb7 18 Nd5 Qxe3 19 Nxe7+ Kf7 20 Bxe3 Kxe7 21 e5 Ne4 is unclear according to Vitolins) 17 e5! dxe5 18 Bd3 Qxc3?! 19 Bxh7+ Nxh7 20 Qxc3 Bxg5 21 Qxe5 Rxf1+ 22 Rxf1 Rd8 23 Qc7 Bd7 24 Rd1 Nf8 25 Qa5 Bf6 26 Qxa6 e5 27 Qa7 e4 28 Kg1 Bg5 29 Qc5 Bh6 30 g4 Bf4 31 Rf1 g5 32 Rxf4! Ne6! 33 Qe7! gxf4 34 g5! Bc8 35 g6 Rd1+ 36 Kf2 e3+ 37 Kf3? (37 Ke2!) 37 ... Nd4+? ±± (37 ... Rf1+! = owing to 38 Kg2 Rf2+ 39 Kg1 Ng5! 40 Qxg5 Bh3! = or 38 Ke4 Ng5+ 39 Ke5 e2 40 Kf6 Ne4+ 41 Ke5 Ng5 42 Kf6 =) 38 Kxf4 Rf1+ 39 Ke4! Ne6 40 Kxe3 c5 41 Qh7+ Kf8 42 Qh8+ 1-0.

(a2) Oll–Shmirin, Nikolaev 1983

13 Be2 Qa5 14 0-0 Be7 15 Kh1 Qd8 16 e5 dxe5 17 Qe3 Qd4 18 Qh3 0-0 19 Bd3 g6 20 Bxg6 hxg6 21 Qh6 Rf7 22 Bxf6 Rxf6 23 Rxf6 Bxf6 24 Qxg6+ Bg7 25 Ne4 Bd7 26 c3 Qc4 27 Nf6+ Kf8 28 Nxd7+ Kg8 29 Nb6 1-0.

(a3) Timman–Sunye Neto, Thessaloniki 1984

13 Be2 Qa5?! 14 0-0 Be7 15 Bf3 Bd7 (15 ... 0-0 16 Nd5 Qd8 17 Nxe7+ Qxe7 18 Rfd1± or 16 ... Qxd2 17 Nxe7+ Kf7 18 Bxd2 Kxe7 19 e5 ±± or 16 ... Bd8 17 Ne7+ Kh8 18 Qxd6± according to Sunye Neto) 16 Rb7 h6 17 Be3 0-0 18 Nd5

Qd8± (19 Nb6 Rb8 20 Rxb8 Qxb8 21 e5 is better for White).

(a4) Timman–L. Portisch, Hilversum m/1 1984

13 Be2 Be7 14 Rb3!? Qa5 15 Bh5+?! g6 16 0–0 Nxh5 (Better is 16 ... Qc5+!? 17 Kh1 gxh5!? 18 Bxf6 Rf8 19 Qh6 Qc4! 20 Rbb1 Rb8! 21 Rbd1 e5! 22 Qh5+ Qf7 23 Qxf7+ Rxf7 ∓ according to Portisch) 17 Bxe7 Qc5+ 18 Kh1 Kxe7 19 Na4 Qe5 20 Rbf3 Rb8 21 Qf2! Kd8! 22 Rf7 c5! 23 Qh4+ g5 24 Qxh5 Bd7 25 Qe2 Bb5 26 Qd2 Bxf1 27 Qa5+ Ke8 28 Qc7 Bxg2+ 29 Kxg2 Qxe4+ 30 Kg3 Qe3+ 31 Kg2 Qe2+ 32 Kg3 ½–½.

(a5) Timman–Ljubojevic, Tilburg 1985

13 Be2 Be7 14 Rb3 Qa5 15 0–0 Ra7 16 Bxf6 gxf6 17 Rb8 0–0 18 Rf3 Qe5 19 Qh6 f5 20 Rh3 Bf6 21 Bxa6! Qd4+ 22 Kh1 Qf2 23 Rf3 Qe1+ 24 Rf1 Qxc3 25 Rxc8 Rf7 26 exf5 exf5 27 Rxf8+ Rxf8 28 Bd3! Qe5(±) 29 Bxf5 Qe7 30 a4 Kh8 31 Bd3 Qg7 32 Qh5 h6 33 a5 Qg5 34 Qh3 Bg7 35 a6 Rxf1+ 36 Bxf1 Bd4 37 Qc8+ Qg8 38 Qb7 Qg7 39 Qb8+ 1–0.

(b) 13 Bxf6 does not give White any advantage. For example: P. Bertin–V. Constantin, corr. 1981

13 ... gxf6 14 Be2 (14 e5? Bh6! 15 Qd3 dxe5 16 Be2 0–0 17 0–0 Ra7 18 Qc4 Rg7 19 Bg4 Qe7 20 Kh1 Kh8 21 Bh3 f5 ∓∓ Ftacnik) 14 ... Rg8! 15 0–0 Qc5+ 16 Kh1 Qg5 (= according to Gipslis) 17 Qxg5 Rxg5! 18 Rxf6 Bg7 19 Rf3

Rc5 20 Rbf1! d5? (20 ... Ra7! = is better) 21 Rf7 Bxc3? 22 e5 Bxe5? 23 Rf8+ 1–0.

13 ... Nd5 (diagram 43)

Despite a doubtful theoretical status this line has become quite

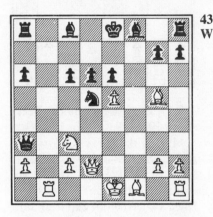

43 W

popular recently amongst correspondence players. It has been extensively analysed by correspondence theorists with the result that Black's defensive resources have been considerably strengthened. There are two alternatives: A 13 ... dxe5 and B 13 ... Nd7?!

The most important line in practice, 13 ... dxe5, is considered in Games 12–15.

B 13 ... Nd7?! (diagram 44)

Black cannot equalise this way

(see following diagram)

because White's attack is worth far more than a pawn. White can chose from (a) 14 Be2! and (b) 14 exd6.

44
W

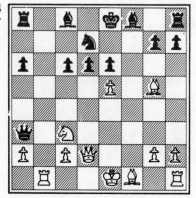

(a1) Tatai–Ledermann, Beersheba 1978
14 Be2 d5 (14 ... Qc5 ∞) 15 Rb3 Qa5 16 0–0 Qc7? (Better is 16 ... Bc5+ 17 Kh1 Rf8 ± according to Liberzon) 17 Na4 Nxe5 18 c4 (±) Nf7? 19 cxd5 cxd5 20 Rc1 Qd6 21 Nb6 Nxg5 22 Qxg5 Qc5+ 23 Rxc5 Bxc5+ 24 Kh1 Bxb6 25 Qxg7 1–0.

(a2)   Platonov–Kudishevic, Kiev 1970
14 Be2 d5 15 0–0 Be7 16 Be3 Bc5? (16 ... Rf8! = is better) 17 Kh1 (±) Bxe3 (17 ... Ba7 18 Bxa7 Rxa7 19 Qe3 Qc5 20 Qh3 ±) 18 Qxe3 Qc5 19 Qh3 Nf8 20 Na4 Qxc2 21 Bh5+ (±) g6 22 Nb6 Rb8 23 Rbc1 Qe4 24 Rxc6 gxh5 25 Nxc8 Rb1 26 Rcc1 Rxc1 27 Rxc1 Qxe5 28 Qa3 Kf7 29 Qe7+ Kg6 30 Rf1 Qg7 31 Qe8+ Kh6 32 Nd6 Rg8 33 Nf7+ Kg6 34 Ne5+ Kh6 35 Nf7+ Kg6 36 h4 Qd4 37 Qe7 1–0.

(b1) Vitolins–Peresipkin, Kiev 1974

14 exd6 Qxd6 (14 ... Bxd6? 15 Rb3 Qc5 16 Ne4 Qe5 17 Qxd6 Qxe4+ 18 Re3 ±± or 15 ... Qa5 16 Qxd6 Qxg5 17 Qxc6 Rb8 18 Rxb8 Qxe5+ 19 Be2 Qxb8 20 Qxe6+ ±) 15 Bd3 Rb8 16 Rd1 Qe5+ 17 Ne4 Bc5 18 Bf4! Bb4 19 c3 Bxc3 20 Qxc3 Qxf4 21 Nd6+! Kd8 22 Be4 Rf8 23 Rd2 (±) c5 24 g3! Qg4 25 h3 Qh5 26 Qa5+ Nb6 27 Nxc8+ Kxc8 28 Qxa6+ Kc7 29 Qa7+ Kc8 30 Qe7 Re8 31 Qd6 Nd5 32 0–0! 1–0 (White threatens 33 Rxd5! exd5 34 Bf5+ Kb7 35 Rb1+ Ka7 36 Qd7+! and 37 Qa4 mate).

(b2)   Valkesalmi–Arnold, Gröningen 1978/79
14 exd6 Qxd6 15 Bd3 Qe5+ 16 Ne4 Nc5 (16 ... Bd6 17 g3 and now 17 ... Rb8 18 Rd1 Rb4 19 0–0! Bc5+ 20 Nxc5 Qxc5+ 21 Be3 ± or 17 ... Nf6 18 0–0! Qd4+ 19 Qf2! Nxe4 20 Bxe4 Qxf2+ 21 Rxf2 Bd7 22 Rd2 Bc5+ 23 Kg2 ± according to Vitolins) 17 0–0 Qd4+ 18 Kh1 Nxe4 19 Bxe4 Qxd2 20 Bxd2 Bd7 21 Bc3 Rc8 22 Be5 c5 23 Bb7 Rd8 24 c4 Be7 25 Bc7 ±±.

14 Nxd5 The alternatives, (a) 14 Rb3 and (b) 14 Ne4!?, are weaker.

(a) The variation 14 Rb3 is dubious for White because of 14 ... Qa5 15 Ne4 Qxd2+ 16 Kxd2 dxe5 17 c4 and then 17 ... a5! 18 cxd5 exd5 19 Nc3 Bd4 20 a3 Bd6

∓ or 17 ... h6 18 Bh4 Be7 19 Bf2 Nf6 ∓.

(b) After 14 Ne4!? White can expect no more than equality against accurate defence. For example: 14 ... dxe5 (14 ... Qxa2?! 15 Rd1 dxe5 16 Be2! Qa4 17 Bh5+ Kd7 18 Qe2 Kc7 19 0–0 Qa5!? ∞) and now 15 Be2 Bb4 16 Rxb4 Qxb4 17 Qxb4 Nxb4 18 0–0 Nd5 19 Nd6+ Kd7 20 Nc4 Ke8 21 Nd6+ Kd7 22 Nf7 Rf8 23 c4 Nc3 ∞ or 15 Rd1 Qb4 16 c4 Qa3 17 Rb1 Bb4 18 Rxb4 Qxb4 19 cxd5 Qxd2+ 20 Kxd2 exd5 ∓ or 15 c3 h6 16 Bh4 Be7 17 Bg3 Nf4 ∓.

14 ... cxd5 14 ... exd5 is a doubtful alternative. For example:
Nikitinih–Hajkin, Leningrad 1967
15 Rb3! Qxa2 16 Qc3! c5 17 exd6 Kd7 18 Qxc5 Bxd6 19 Bb5+! (±) axb5 20 Qxb5+ Kc7 21 Rc3+ Qc4 22 Rxc4+ dxc4 23 0–0 Be6 24 Bf4 Rhb8 25 Qc5+ 1–0.

15 Be2 Suetin's move. 15 c4 is an interesting possibility which leads to a double-edged position:
A 15 ... dxc4 16 Bxc4 d5 and then

(a) 17 Be2 Bc5 ∓ Nunn.
(b) 17 Bxd5 exd5 18 Qxd5 Bb4+ ∓∓ Nunn.
(c) 17 0–0 Qc5+ 18 Be3 Qxc4 19 Qf2 Qc7 20 Rbc1 Qb7 21 Bb6 Rb8 22 Bc7 Be7 23 Qf7+ Kd7 24 Bd6 Re8 25 Rc7+ ±± Adorjan.

B 15 ... dxc4 16 Bxc4 Qc5 and then

(a) 17 Be2 Qd5 18 Qxd5 exd5 19 Bf3 Be6 20 exd6 Bxd6 21 Rb6 Kd7 22 Rb7+ Kc6 23 Rxg7 ± Adorjan.
(b) 17 Be2 Qxe5 18 0–0 Be7 19 Bf4 ± R. Maric.

C 15 ... dxe5 16 cxd5 Be7 ∞ according to Gipslis.
A practical example for this line is:
Vogt–Espig, East German Ch, Golditz 1967
15 c4 dxc4 16 Bxc4 Qc5 17 Be2 Qxe5 18 0–0 Be7 19 Bf4 Qc5+ 20 Be3 Qc7?! (20 ... Bg5!? is better) 21 Bb6 Qd7 22 Qd4 Rg8 23 Qe4 Qb7 24 Qxh7 Rf8 25 Bh5+ Kd7 26 Rxf8 Bxf8 27 Qg8 Qe4 28 Qf7+ Kc6 29 Bf3 1–0.

15 ... dxe5 Another possibility is 15 ... Qc5 16 Be3 Qc7 17 Bb6 Qf7 18 Rf1 Qg6 19 Rb4! ± according to Abramov.

16 0–0 Alternatively, White has: (a) 16 c4 or (b) 16 Rf1!?

(a) 16 c4 Bc5! 17 Rf1 a5! ∓ according to Gipslis.
(b) 16 Rf1!? Be7 17 Rb3! Bxg5 18 Qxg5 Qe7 19 Qh5+ g6 20 Qxe5 Rf8 21 Rxf8+ Qxf8 22 Qc7! ± according to Geller.

16 ... Ra7 (diagram 45) Alter-

(see following diagram)

natives: A 16 ... Be7, B 16 ... Bd6 and C 16 ... Bc5+.

45
W

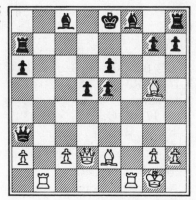

A 16 ... Be7 White seems to have very dangerous attacking chances in this line:

17 c4 Qc5+ 18 Kh1 d4 19 Bxe7 Qxe7 20 Bh5+ g6 21 Bf3 Ra7 22 Bc6+ Kd8 23 Qa5+ Qc7 24 Qc5 Re8 25 Rf8 Bd7 26 Rxe8+ Bxe8 27 Qf8 Qxc6 28 Rb8+ Kc7 29 Rxe8 ±± according to Nunn.

B 16 ... Bd6 This line seems to be dubious for Black:

Hartston–Moe, Student OL, Harrachov 1967

17 c4! Qc5+ (17 ... Rb8!? 18 Rxb8 Bxb8 19 cxd5 Qc5+ 20 Kh1 Qxd5 21 Qc2 Bb7 22 Bh5+ g6 23 Bxg6+ hxg6 24 Qxg6+ Kd7 25 Qg7+ Kd6 26 Qe7+ Kc6 27 Rc1+ ±± according to Boleslavsky) 18 Kh1 d4 (18 ... e4 19 Bh5+ g6 20 Bf6 Rf8 21 Qh6! according to B. Milic) 19 Qd3! g6 20 Qf3 (±) Rf8 21 Qxa8 Rxf1+ 22 Rxf1 e4 23 Qxe4 Qxg5 24 Qc6+ Ke7 25 Qxc8 Qe5 26 Qf8+ Kd7 27 Qf7+ Kc8 28 Qg8+ Kc7 29 Qxh7+ 1–0.

C 16 ... Bc5+ This line leads to a double-edged position after 17 Kh1 Rf8 18 c4 Rxf1+ 19 Rxf1 Bb7.

Here, Black has three weaker alternatives: (a) 19 ... Ra7, (b) 19 ... h6 and (c) 19 ... Bd4.

(a) Djukic–Marjanovic, Yugoslavia 1971.

19 ... Ra7 20 cxd5 Rd7 (20 ... Rf7!? Bukic) 21 Qc2 Rf7 22 Bh5 g6 23 Bxg6 hxg6 24 Qxg6 (±±) Kd7 25 Qxf7+ Kd6 26 Qf8+ Kc7 27 Qd8+ Kb8 28 Rb1+ 1–0.

(b) After 19 ... h6 Black's position seems to be highly precarious:

20 Bh5+ Kd7 21 Rf7+ Kc6 22 Bf3 e4 23 Bxe4! dxe4 24 Qf4! ± or 21 Rf7+ Kc6 22 Bf3 e4 23 Bxe4! de 24 Qf4! ± according to Lilienthal or 21 cxd5 hxg5 22 dxe6+ Kc7 23 Qd5 Ra7! 24 Bf3 Rb7 according to Zaitsev 25 Qxe5+ Kb6 26 Rb1+ Ka7 27 Bxb7 Bxb7 28 Qc7 Bb4 29 e7 Qxa2 30 Rg1 Qe2! ∓∓ according to O'Kelly.

(c) Sirotkin–Sorokin, USSR 1967

19 ... Bd4 20 Qc2! Qb2 21 Qxh7 Qxe2 22 Qg8+ Kd7 23 Qd8+ Kc6 24 cxd5+ Kb5 25 Qe8+ (± according to M. Yudovic) 25 ... Kc4 26 Qc6+ Kd3 27 Rc1 Qb2 28 Qxa8 Bb7 29 Qf8 Qe2 30 Qa3+ Ke4 31 Qb4! 1–0.

Returning to the sub-variation main line 19 ... Bb7 (diagram 46), White then has a choice of

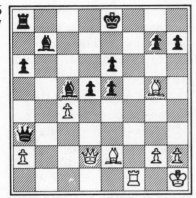

46
W

four moves: (a) 20 Bg4?, (b) 20 Rf3!?, (c) 20 Bd1!! and (d) 20 Qc2.

(a) Fischer–Geller, Monte Carlo 1967

In the diagrammed position White thought for twenty minutes but did not find the winning move. Moreover as a result of a fatal blunder White lost quickly.

20 Bg4? dxc4! 21 Bxe6? Qd3 22 Qe1 Be4!! 23 Bg4 Rb8 24 Bd1 Kd7 25 Rf7+ Ke6! 0–1 (because of 26 Rxg7 Bxg2+! 27 Kxg2 Rb2+ 28 Kh1 Qd5+ 29 Bf3 Qxf3 mate).

However, the diagrammed position is won for White as was pointed out by the analysis of Lilienthal in Shakhmaty v SSSR No. 1/1968. In this article Lilienthal recommends two ways for White to win.

(b) If White plays 20 Rf3!? the main lines of Lilienthal's analysis are:

20 Rf3!? Qa4 21 Qb2! Qd7 22 Rb3! Bc6 23 Rb8+ Rxb8 24 Qxb8+ Kf7 25 Bh5+! g6 26 Qh8 gxh5 27 Qxh7+ Kf8 28 Bh6+ Ke8 29 Qg8+ Ke7 30 Qf8 mate or 20 ... Qb4 21 Qxb4 Bxb4 22 Rb3 a5 23 a3 h6 24 Be3 dxc4 25 Bxc4 Bd5! 26 Bxd5 exd5 27 axb4 d4 28 Bg1 axb4 29 Rxb4 ±

(c) If White plays 20 Bd1!! the main lines of Lilienthal's analysis are:

20 Bd1!! d4 21 Qf2 Be7 22 Ba4+ Qxa4 23 Qf7+ Kd7 24 Qxe7+ ±± or 20 ... Kd7 21 Rf7+ Kc6 22 cxd5+ exd5 23 Bb3 Bd4 24 Qc2+ Qc5 25 Bxd5+! Kxd5 26 Qb3+ ±± or 20 ... Rc8 21 Qe2! ±± or 20 ... Be7 21 Bxe7 Kxe7 (21 ... Qxe7 22 Ba4+ Kd8 23 Qa5+ Kc8 24 c5! ±±) 22 Qg5+ Kd6 23 Rf7 ±±. An illustration of the line is:

N. Zhuravlev–Gutman, Riga 1967

20 Bd1!! Rc8 21 Qe2! Be7 22 Qh5+ g6 23 Qxh7 Bxg5 24 Qxg6+ (24 Qxb7 ± according to M. Yudovic) 24 ... Kd7 25 Qxg5 Qd3 26 Rf7+ Kc6 27 Qg4 Kb6 28 Be2 Qe4 29 Qxe6+ Rc6 30 Qe7 Qxe2 31 Qb4+ 1–0.

According to Matsukevich and Estrin, however, the position after 20 Bd1!! Be7 21 Bxe7 Kxe7 22 Qg5+ Kd6 23 Rf7 Re8 24 c5+ Qxc5! 25 Rxb7 Qf2 26 h3 Qf1+ 27

Kh2 Qf4+ 28 Qxf4 exf4 29 Rxg7 seems to be equal or unclear (diagram 47).

47
B

Later Lilienthal confirmed his analysis in another article in *Shakhmatny Bulletin* (No. 12, 1971), in which he proved that the diagrammed position is a forced win for White.

This is a brief summary of the main lines of this interesting endgame analysis:

29 ... e5 30 Rxh7 and now 30 ... Kc5 31 Rc7+ Kd4 32 Rd7 e4 33 Kg1 and 34 Bb3 ±± or 30 ... e4 31 Rh6+ Ke5 32 Rh5+ Kd4 33 Kg1 Rc8 34 Bb3 Rc1+ 35 Kf2 e3+ 36 Ke2 ±± or 30 ... d4 31 Bh5! Re6 32 Bf7 Rf6 33 Bb3 f3 34 Rf7! Rxf7 35 Bxf7 f2 36 Bc4 ±±.

The Fischer–Geller game demonstrates excellently that in this opening the main variations are analysed in detail from start to finish. At the same time this game is a fine example of how psychology sometimes counts more than objectivity in the tense situation at the board.

(d) Tal–Bogdanovic, USSR–Yugoslavia, Budva 1967
20 Qc2 e4 (20 ... g6 21 Bg4 Be7 22 Qf2! 0–0–0 23 Bxe6+ Kb8 24 Bxe7 Qxe7 25 Bxd5 Bxd5 26 cxd5 Rxd5 27 Qb6+ Qb7 28 Rf8+ ± or 20 ... Be7 21 Bh5+! g6 22 Bxg6+ hxg6 23 Qxg6+ Kd7 24 Bxe7! ± according to Matsukevich) 21 Bg4 Be7 (21 ... Bc8 22 Rd1! Kf8 23 cxd5 exd5 24 Bxc8 Rxc8 25 Rxd5 h6 26 Qc4! hxg5 27 Rd7 ±±) 22 Qf2! 0–0–0 23 Bf4! Bd6 24 Bxe6+ Kb8 (24 ... Kc7 25 c5 Bxf4 26 Qxf4+ Kc6 27 Rb1) 25 Qb6! Bxf4 26 Qxd8+ Ka7 27 Rb1! Qd6 28 Bxd5! Bxd5 29 Qxd6 Bxd6 30 cxd5 1–0.

17 c4 A dubious alternative is 17 Rb3?!. For example:
Soylu–Hulak, Budva 1981
17 Rb3?! (Interesting is 17 Kh1!? which transposes to the game line after 17 ... Qc5 18 c4) 17 ... Qd6! 18 Kh1 Be7 (18 ... Rc7! ∓ Hulak) 19 Qc3! Rc7 20 Bxe7 Kxe7 21 Qg3 g6 22 Rbf3 Bb7 23 Rf6 Kd7?! ∞ (23 ... Kd8! ∓) 24 Qh3 Re8 25 Qxh7+ Re7 26 Qxg6 e4 27 Bd1 Qe5 28 h4 d4 29 Bg4 Bd5 30 R1f5 Qd6 (∓) 31 Rxd5? Qxd5 32 Bxe6+ Re6 0–1.
17 ... Qc5+ Alternatively, Black has 17 ... d4

Piotrovsky–Pytel, corr. 1970
18 Bd1 (18 Bh5+!? g6 19 Bd1
Be7 20 Rf3 Qc5 21 Ba4+ Kd8 22
Rf7!, ± according to Geller, is
practically a transposition into
the main line) 18 ... Be7 19 Rf3
Qc5 20 Ba4+ Kd8 21 Rbf1 e4! 22
Rf8+ Rxf8 23 Rxf8+ Kc7 (∓) 24
Bxe7 Qxe7 25 Qxd4 Qxf8 26
Qxa7+ Bb7 27 Qe3 Qb4 28 Bb3
a5! 29 Kf2 a4 30 Bd1 Qxc4 31 Be2
Qb4 32 Qg3+ Kb6 33 Qxg7 Qc5+
34 Ke1 e3 35 Qb2+ Ka5! 36 g4?
a3 37 Qb1 Qc3+ 38 Kf1 Qf6+
0–1.

18 Kh1 d4 (diagram 48) The
first critical position. The sound-

48
W

ness of 13 ... Nd5 depends on the
assessment of this position.
19 Bh5+!? The alternative is 19
Qc2. (The other queen move 19
Qd3!? is untested. 19 Qd3 Be7 20
Qf3 Bxg5 21 Qh5+ g6 22 Qxg5
Rf8 23 Rxf8+ Kxf8 24 Qd8+ Kg7
25 Rf1 Rf7 26 Rxf7+ Kxf7 27 Qh8

is roughly level according to
Nunn.)

(1) Rogulj–Minic, Yugoslavia
1980
19 ... Be7 20 Bd2?! Rb7! 21
Qa4+ (21 Bd3 ∞) 21 ... Bd7 22
Qxa6 Rxb1 23 Rxb1 0–0! 24 Bf3
e4! (∓∓ according to Minic and
Sindik) 25 Bxe4 Qe5 26 Bd3 Bd6
27 g3 Qh5! 28 Kg1 Qf3 29 Rb3
Qd1+ 0–1.
(2)   Bednarski–Sakharov,
Varna 1968
19 ... Be7 20 Qa4+ Rd7 21
Bd2 Rf8 22 Bh5+ g6 23 Bf3 Rxf3
24 Rxf3 e4 (∞ according to
Bobocov and Gipslis) 25 Rff1 e3
26 Bb4 Qc7 27 Ba5 Qe5 28 Qc6!
Qxa5 29 Rb8 (White has a lost
endgame, because of the back
rank weakness, after 29 Qxc8+
Qd8 30 Qxa6 e2 31 Rf2 d3 32
Qxe6 Rd6 33 Qf7+ Kd7 34 Rb7+
Kc8 35 Rxe7 d2 36 Rfxe2 Rf6!!
and then 37 Rxd2 Qxe7! 38 Qg8+
Rf8 39 Re2! Qf6! 40 Re8+ Kd7!
∓∓ or 37 Rc7+ Qxc7! 38 Qe8+
Kb7 39 Qe4+ Ka6 40 Qa8+ Kb6
31 c5+ Kb5 42 Qe8+ Qc6 43
Qb8+ Ka6 44 Qb1 Qd5 45 Qd1
Rf1+ 46 Qxf1 d1Q 47 Re1+
Q1d3 ∓∓ according to Larsen's
analysis) 29 ... Bd6? (29 ... Bd8
or 29 ... e2 is better) 30 Rxc8+
Ke7 31 Qf3?? (Instead of this
blunder White could have won
with 31 Rcf8!! and 32 R1f7 mate)
31 ... Qf5 (∓∓) 32 Qd1 Qe5 33
Rff8 Qxh2 mate.

19 ... g6 20 Bd1 Be7! A recommendation of Moiseiev and Ravinsky. A dubious alternative for Black 20 ... Bd6? For example:

Petrushin–Dementiev, USSR 1972

20 ... Bd6? 21 Qf2! (21 Ba4+ Bd7 22 Qf2 Bxa4 23 Qf6 ±± according to Sakharov and Yudovic) 21 ... Rf8 22 Ba4+ Rd7 23 Qh4 h5 24 Rxf8+ Kxf8 25 Bh6+ 1–0.

21 Ba4+ Kd8 (diagram 49)

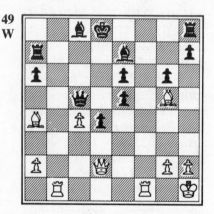

49
W

This is the second critical position of the 13 ... Nd5 variation. White has sacrificed two pawns in order to seize the initiative and to organise a dangerous attack against the uncastled king. All White's pieces are excellently posted for this purpose. Black has to defend very carefully and try to exchange the passive rooks by getting them to b7 and f8 if possible. Black can organise a counter-attack on the 'h' file with a pawn sacrifice on h6. Sometimes Black can also obtain counter-chances with the advances of the central pawn mass in view of White's back rank weakness.

22 Rf7!? The alternatives for White are all depressing: A 22 Rb8, B 22 Bh6 and C 22 Bxe7!?

A 22 Rb8?! This move is recommended by Shamkovich. After 22 ... Kc7 23 Bxe7 Qxe7 24 Qb2 Rb7 25 Qxb7+ Bxb7 26 Rxh8 e4 27 Rhf8 Qb4 ∓∓ according to Nunn.

B 22 Bh6?! This line is also doubtful for White.

Rogulj–Sindik, Yugoslav Ch 1980

22 ... Rg8 23 Rf7 e4? (23 ... g5! ∓) 24 Qf4 e5 25 Qxe4 ±.

C 22 Bxe7+!? White exchanges Black's best defensive piece, but this line seems to result in a double-edged position. The main variation is: 22 ... Rxe7! (22 ... Kxe7? 23 Qh6! Kd6 24 Rf8! ±± or 22 ... Qxe7?! 23 c5! Rc7 24 c6 ±) 23 Qg5! Kc7 (23 ... h6 24 Qf6 Rg8 25 Rfe1 e4 26 Rxe4 e5 27 Rb6 ±) 24 Rfe1 (24 Rbe1 Kd6) 24 ... Rf8 25 Rxe5 Qb4! and now 26 Ree1 Rf5 ∓ or 26 Rc5+ Kd8 27 Rd1 Qxa4 28 Rxd4+ Bd7 ∓ according to B Jansson.

22 ... h6 This pawn sacrifice is probably the strongest reply because after it Black obtains serious counter-play on the 'h' file. Moreover, by this means the harmony of the White pieces is disrupted.

Alternatively, Black has 22 ... e4, which may be met by the following moves: A 23 Be3, B 23 Rb8 and C 23 Rxe7.

A 23 Be3 This line leads to a double-edged position:

Zehm–Schlupeck, corr. 1979 23 ... e5 24 Bg5 h6!? (24 ... e3? 25 Bxe3 Rc7 26 Bg5 h6 27 Bxh6 Qxc4 28 Rxe7! Rxe7 29 Qa5+ Qc7 30 Qd5+ Bd7 31 Bg5 Rf8 32 Rb8+! ±±) 25 Bxh6 e3 26 Bxe3 Rh5 27 Rg7 Rb7! 28 Rxb7 Bxb7 29 Rxg6 Rf5 30 Bf2 Kc7 31 Rg7 Kb8 32 Bd7 Rf6 33 Bg4 Rb6 ∞ Marcel van Raay and Rene Olthof.

B 23 Rb8 Now Black has two possibilities:

(a) 23 ... h6! (23 ... Bxg5? 24 Rxa7!! Bxd2 25 Rd7+ Ke8 26 Rc7+ and 27 Rbxc8 mate or 23 ... Qe5? 24 Bf6! Qxb8 25 Qa5+! and 26 Bxe7 mate or 23 ... e5? 24 Bxe7+ Rxe7 25 Qg5 ±± or 23 ... Re8 24 Bxe7+! Raxe7 25 Qf4! Qc7 26 Rxe7! Qxe7 27 Bxe8 Qxe8 28 Qf6+ ±± or 23 ... e3?! 24 Bxe3 e5 25 Bg5 h6 according to Olthof) 24 Bxe7+ (24 Bxh6? Qxc4! 25 Bg7 Rxh2+! 26 Kg1 Qxa4 27 Bxd4 Rd7! or 27 Qxd4+ Qxd4 28 Bxd4 ∓) 24 ... Rxe7 25 Qf4! (=) Rxf7 26 Qxf7 Qd6 27 Qb7! Qc7 28 Rxc8+! Qxc8 29 Qg7! Re8 30 Qf7

Rh8 31 Qg7 with a draw by repetition according to Bottlik and Negyessey.

(b) Z. Lörincz–J.N. Sacharov, corr. 1977/78
23 ... Rc7?! (This is a loss of tempo; better is 23 ... h6! as above) 24 Bxe7+ Rxe7 25 Qf4! Rxf7 26 Qxh7 Qd6 27 Qb7! Qc7 28 Rxc8+! Qxc8 29 Qg7! Re8 30 c5!! d3 (30 ... e3 31 Kg1!! d3 32 Kf1) 31 Qf7 Rh8 32 Qf6+ Kc7 33 Qe5+! Kb7 34 Qb2+! Ka8 35 Qb6! 1–0.

C 23 Rxe7! After 23 ... Rxe7 24 Bf6 e5 (24 ... e3? 25 Qxd4+ Qxd4 26 Bxd4 Rf8 27 Bb6+ Rc7 28 Rd1+ ±± according to Heemsoth) 25 Bxh8 e3 White has two possibilities: (a) 26 Qe1!? and (b) 26 Qe2. Black is a piece down, but the dangerously advanced pawn mass give at least enough compensation for the material disadvantage.

(a) Czar–S. Szilagyi, corr. 1975
26 Qe1!? Kc7 (26 ... Rb7!) 27 Bc2! Rf7 28 Qg3 Rf4 29 Qg5 Bf5 30 Bxf5 Rxf5 31 Qh4 Qb4?? (Better is 31 ... e2 32 Qxh7+ Kc8 33 Qg8+ Kc7 34 Qb8+ Kc6 35 Qb7+ Kd6 36 Rb6+ Qxb6 37 Qxb6+ Ke7 with a draw by perpetual, or 33 Qb7+ Kd8 34 Qb8+ Qc8 35 Qd6+ Ke8 36 Qxg6+ Ke7 37 Kg1 d3 38 Qh7+ Ke8 39 Qg8+ Kd7 40 Qd5+ Ke8 41 h3 ±± according to Negyessy in *Hungarian Chess Life* 1982/6) 32 Bxe5+!

Kd7 (32 ... Kc8 33 Qe4 Qxb1+ 34 Qxb1 e2 35 Qxf5+ gxf5 36 Bg3 ±±) 33 Qxd4+ 1–0.

(b) Sergyan–J. Nagy, corr. 1979/81

26 Qe2 Rf7 27 Rf1?! (Better is 27 Kg1! Rf2 28 Qd3! Bf5 29 Qb3! Bc8 30 Qd3 or 28 ... Qf8 29 Qe4! Qxh8 30 Qd5+ Ke7 31 Qc5+ Kf6 32 h4! according to Bottlik and Negyessy in *Hungarian Chess Life* 1981/11) 27 ... Bg4! 28 Qe1 Rxf1+ 29 Qxf1 e2 30 Qe1 (30 Qf6+ Kc8 31 Qxa6+ Kb8 32 Bxe5+ Qxe5 33 Qb6+ Kc8 34 Qc6+ Kd8 35 Qb6+ Ke7 ∓∓) 30 ... Kc8! 31 h3 d3! 0–1.

23 Bxh6 e4 Alternatively, Black has 23 ... Rb7. According to Hermann Heemsoth this line continues: 24 Rxb7 (24 Re1 ±) 24 ... Bxb7 25 Bg5 Bxg5 26 Qxg5+ Kc8 27 Bd7+ Kb8 28 Bxe6 Re8 29 Qxg6 ∞.

24 Be3?! (diagram 50) The alternatives are: A 24 Bg7, B 24 h3, C 24 Rbf1 and D 24 Re1.

50 B

A 24 Bg7? According to Moiseiev and Ravinsky this line is dubious for White: 24 ... Rxh2+! 25 Kxh2 Bd6+ 26 g3 Rxf7 27 Bxd4 Qh5+ 28 Kg1 Ke7! ∓∓.

B 24 h3 Timman's idea. This move seems to eliminate Black's threats on the 'h' file and to solve White's back rank problems simultaneously.

(a) Timman–Sunye, Wijk aan Zee 1980

24 h3 e5 (24 ... Rb7!) 25 Bg5 e3! 26 Bxe3 Rh5! (26 ... Bxh3! 27 Kg1 Bc8! ∓ according to Palm) 27 Rg7 Rb7 28 Re1! Qb4 29 Qd1 Qd6 30 Bd2 Kc7 31 Bc2 d3! 32 Ba5+ Kb8 33 Qxd3 Qxd3 34 Bxd3 Bb4! 35 Bxb4! Rxg7 36 Bd6+ Ka8 37 c5 (± according to Nunn) 37 ... Bb7 38 Kh2 Rg8 39 g4 Rh7 40 Rxe5 Rf7 and ½–½ in 69 moves.

(b) Analysis of Palm:

24 h3 e5 25 Rg7 Rb7 26 Rxb7 Bxb7 27 Qb2 Bc8! 28 Rxg6 e3! 29 Rc6 Qb4 30 Qxb4 Bxb4 31 Bg5+ Be7 32 Rd6+ Kc7 33 Bxe7 e2 34 Rc6+ Kb7 35 Bb4 Bd7! 36 Rc5 Bxa4 37 Rxe5 d3 ∓.

(c) S. Szilagyi–F. Müller, corr. 1982

24 h3 Rb7 25 Rxb7 Bxb7 26 Qb2 Kc8! 27 Bg7? (Better is 27 Bf4 e3 28 Kg1 e5 29 Bg3 d3! 30 Qxe5 e2+ 31 Qxc5 Bxc5+ 32 Kh2 Bb4 33 Rc7+ and White has a perpetual at least according to Bottlik) 27 ... Rxh3! 28 gxh3 e3+

29 Kg1 Qg5+? (Much better is
29 ... d3! 30 Qd4 e2!! ∓∓) 30 Kf1
d3 (30 ... Be4! is better) 31
Bd7+!! Kb8 32 Qe5+ Ka7 33
Qxg5 e2+ 34 Ke1 Bxg5 35 Bd4+!
1–0.
C 24 Rbf1
Oechslein–Weber, corr.
1973–76
24 Rbf1 e5 (24 ... Bd7!? 25 Bg7
Bxa4 26 Bxh8 Rd7 or 26 Bxd4
Rd7 27 Bxc5 Rxd2 28 Rxe7 e3!)
25 Bg5 e3 26 Rxe7 Rxe7 27 Qb2
e2 28 Qxe2 Kc7 29 Bxe7 Qxe7 30
Qd2 Bb7 (∞) 31 Qa5+ Kc8 32
Qb6 Qc7 33 Qe6+ Kb8 34 Rf7
1–0 (but 34 ... Qa5! 35 h3 Qc5 36
Qd7 Qc8! is equal according to
Heemsoth).
D 24 Re1 Analysis of Tiemann:
24 Re1 e5 25 Rxe4 Bf5 26 Re1
e4 27 Bg7 Rxh2+! 28 Kxh2 Bd6+
29 Kh1 Rxf7 30 Qxd4 Qc7 31 Rd1
Ke7 ∞ or 25 Bg7 Rh5 26 Rxe4
Bb7! 27 Re1 Rg5! or 25 Bg5 Rh5!
26 Rf8+ Kc7 27 Bxe7 Qxe7 28
Qa5+ Kb8 29 Re8 Qc7 is level.
24 ... e5! Dubious lines for
Black are:
24 ... Rd7 25 Bxd7 dxe3 26
Qd1! e2 27 Qxe2 Kxd7 28 Qxe4 ±
or 24 ... Rxh2+? 25 Kg1! Qh5 26
Qxd4+ Rd7 27 Qb6+ Ke8 28
Rxe7+! Kxe7 29 Qc5+! Kf7 30
Rf1+ ±±.
25 Bg5 e3! Weaker alternatives
for Black are:
25 ... Rh5 26 Rf8+ Kc7 27
Bxe7 Qxe7 28 Qa5+ ±± or
25 ... Bxg5 26 Qxg5+ Re7 27

Rb8! or 25 ... Re8 26 Bxe8 Kxe8
27 Rxe7+ Rxe7 28 Bxe7 Qxe7 29
Qh6 Qe6 30 Qh8+ ± according to
Heemsoth.
26 Bxe3 Rb7 Alternatively,
Black has 26 ... Rh5 27 Rg7 (dia-
gram 51) Black has succeeded in
activating his passive pieces. It is

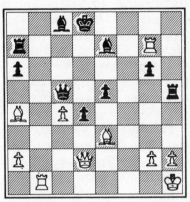

51
B

very important for Black to seek
counter-play, otherwise White
obtains an overwhelming attack.
The most important variations
analysed by Hermann Heemsoth
and Rene Olthof are:

(a) 27 ... Bd7 28 Rb8+ Kc7 29
Qb2! Bb5! 30 Rgg8! Qb4 31
Rgc8+ Kd7 32 Qxb4 Bxb4 33
cxb5! dxe3 34 b6+ ±±.
(b) 27 ... Rd7 28 Rg8+ Kc7 29
Qb2! Qb4 30 Qxb4 Bxb4 31 Bxd7
Bxd7 32 Bxd4 exd4 33 Rxb4 Re5
34 Kg1 ±±.
(c) 27 ... Bf5 28 Rb8+ Kc7 29
Qb2! dxe3 30 Rxe7+! Kd6 31

Rxa7 Qxa7 32 Rb6+ Kc7 33 Rc6+ Kd8 34 Qxe5 ±±.

(d) 27 ... Rb7! 28 Re1 Bd7 29 Bxd4 exd4 30 Rexe7 Rb1+ 31 Re1 Rxe1+ 32 Qxe1 Bxa4 33 Qe6 ∞.

(e) 27 ... Rb7! 28 Rxb7! Bxb7 29 Rxg6 Rf5! 30 h3 Kc7 31 Rg7 dxe3 (31 ... Kb8 32 Bf2 Bf6 33 Rg8+ Ka7 is unclear) 32 Qd7+ Kb8 33 Rxe7 Qxe7 34 Qxf5 Qg7 35 Qf1 Qxg2+ 36 Qxg2 e2 37 Bc6 e1Q+ 38 Kh2 ∞ or 34 ... e2 35 Qf2 Qb4! 36 Qxe2 Qxa4 37 Qxe5+ Kc8 is unclear according to Tiemann.

The following illustrates how easily Black can lose the way in this jungle of variations:

Heemsoth–Weber,   corr. 1973–76

The game varied from 29 ... Rf5! as in the 'e' variation above with 29 ... Qxc4?! 30 Qa5+ Kc8 31 Bb3 Qf1+ 32 Bg1 Kb8 33 Bd5! Qd1 34 Rg8+ Ka7 35 Ra8+!! 1–0.

Naturally there are considerable improvements in the long and complicated variations for both White and Black.

27 Re1 Be6 28 Rg7 Kc8 29 Bf2 Qb4 30 Qxb4?! The queen exchange seems to be doubtful because White's isolated queenside pawns are weaker than Black's advanced central ones. Therefore 30 Qd1 seems better.

30 ... Bxb4 31 Rxb7 Bxe1 32 Rb6 Rf8! 33 Rc6+ Kd8 34 Rxe6 Rxf2 35 g3 Rxa2 36 Bb3 Rb2 37 Rxe5 Rxb3 38 Rxe1 d3 39 Kg2 Rb2+ 40 Kh3?? This error in time trouble leads to immediate catastrophe. There was a simple draw with 40 Kf3 Rxh2 41 Rd1 d2 42 g4! (threatening 43 Kg3 Re2 44 Kf3 with a draw by repetition) 42 ... Rh3+ 43 Ke4 according to Minic and Sindik in Informator 33/389.

40 ... d2 41 Rd1 a5 0–1 (42 Kg2 a4 43 Kf2 a3 44 Ke2 a2 45 Ra1 d1Q+ 46 Kxd1 Rb1+ wins).

Summing up, the variation 10 f5 Nc6 11 fxe6 fxe6 12 Nxc6 bxc6 13 e5 Nd5, according to analysis, appears very satisfactory for Black. Theoretically, Black has at least enough chances to equalise — perhaps even more than enough — but in practice Black's defensive problems are very difficult considering the tremendous mass of complicated double-edged variations. This line's recent popularity is due to correspondence players who nevertheless often lose their way in the jungle of variations.

Game 12

MATULOVIC–NUNN, HELSINKI 1981

1 e4 c5 2 Nf3 d6 3 d4 cxd4 4 Nxd4 Nf6 5 Nc3 a6 6 Bg5 e6 7 f4 Qb6 8 Qd2 Qxb2 9 Rb1 Qa3

10 f5 Nc6 11 fxe6 fxe6 12 Nxc6

bxc6 13 e5 dxe5 (diagram 52)
The different alternatives and

52
W

variations up to this point were considered in Game 11, as was the other main line 13 ... Nd5.

14 Bxf6 gxf6 15 Ne4 (diagram 53) The dubious alternative 15 Be2? can be divided for three sub-

52
B

variations: (a) 15 ... h5, (b) 15 ... Qd6! and (c) 15 ... Bg7?

(a) Gulko–K. Grigorian, USSR 1975
15 ... h5 16 Bf3?! (16 Ne4 Qe7 17 0–0 f5 18 Qc3! ± is better) 16 ... Bh6! (according to Gufeld) 17 Bxc6+ Kf7 18 Qd3 Ra7 19 Rf1 f5 ($\mp$) 20 Rb8? Rd8! 21 Bd5 Ke7! 22 Ke2 Rc7 23 Qh3 Rxc3 24 Qh4+ Kd7 25 Rd1 Kc7 26 Rb4 Rxc2+ 27 Kf1 Rxd5 28 Qe7+ Bd7 0–1.

There are some interesting games with the stronger line 15 ... Qd6!:

(b1) Hübner–L. Portisch, Rio de Janeiro IZ 1979
15 ... Qd6! 16 Qe3 $\mp$ (16 Bh5+ Ke7 17 Qe3 Qd4 18 Qf3 Bh6 or 17 Qe2 Qd4 18 Nd1 a5 $\mp$ according to Marjanovic) 16 ... Qd4?! (16 ... Qc5! 17 Bh5+ Kd8 18 Qd3+ Kc7 19 Ne4 Qd4 20 Qxd4 exd4 21 Nxf6 Be7 $\mp$ according to Hübner) 17 Qf3 Bb4 18 Qxc6+ (18 Rxb4?! Qxb4 19 0–0 0–0 $\mp$ according to Gipslis) 18 ... Ke7 19 Qxa8 Qxc3+? (19 ... e4 20 Kf1 Bxc3 21 Rb7+ Bxb7 22 Qxb7+ Qd7 23 Qxe4 f5 24 Qh4+ Bf6 25 Qb4+ Kf7 $\mp$ according to Hübner) 20 Kf1 Rd8 21 Qe4 Rd4 22 Qxh7+ Kd6 23 g3 Bd7 (23 ... Qe3! 24 Rb3! Qd2 25 Qd3! Qc1+ 26 Kg2 Bb7+ 27 Bf3!) 24 Qh8 f5 25 a3 Bc5 26 Qf8+ Kc6 27 Qa8+ Kd6 28 Qf8+ Kc6 29 Qa8+ ½–½.

(b2) Martin–Nunn, London 1979
15 ... Qd6! 16 Bh5+ Ke7 17

Qe2 Qd4 18 Ne4 Bh6 (∓ according to Gipslis) 19 Rb3 Qa1+ 20 Kf2 Qd4+ 21 Ke1 f5 0–1.

(b3)   Grünfeld–Quinteros, Lone Pine 1979

15 ... Qd6! 16 Bh5+ Ke7 17 Qe2 Qd4 18 Nd1 Bh6 (An interesting move is 18 ... a5 according to Marjanovic) 19 c3 Qc5 20 Qe4 Ra7 21 Bf3 Rd7 22 Rb2 Bg5 (=∓) 23 Re2 a5 24 Qxc6 Qxc6 25 Bxc6 Rd6 0–1.

(c) Hodko–Pigusov, USSR 1982

15 ... Bg7? 16 Bh5+ Ke7 17 Qe3 Qa5 18 0–0 e4 19 Qg3 Rg8 20 Nxe4 Qxh5 21 Qd6+ Kf7 22 Qc7+ Kg6 23 Rb3 e5 24 Rg3+ Qg4 25 Qxc6 1–0.

15 ... Qxa2 This double-edged move is recommended by Dr Engel (diagram 54) According to

54
W

theoretical analyses Black cannot equalise completely with this move, but in practice the line

results in a double-edged position if Black succeeds in springing a surprise.

The most popular variation in practice, 15 ... Be7, is considered in Games 13–15. Other moves, (a) 15 ... Qa4?!, (b) 15 ... f5?, (c) 15 ... Qe7?! and (d) 15 ... Bg7?, seem weaker for Black, and are therefore dealt with briefly:

(a) 15 ... Qa4?! (the idea of Matsukevich) 16 Nxf6+ Ke7 17 Bd3! Qh4+ (17 ... Kxf6 18 0–0+ Ke7 19 Qg5+ Ke8 20 Bxh7 ±± or 20 Qxe5 Rg8 21 Bxh7 Rg7 22 Rxf8+ Kxf8 23 Qd6+ Ke8 24 Rf1 ±±) 18 g3 Bh6 (18 ... Qxf6 19 Rf1 Qg7 20 Be4 ±± or 19 ... Qg6 20 Qf2 ±±) 19 Qa5! Qxf6 20 Rf1 Bf4 21 gxf4 or 21 Qc7+! ±± according to Geller.

(b) 15 ... f5? (the idea of Zuckerman) 16 Be2! fxe4 17 Bh5+ Ke7 18 0–0 Qd6 19 Rf7+ Kd8 20 Qa5+! or 20 Rxf8+ ±± according to Euwe.

(c) 15 ... Qe7?! 16 Be2 h5 17 Qd1! ± according to Nunn (17 0–0 f5 18 Ng3 Qc5+ 19 Kh1 Bh6 20 Bxh5+ Ke7 ∓ or 17 Qc3 Bd7 18 Rb7 f5 19 Ng3 Qc5! 20 Bxh5+ Kd8 ∓ according to Pachman or 17 Nxf6+ Qxf6 18 Rf1 Qh4+ 19 g3 Qd4! 20 Bd3 e4 21 Qf4 Bb4+ 22 Kd1 Rf8 ∓ according to Maryasin or 17 0–0 f5 18 Qd1! ±).

(d) 15 ... Bg7? 16 Rb3 Qa4 (16 ... Qe7 17 Nd6+ Kf8 18 Bc4

h5 19 0–0 ±) 17 Nd6+ Ke7 18
Rb4 Qa3 (18 ... Qxa2 19 Nxc8+
Rhxc8 20 Rb7+ Kf8 21 Qd7) 19
Nc4! Qxa2 20 Qd6+ Kf7 21 Qc7+
Kg8 22 Nd6 h6 23 Qf7+ Kh7 24
Bd3+ f5 25 Rg4 Rg8 26 Ne8 ±±.

16 Nxf6+ Before making this
move Matulovic sank into deep
thought (nearly two hours) and
eventually decided to avoid the
main line, because "Nunn prob-
ably knew this prepared variation
better than I did". However, this
move seems dubious for White.
The main line according to the
theory is:

16 Rd1 Be7 (diagram 55) after

55
W

which White has two alternatives:
A 17 Be2 and B 17 Bd3!? (Un-
tested ideas of Gligoric are 17
Nd6+ and 17 Qh6 preventing
Black from castling).
A 17 Be2 After 17 ... 0–0 18
0–0 Black has two lines: (a)
18 ... Ra7 and (b) 18 ... f5.

(a1) W.D. Morris–A. Poulsen,
Copenhagen 1980
18 ... Ra7 19 Qh6 (19 Nxf6+
Bxf6! 20 Rxf6 Rxf6 21 Qg5+ Rg6
22 Rd8+ Kg7 or 19 ... Rxf6 20
Qg5+ Rg6 21 Rd8+ Kg7 22
Qxe5+ Bf6 23 Rxf6 Rxf6 24
Qg5+ Rg6 25 Qe5+ with a draw
by perpetual) 19 ... Qxc2 20 Bd3
Qb3 21 Kh1 f5 22 Qe3 Rd7 23 Rd2
Bb4 0–1.
(a2) Hakki–G. Iskov, Eksjö
1982
18 ... Ra7 19 Rf3! Kh8 (19 ...
Rf7 20 Rg3+ Rg7 21 Qh6! Rxg3
22 Nxf6+!! Bxf6 23 Qxf6 Bd7 24
Qd8+ Kg7 25 Rxd7+ Rxd7 26
Qxd7+ and 27 hxg3 ±± or
19 ... Rd7 20 Rg3+ Kh8 21 Qh6
Rxd1+ 22 Bxd1 Rf7 23 Qh5 Rf8
24 Qg4! ±± according to Gert
Iskov) 20 Rg3 Rg8 21 Qh6 Rxg3
22 hxg3 Rd7 23 Nxf6 Qxc2 24
Bh5?? (A fatal blunder in time
pressure. White could have won
with 24 Nxd7 Qxe2 25 Rf1
Qxf1+! 26 Kxf1 Bxd7 ±± or 24
Rxd7 Bxd7 25 Qg5! Qg6 26 Qxg6
hxg6 27 Nxd7 ±±) 24 ... Rxd1+
25 Bxd1 Qxd1+ 26 Kh2 Qd3 0–1.
(b1) Szmetan–Quinteros,
Argentine Ch 1978
18 ... f5 19 Qh6 fxe4? (19 ...
Kh8?! 20 Rd3! or 19 ... Qxc2! is
better) 20 Rxf8+ Bxf8 21 Qg5+!
Kh8 22 Qf6+ Kg8 23 Bh5 Ra7 24
Rf1 Bc5+ 25 Kh1 Qd5! 26 Bf7+
Rxf7 27 Qxf7+ Kh8 28 Qe8+ Kg7
29 Qxc8 Bf2! 30 Qxa6 (30 Rb1
Qd6! 31 Rb7+ Kh6 32 Rd7 Qb4

33 Rd1 Qe7 34 Qxa6 e3 35 Qe2 Qh4 ∞ Szmetan) 30 ... e3 31 Qe2 Qd2 32 Qg4+ Kf6 33 Qf3+ Kg6 (=) 34 Qe4+ Kf6 35 Qf3+ Kg6 36 Qe4+ Kh6 37 Qxe5 e2 38 Qxe6+ Kg7 39 Qe7+ Kg6 40 Qe6+ Kg7 ½–½.

(b2) Grünfeld–Helmers, Lucerne 1979

18 ... f5 19 Qh6 fxe4? 20 Rxf8+ Bxf8 21 Qg5+! Kh8 22 Qf6+ Kg8 23 Bh5 Ra7 24 Rf1 Bc5+ 25 Kh1 Qd5! 26 Bf7+ Rxf7 27 Qxf7+ Kh8 28 Qf6+ Kg8 29 Qg5+ Kh8 30 h4! (±) Qd6 31 h5 Qe7 32 Qxe5+ Kg8 33 Rf4! h6 34 Rf6! Bd6 35 Rg6+ Kh7? ±± (35 ... Kf7! 36 Qg7+ Ke8 37 Qg8+ Qf8 is better or 36 Qxe4 Qf8! 37 Qxc6 Ke7 is equal according to Nunn and Sigurjonsson) 36 Qxe4 1–0.

(b3) Tischbierek–Grünberg, East German Ch, Fürstenwalde 1981

18 ... f5 19 Qh6 Rf7!? 20 Nd6?! (Better is 20 Rf3 Qxc2 21 Rg3+ Kh8 22 Ng5 Rg7 23 Nxh7 Qc5+! 24 Kh1 Rxh7 25 Qg6 Bb7 26 Rh3 Rxh3 27 gxh3 Qe3 28 Qh5+ Kg7 29 Rg1+ Qxg1+ 30 Kxg1 c5 31 Bc4 Rh8 32 Qe2 Kf6 according to Grünberg) 20 ... Rg7 21 Bc4 Qxc2 22 Bxe6+? (Better is 22 Rd2! Rg6! and then 23 Nxf5 Qxf5! or 23 Bxe6+ Bxe6 24 Qxg6+ hxg6 25 Rxc2 Bd5 or 23 Nxc8 Bc5+ 24 Kh1 Rxh6 25 Rxc2 Rxc8 26 Bxa6 Ra8 or 23 Qxg6+ hxg6 24 Rxc2 Bxd6 25 Ba2 c5 26

Rb1 Kf7 or 23 Qe3 f4! 24 Qe2 Qc3 25 Rd3 Qb4 ∓ according to Grünberg) 22 ... Bxe6 23 Qxe6+ Kh8 24 g3 ∓∓ (24 Nf7+ Rxf7 25 Qxf7 Rg8! 26 g3 Bc5+ ∓∓) 24 ... Bxd6 25 Qxd6 f4! 26 Rde1 Qc3! 27 Rxe5 Rag8 28 Qf6 fxg3 29 h4 g2 30 Rd1 Qh3 0–1.

(b4) Wittman–Groiss, Lienz 1979

18 ... f5 19 Qh6 Qxc2! 20 Rf3! f4 (20 ... Qxe2? 21 Rg3+ Kf7 22 Rg7+ Ke8 23 Rxe7+ Kxe7 24 Qg5+ ±± or 20 ... Bc5+ 21 Kh1 Ra7 22 Rg3+ Kh8 23 Nf6 Raf7 24 Qg5 and 25 Qg8+ according to Nunn) 21 Rh3 Rf7 22 Rhd3! Bd7 (22 ... Qxe2 according to Caprano 23 Rd8+ Rf8 24 Nf6+ Kf7 25 Nh5 Bxd8=) 23 Bf3! Bc5+ (23 ... Ra7 24 Rxd7 Rxd7 25 Rxd7 Bc5+ ∓ is better) 24 Kh1 Bd4 25 Nf6+ Rxf6 26 Qxf6 ±.

(b5) Liberzon–Grünfeld, Biel 1980

18 ... f5 19 Qh6 Qxc2! 20 Ng5 Bc5+ 21 Kh1 Ra7 22 Bxa6 Bxa6 23 Qxe6+ Rff7 24 Rc1 (24 Nxf7 Rxf7 25 Rc1 Qe4 26 Rfe1 Be3 27 Rcd1 Bc4 ∓∓) 24 ... Qd2 25 Nxf7 Rxf7 26 Rfd1 Qe3 27 Re1 Qf2 28 Rxe5 Bf1 0–1.

(b6)   Velimirovic–Ftacnik, Vrsac 1981

18 ... f5 19 Qh6 Qxc2! 20 Rd3 Qxe2 21 Rg3+ Kf7 22 Rxf5+ exf5 23 Rg7+ Ke8 24 Qxc6+ Kd8 25 Qb6+ Ke8 26 Qc6+ Kd8 ½–½.

(b7) After 18 ... f5 White seems to have very dangerous

attacking chances with the untested move 19 Rf3! as 19 ... fxe4 may be met by 20 Rg3+ Kh8 21 Qc3!. Black's position is highly precarious, as 21 ... Rf5 22 Qxc6 is better for White whilst 21 ... Bf6? 22 Bc4 Qa4 23 Ra1 wins the queen.

B 17 Bd3!? This alternative recommended by Platonov has two lines: (a) 17 ... 0–0 and (b) 17 ... f5.

(a1)   Velimirovic–Polaizer, Maribor 1980

17 ... 0–0   (17 ... Bb7?   18 Nxf6+ Bxf6 19 Bg6+ hxg6 20 Qd7+ Kf8 21 0–0 ±±) 18 0–0 f5 19 Qh6 Rf7 20 Rf3 (±) Kh8! 21 Rh3 Bd7 22 Kh1 Rg8 23 Nc3 Qa5 24 Bxf5 exf5 25 Rxd7 Qc5 ∓.

(a2)   Ernst–Fedder, Copenhagen 1982

17 ... 0–0 18 0–0 f5 19 Qh6 Rf7 20 Rf3 Bd7 21 Bf1 Rd8 (21 ... Raf8 22 Rxd7 fxe4 23 Rxe7 exf3 24 Qg5+ Kh8 25 Rxf7 with a draw by perpetual or 21 ... Be8? 22 Rg3+ Kh8 23 Ng5 Rg7 24 Nxe6 ± or 21 ... Bf8? 22 Rg3+ Kh8 23 Ng5 Rg7 24 Nxh7 ± according to Steen Fedder) 22 Rg3+ Kh8 23 Qh5 Be8 24 Nd6! Rxd6! (24 ... Rf8? 25 Qh6 Rg8 26 Rxg8+ Kxg8 27 Bc4 ±) 25 Rxd6 e4! 26 Rxc6 Qa1 27 h4?? (Better is 27 Rc8 Bc5+ 28 Rxc5 Qd4+ 29 Kh1 Qxc5 30 Qg5 Qf8 31 Bxa6 Qg7) 27 ... Rf8 28 Qh6 Qd4+ 0–1.

(b) S. Bouaziz–Nunn, Hamburg (BBC) 1982

17 ... f5 18 0–0 Ra7 (18 ... 0–0 19 Qh6 and then 19 ... fxe4 20 Bxe4 Bc5+ 21 Kh1 Ra7 22 Rd8! Qa3 23 Rxc8! ±± or 19 ... Kh8 20 Ng5 Bc5+ 21 Kh1 Ra7 22 Rf3 Rg7 23 Rh3 ±± or 19 ... Rf7 20 Rf3 Qa5 21 Bc4! Ra7 22 Ng5! ±± while another alternative is 18 ... fxe4 19 Be2! h5 20 Qc3 Bd7 21 Qxe5 Rf8 22 Rxf8+ Bxf8 23 Qc7 Bc5+ 24 Kh1 Rd8 25 Bxh5+ Ke7 26 Qe5 ±± according to Platanov) 19 Qh6 Rd7 20 Nf6+ Bxf6 21 Qxf6 Rf8 22 Qxe5 Qd5 23 Qb8 Kf7 24 Kh1 Rg8 25 Rd2 Kg7 26 Bxf5! Qxd2 27 Qe5+ Kh6 28 Qf6+ Rg6 29 Bxg6 hxg6 30 Qf8+ Kh7 31 Qxc8 Qd1 32 Kg1 Qd4+ 33 Kh1 Qd1 ½–½.

16 ... Kf7 (diagram 56) **17 Rb3?!** This move seems dubious

56
W

for White, because the king will be precariously placed on e2. The alternative 17 Rd1 can be divided into 6 variations:

(a) 17 ... Kxf6? 18 Bd3 Rg8 19 0–0+ Kg7 20 Qg5+ Kh8 21 Qxe5+ Bg7 22 Qe4 ±± according to P. Kovacevic.

(b) 17 ... Rb8 18 Bb5! axb5 19 0–0 Bc5+ 20 Kh1 Bd4 21 Qg5 ± according to Markovic.

(c) 17 ... Rb8 18 Bb5! Bb4 19 Qxb4 Rxb5 20 Qd2 Qa5 21 c3 ±.

(d) 17 ... Rb8 18 Bb5! Bd6 19 Qh6 Qa5+ 20 Kf2 Qxb5 21 Rhf1 ±.

(e) 17 ... a5 $\overline{\mp}$ according to Nunn.

(f) 17 ... Qb2! 18 Ne4 Bb4 19 c3 Qxd2+ 20 Rxd2 Be7 $\mp$ according to Gipslis.

17 ... Qa1+ 18 Ke2 Qd4 19 Qg5 $\mp$ (diagram 57) The alternative 19 Rd3 may be met by

57
B

19 ... Qf4 and 20 ... e4 with a clear advantage for Black. Black — one of the well-known experts of the Poisoned Pawn — has gained a significant advantage on the board and on the clock as a result of White's dubious opening. Objectively, the rest of the game should be easily won, but psychologically Black is in danger of underestimating his opponent's resources. An opponent in tremendous time trouble can influence a player's objective assessment, especially in a nearly won position. The remainder of the game is an example of how psychology counts more than objectivity in the tense situation at the board.

19 ... a5?? Black's first blunder. He could have won without difficulty by 19 ... e4! 20 Ng4 Bg7!, when White's attack was halted, and the pawn advance a6–a5 is threatened.

20 Ng4! Ba6+ 21 Kf3 e4+? Shaken by his previous error, Black promptly makes another. After the first blunder Black failed to assess the new position correctly, and continued to play for the win by inertia. After the queen exchange 21 ... Qf4+ 22 Qxf4 exf4 23 Bxa6 Rxa6 24 Rb7+ Be7 25 Rhd1 Black would have held the draw in hand.

22 Kg3 Rg8 23 Qf4+? Instead of this error in time pressure White could have won with 23 Qh5+ Ke7 24 Bxa6 Rxa6 25 Rb7+ Kd6 26 Kh3 and 27 Ne5 ±± but overlooked this possibility.

23 ... Ke8 24 Rb8+ Rxb8 25

Qxb8+ Kf7? Black had good practical winning chances again after: 25 ... Qd8 26 Qxd8+ Kxd8 27 Bxa6 h5 28 Be2 Bd6+ 29 Kf2 hxg4 30 Ke3 according to Nunn in BCM No. 7/1981.

26 Qf4+ Kg7 27 Kh3 Bc8 28 Ne5! White threatens 29 Qf7+ Kh8 30 Qf6+ ±± but Black found the best defence and after a fluctuating struggle this interesting game finished with a perpetual check.

28 ... Be7! 29 Qg4+ Kf8 30 Qf4+ Kg7 31 Qg4+ Kf8 32 Qf4+ ½–½.

Summing up, in the variation with 15 ... Qxa2, White seems to have very dangerous attacking chances which compensate fully for the sacrificed pawns. There are, however, still a number of possibilities for further theoretical analysis and Black's practical defensive chances are not to be underestimated.

Game 13
HÜBNER–HORT, HAMBURG 1979

1 e4 c5 2 Nf3 d6 3 d4 cxd4 4 Nxd4 Nf6 5 Nc3 a6 6 Bg5 e6 7 f4 Qb6 8 Qd2 Qxb2 9 Rb1 Qa3

10 f5 Nc6 11 fxe6 fxe6 12 Nxc6 bxc6 13 e5 dxe5 14 Bxf6 gxf6 15 Ne4 Be7 (diagram 58) White's

(see following diagram)

58
W

knight sacrifice on e4 will be demonstrated in detail in this game. The different alternatives and sub-variations up to this point were considered in detail in Game 11. The other main line, 15 ... Qxa2, was the subject of Game 12.

16 Be2 h5 Black's strongest move, suggested by Fischer. The alternative 16 ... 0–0? seems weaker for Black because White can organise a mating attack against the castled king easily and quickly. White has two possibilities after 16 ... 0–0: (a) 17 0–0 and (b) 17 Rb3.

(a) Hartston–Gligoric, Hastings 1965/66
17 0–0 Qa4? 18 c4 f5 19 Rb3! c5 20 Qh6? (20 Rg3+ Kh8 21 Qc3!! ±±) 20 ... Rf7 21 Rg3+ Kh8 22 Bh5 Qe8 23 Rxf5!! exf5 24 Nd6! Bxd6 25 Bxf7! 1–0.

(b1) Gipslis–Korchnoi, USSR Ch 1963

17 Rb3 Qa4 18 c4 Kh8 19 0–0
Ra7 20 Qh6 f5 21 Rg3 Bb4? 22
Nf6! 1–0.

(b2) Vitolins–Gutman, Riga
1967
17 Rb3 Qa4 18 c4 Rf7? 19 0–0
f5 20 Rg3+ Kh8 21 Qc3! Bf8 22
Qxe5+ Bg7 23 Nd6! Re7 24
Rxf5!! 1–0.

17 Rb3 (diagram 59) White's

59
B

intention is the isolation of the
Black queen as long as possible.
Alternatives lead to double-
edged positions: (a) 17 Bf3 and
(b) 17 0–0.

(a1) Ribli–Barczay, Hungary
Ch Budapest 1968
17 Bf3 f5 18 0–0 fxe4 19 Bxe4
Bd7 20 Rb7 0–0–0?! (20 ... Qd6!)
21 Rfb1 Bd6 22 Kh1 Rdf8 23 Bd3?
Rf4 (∓) 24 Qe3? Rf1+! 25 Rxf1
Kxb7 (∓∓) 26 Rf7 Rd8 27 h3 e4
28 Qxe4 Kc7 29 Qe3 Qc5 30 Qxe6

Qd4 31 Qe1 Qe5 32 Qg1 c5 33
Bxa6 Rb8 34 a4 Rb1 35 Bf1 Ra1
36 c3 Qxc3 37 g3 h4 38 gxh4 Kb6
39 a5+ Kxa5 0–1.

(a2)   Pukshansky–Shashin,
Leningrad Ch 1976/77
17 Bf3 Ra7!? (17 ... Qa4? 18
Nxf6+! Bxf6 19 Rb4 Qxa2 20
Bxc6+ Kf7 21 0–0! Ra7 22 Qf2
±± or 17 ... Qxa2? 18 Nxf6+
Bxf6 19 Bxc6+ Kf7 20 0–0 ±±
according to Kaltofen) 18 Rb8
Rc7 19 0–0 f5 20 Qf2 Qa5 21 Qg3
fxe4 (∓) 22 Bxe4 Kd8 23 Kh1 Rf8
24 Rfb1 Rb7! 25 R8xb7 Bxb7 26
Qb3 Qb5! 0–1.

(a3)   Kaufman–Quinteros,
Washington 1979
17 Bf3 f5 18 Rb3 (18 Nd6+
Bxd6 19 Bxc6+ Kf7 20 Bxa8 e4!)
18 ... Qa4 19 Nd6+ Bxd6! (19 ...
Kf8 20 c4! according to Gipslis) 20
Qxd6 Qa5+ 21 Kf2! (Geller's
move) 21 ... Kf7! 22 Rd1 Ra7 23
Bxc6 Kf6! (∓) 24 Re3 Rg7 25 Rd5
Qc7 26 Qxe5+ Qxe5 27 Rdxe5
Rd8 28 Re2 Rd4! 29 Ra5 Rc7 30
Ba4 e5 (∓) 31 Bb3 e4 32 Ke3?
Rd1 33 c4 Rd3+ 34 Kf2 Bb7 35 c5
f4 36 Rc2 e3+ 37 Ke2 Be4 (∓∓)
38 Rc4 Rd2+ 39 Ke1 f3! 40 gxf3
Bd3 41 Rf4+ Ke5 42 Rf8 Kd4 43
Rd8+ Kc3 44 Rg8 Rf2 45 Rg1
Rg7! 46 Rh1 Rxh2 0–1.

(a4) Böhmfeldt–Nunn, Dort-
mund 1979
17 Bf3 f5 18 0–0 fxe4 19 Bxe4
Bd7 20 Rf3 Qc5+! (20 ... Qxa2
21 Rd1 0–0–0 22 Rb3 Bc5+ 23
Kh1 Kc7 24 Qc3 Bd4 25 Rxd4!

Qxb3! 26 cxb3 exd4 27 Qxd4 = according to Zaitsev and Hasin) 21 Kh1 Rg8 22 Rd3 Rg4! 23 Rxd7 Rxe4 24 Rbb7 Rf4!! 25 Qd1 Rf5 26 h3 (∓) Kf8? (26 ... Bf8! 27 Rdc7 Qd5 ∓∓) 27 Qc1! Rf4? 28 g3 Rf6 29 Rxe7 Qd5+ 30 Kg1 Qd4+ 31 Kh1 Qe4+ 32 Kg1 Qf3 33 Rf7+! Rxf7 34 Qh6+ Kg8 35 Qg6+ Kf8 36 Qh6+ Kg8 ½–½.

(a5) Ernst–Hjartarson, Gausdal 1985

17 Bf3 Ra7!? 18 Rb8 Kf7? 19 0–0 f5 20 Rxc8 Rxc8 21 Qh6 Ke8 22 Rd1 Bc5+ 23 Kh1 Bd4 24 Qxe6+ Kd8 25 Nd6 Rd7 26 Nxc8 1–0.

(b1) Bronstein–Gufeld, Tbilisi 1980

17 0–0 f5 18 Bd3 Bd7 19 Rb3 Qa4 20 c4 fxe4 21 Bxe4 Qxc4 22 Bg6+ Kd8 23 Rd3 Bc5+ 24 Kh1 Bd4 ∓.

(b2) Lukov–Spassov, Pamporovo 1981

17 0–0 f5 18 Bf3 Ra7 (18 ... Bd7 19 Rfd1 Rd8 20 Rb3 Qa4 21 Nd6+ ± or 18 ... fxe4 19 Bxe4 Bd7 20 Rb7 Qd6 21 Qe2 Rb8 22 Bg6+ Kd8 23 Rxd7+ Kxd7 24 Rd1 or 18 ... fxe4 19 Bxe4 Bd7 20 Rf3 Qc5+! 21 Kh1 Rg8! 22 Rd3 Rg4! 23 Rxd7 Rxe4 24 Rbb7) 19 Rb8 Kf7 20 Qf2 Rb7 21 Rxb7 Bxb7 22 Qg3 (∞) Qa5 23 Ng5+ Bxg5 24 Qxg5 Qc5+ 25 Kh1 Qe7 26 Bxh5+ Kf8 27 Qg6 Rh7 28 Rb1 e4 29 h3 e3 30 Rxb7 ½–½.

17 ... Qa4 A dubious alternative for Black is 17 ... Qxa2.

(a) Omelchenko–Belousenko, RSFSR corr. 1970

17 ... Qxa2 18 0–0 Qa4 19 Nxf6+ Bxf6 20 Rb4 Qa5 (20 ... Bg5 21 Qxg5 Qxb4 22 Qg7 Bb7 23 Qxh8+ Kd7 24 Qg7+ Kd6 25 Rd1+ Kc5 26 Qe7+) 21 Rxf6 Qc5+ 22 Kh1 a5 23 Rb1 Rh7 24 Qg5 Kd7 25 Qg8 Re7 26 Qf8 1–0.

(b) Janosevic–Tringov, Rakovica–Beograd 1977

17 ... Qxa2 18 0–0 Qa4 19 Bf3? Qd4+ 20 Qxd4 exd4 21 Nxf6+ Kd8 22 Bxc6 Ra7 23 Be4 a5 24 Rb5? Rf8 0–1.

18 c4 (diagram 60) In this

60
B

theoretically critical position the knight sacrifice on f6 is the other fashionable and popular line of recent years. Worked out by Vitolins, it is the subject of Games 14–15.

18 ... f5 Alternatively, Black has 18 ... Ra7

Smejkal–Trapl, Czechoslovak Ch 1964

18 ... Ra7 19 Rb8! Kf7 (19 ... 0–0 20 0–0 Kg7 21 Qe3! ±) 20 0–0 f5 21 Rxc8! Rxc8 22 Qh6! (±) Ke8 23 Qxe6 Kd8 24 Rxf5 Rd7 25 Qxe5 Qa3 26 Rxh5 Qe3+ 27 Kf1 Bf8 28 Rh8 Rf7+ 29 Bf3 Qf4 30 Qd4+ Rd7 31 Qc5 Ke8 32 Qh5+ Kd8 33 Qg5+ Qxg5 34 Nxg5 Ke7 35 Bg4 Rcd8 36 Bxd7 Rxd7 37 Rh7+ Kd6 38 Rxd7+ Kxd7 39 Ne4 Ke6 40 Ke2 Ke5 41 Kd3 Bh6 42 g3 Bf8 43 h3 Be7 44 Nf2 Bd8 1–0.

19 0–0 (diagram 61) White can

61
B

avoid the knight sacrifice on e4. However, the alternatives A 19 Nd6+ and B 19 Ng3, give Black good equalising chances.

A 19 Nd6+

(1) Schöneberg–Barczay, Berlin 1968

19 Nd6+ Bxd6 20 Qxd6 Qxa2?

(20 ... Qa5+ 21 Kf2 Ra7 is better) 21 Rd3? (Better is 21 Qxe5 Qxb3 22 Qxh8+ Ke7 23 Qg7+ Kd8 24 Kf2 (±) Qb6+ 25 Kf3 Qb3+ 26 Kf4 Qb8+ 27 Kg5 Bd7 28 Rd1 Qa7 29 c5 ±± according to Schwarz and Maric) 21 ... Qa5+! 22 Rd2 Ra7 23 0–0 Kf7 24 c5 Qc7! 25 Qd3 Qe7 26 Qc3 Qf6 27 Bc4 Ke7 28 Rd6 e4 29 Qa5 Qb2 30 Rfd1 Rg8 31 R6d2 Qe5 32 Rd8 Qh8! 33 Rxg8? Qxg8 34 Rd6 Rb7 35 Rxc6 Qd8 36 Qa1! Kf7 37 Rd6? Qg5 38 c6 Qe3+ 39 Kh1 Qa3!! 40 Qf1 Rb1! 41 Rd1 Rxd1 42 Qxd1 Ke7 43 h3 Qc5 0–1.

(2) Matulovic–Stean, Vrsac 1979

19 Nd6+ Bxd6 (19 ... Kf8 20 Nxc8 Rxc8 21 Qd7 Qa5+ 22 Kf1 Kf7 23 Bxh5+ Kf6 24 g4 Qd8 25 g5+ Kg7 26 Qxe6 Rxh5 27 Qxe5+ Kg8 28 Qe6+ = according to Nunn) 20 Qxd6 Qa5+ 21 Kf2 Ra7 22 Rb8?! (22 Rd1!?) 22 ... Kf7 23 Rd1 Kf6 24 c5 Rd7! 25 Qxd7 Qxc5+ 26 Kf1 Bxd7 27 Rxh8 Qe7 (∓) 28 Rh6+ Kg7 29 Rxh5 c5 30 Bxa6 Bc6 31 Rd3 e4 32 Rg3+ Kf6 33 Bc4 Ke5 34 Rg6 Kd4 35 Rxe6 Qc7 36 Be2 Qf4 37 Ke1 Qc1+ 38 Bd1 Qc3+ 39 Kf2 Qe3+ 0–1.

(3) Unzicker–Stean, München 1979

19 Nd6+ Bxd6 20 Qxd6 Qa5+ 21 Kf2 Ra7 (21 ... Bd7? 22 Rd1 Rd8 23 Rb7 Rh7 24 Rxd7! Rdxd7 25 Bxh5+ Kd8 26 Qb8+ ±±) 22

Rd1 Kf7 23 Ra3 Qb6+ (23 ... Qc7 24 Qc5 e4 25 Rd6 Qe7 26 Qd4 e5 ∓) 24 c5 Qc7 25 Qd2 Qe7 26 Qc3 (∓) Qf6 27 Kg1 e4 28 Qe3 h4 29 Ra4 Qh6 ½–½.

(4) Hartston–Kavalek, Prague 1968

19 Nd6+ Bxd6 20 Qxd6 Qa5+ 21 Kf2 Ra7.

22 Qxc6+ Kf7 (22 ... Bd7 23 Qd6 Kf7 24 Rhb1 Qc7 25 c5 Kf6 26 Qxc7 Rxc7 ∓) 23 Re3? (23 Rd1!? Qc7 24 Qf3 Bb7 25 Qg3 Be4 26 Qg5 is better) 23 ... e4 24 Qd6 Qc7 25 c5 Rd8 26 Bxh5+ Kf6 27 Qxc7 Rxc7 28 Rc3 Rd2+ 29 Be2 Rxa2 30 Rhc1 Bd7 31 g3 Bb5 32 R1c2 Rxc2 33 Rxc2 Ke5 34 h4 Kd4 35 h5 Ke5 36 Bxb5 axb5 (∓) 37 Ke3 b4 38 h6 b3 39 Rh2 Rh7 40 c6 Kd6 41 Kd4 b2 42 Rxb2 Rxh6 43 Rc2 Rh7 44 Ke3 Kc7 45 Kf4 Rg7 46 Ke5 Rxg3 47 Kxe6 Rf3 48 Kd5 e3 49 Rh2 and White succeed in drawing in 52 moves.

(5) Sherbakov–Zajd, Baku 1978

19 Nd6+ Bxd6 20 Qxd6 Qa5+ 21 Kf2 Kf7 22 c5 Kf6 23 Re3 e4 24 Rxe4 fxe4 25 Qf4+ Kg6 (25 ... Kg7 26 Qe5+ Kg8 27 Qg5+ Kh7 28 Qxh5+ Kg7 29 Qe5+ with a draw by perpetual) 26 Qxe4+ Kf7 27 Qe5 Rh7 28 Rd1 Ra7 29 Bxh5+ Kg8 30 Qg5+ Rhg7 (∓∓) 31 Bg6 Rad7 32 Qh5 Qxa2+ and White lost on time.

B 19 Ng3 (Bronstein's move) Unsatisfactory for White is 19 Qd1 Bb4+ 20 Nd2 Qa5 21 Bxh5+

Ke7 ∓. After 19 Ng3 h4 20 Nh5 Black has either (a) 20 ... Bd8!, or (b) 20 ... Ra7!?

(a1) Groszpeter–Karolyi, Hungarian Ch, Budapest 1979

20 ... Bd8! (After 20 ... Kf7? 21 g4 hxg3 22 hxg3 Ra7 23 Qc3 Qxa2 24 Qxe5 Rh7 25 Rb8 Rd7 26 0–0! White has a strong initiative according to Bronstein) 21 0–0 Qa5 22 Ng7+ Kf7 23 Rb7+ Kg6 24 Qd6 Bb6+ 25 Rxb6 Qxb6+ 26 c5 Qd8 27 Nxf5 Qxd6 28 Nxd6 e4 29 Nxe4 Kg7 30 Nd6 Rf8 31 Rb1 e5 32 Bf3 Be6 ½–½.

(a2)   Velickovic–Buljovcic, Novi Sad 1980

20 ... Bd8! 21 0–0 Qa5! 22 Qe3 Be7! 23 Kh1 Qc5 24 Qh3 Rg8 25 g4! Qd4 (∞) 26 Qf3 Bd7 27 h3 e4 28 Qf4 Bd6 29 Qh6 Qe5 30 Rf2 Qa1+ (If 30 ... 0–0–0 31 c5! and 32 Bxa6+ according to Velickovic 31 Rf1 Qe5 32 Rf2 Qa1+ 33 Rf1 Qe5 ½–½.

(b1) Fedorowicz–Nunn, Hastings 1977/78

20 ... Ra7!? 21 Qc3 (21 Rb8 Kf7 22 0–0 Rb7 23 Rxc8 Rxc8 24 Qh6 Rg8 25 Nf4! = according to Cvetkovic or 21 ... Rb7 22 Rxc8+ Kf7 23 Rxh8 Rb1+ 24 Bd1 ∓ according to Shamkovich) 21 ... Qxa2 (Better is 21 ... Bd6!? 22 0–0 Rb7 23 Rfb1 Qxa2 24 Rxb7 Bxb7 25 Rxb7 Qxe2 according to Nunn) 22 Qxe5 (If 22 Rb8 0–0 23 Qxe5 and then 23 ... Bd8 24 0–0 Qa5 25 Nf6+

Rxf6 26 Qxa5 Bxa5 27 Rxc8+ ∓ according to Nunn or 23 ... Bg5 24 Rxc8 Qd2+ 25 Kf1 Qc1+ 26 Kf2 Qe3+ 27 Qxe3 Bxe3+ 28 Kxe3 Rxc8 ∓ according to Cvetkovic) 22 ... Qxb3 23 Qxh8+ Bf8 (= according to Gipslis) 24 Nf6+ Ke7 25 Ng8+? (Better would have been 25 Nh7! Qb4+ 26 Kf1 Qb1+! 27 Kf2 Qb6+ 28 Ke1 Qb1+ 29 Kf2 Qb6+ with a draw by perpetual) 25 ... Kd8 26 Qf6+ Be7 27 Nxe7 Qb4+! 28 Kf2 Qc5+ 29 Kf3 Rxe7 30 Qxh4 e5 31 g3 Kc7 32 Rd1 Rd7 33 Rxd7+ Bxd7 34 Qh8 Qd4 35 Qa8? f4 36 Kg2 Qe3 37 Bh5 e4 0–1.

(b2) Roos–Rudoi Kolker, corr, 1980–83

20 ... Ra7!? 21 Qc3 Bd8?! 22 Ra3 Ba5 23 Qxa5 Qxa5+ 24 Rxa5 Rb7 25 0–0 Rb2 26 Rxe5 Rxe2 27 Ng7+ Kf7 28 Rxe2 Kxg7 29 Rb1 Rd8 30 Rb8 Kf6 31 Kf2 e5 32 Rb6 Rd6 33 c5 Rd5 34 Rxc6+ Be6 35 Rb2 e4 36 Rbb6 Re5 37 Rxa6 f4 38 a4 Kf5 39 Rab6 e3+ 40 Ke1 h3 41 gxh3 f3 42 Rxe6! 1–0.

19 ... fxe4 White obtains more than enough compensation for the sacrificed knight as the triple isolated pawns only expose the black king and the uncoordinated Black pieces give White very dangerous attacking possibilities.

20 Kh1 Spassky's idea (diagram 62) The alternatives are: (a) 20

(see following diagram)

62
B

Qc3, (b) 20 Qd1 and (c) 20 Qc2.

The interesting line (a) 20 Qc3 allows Black to equalise and draw without difficulty:

(a1) Gorky town (350 players)–Spassky, Consultation Game USSR 1968

20 Qc3 Qxa2 21 Bd1! Bc5+ 22 Kh1 Rf8 23 Bxh5+ Kd8 (23 ... Ke7? 24 Rxf8 Kxf8 25 Qxe5 Qf2 26 Rf3+ leads to mate) 24 Rd1+ Bd4 (24 ... Bd7 25 Rb7 Bd4 26 Qb4 c5 27 Qb6+ Ke7 28 Rxd7+ Kxd7 29 Qb7+ Kd6 30 Qb6+ Ke7 31 Qc7+ Kf6 32 Rf1+ Bf2 33 Qxc5 ∞) 25 Rxd4+ exd4 26 Qxd4+ Bd7 27 Qb6+ Ke7 28 Qc5+ Kf6 29 Qd4+ e5 (29 ... Kf5 leads to a double-edged position according to Archangelsky) 30 Qxd7 Qxb3 31 Qd6+ Kg7 ½–½.

(a2) Kavalek–Fischer, Sousse IZ 1967

20 Qc3 Qxa2 21 Bd1! Rf8 22 Bxh5+ Kd8 23 Rd1+ Bd7 24

Qe3! Qa5 25 Rb7 (=) Bc5 26 Rdxd7+ Kc8 27 Rdc7+ Kd8 28 Rd7+ ½–½.

(a3) Benkovich–Mukhin, Kazakhistan Ch, Aktyubinsk 1976

20 Qc3 Qxa2 21 Bd1 Bc5+ 22 Kh1 Rf8 23 Bxh5+ Ke7? (23 ... K d8 is better with a forced draw as in Gorky town–Spassky above) 24 Rxf8 Kxf8 25 (Qxe5 (±) Ke7 26 Qxc5+ Kd8 27 Qd6+ Bd7 28 Rb7 Qa1+ 29 Bd1 Qg7 30 Qc7+ Ke8 31 Bh5+ Kf8 32 Qd6+ Qe7 33 Rxd7 Qxd6 34 Rxd6 and White won.

(b1)   Tratatovici–Urzica, Romanian Ch 1977

20 Qd1 Bc5+ (20 ... Qa5 21 Bxh5+ Rxh5 22 Qxh5+ Kd7 23 Rd1+ Kc7 24 Qh7 Qc5+ 25 Kh1 Rb8 26 Rxb8 Kxb8 27 Qxe4 is unclear according to Nunn) 21 Kh1 Bd4 22 Bxh5+ Kd8 23 Qg4? Ra7 (∓) 24 Qg5+ Re7 25 Rd1 Qxc4! 26 Rc1 Rf8 0–1.

(b2)   Baum–Ahlers,   corr. 1978/79

20 Qd1 Bc5+ 21 Kh1 Bd4 22 Bxh5+ Kd8 23 Rf7 Bd7 (23 ... Qxc4 ∓ is better) 24 Qb1 Kc8 25 Rb7 Rd8 26 Bg4 e3 27 Rbxd7 Rxd7 28 Bxe6 e2 29 Bxd7+ Kd8 30 Bg4 Qc2 31 Qe1 Ra7 32 Rxa7 Bxa7 33 Qa5+ 1–0.

(c) Chevaldonnet–Wl. Schmidt, Bagneux 1982

20 Qc2 Qa5 (20 ... Rf8 21 Rd1 Bc5+ 22 Kh1 Bd4 23 Qxe4 Rf5 24 Bxh5+ Rxh5 25 Qg6+ Kd7 26 Qxh5 Qxa2 27 Qxe5 Qxb3 28

Rxd4+ Ke8 29 Qh8+ Ke7 30 Qd8+ Kf7 31 Rf4+ wins according to Nunn) 21 Qxe4 Qc5+ (21 ... Bd7 (∞) 22 Kh1 Kd8! 23 Rd1 Kc8 24 Bf3 Qc7 25 Rbd3 Rd8 26 Qh7 Be8 27 Qg8 Rxd3 28 Rxd3 Kb7 29 Qxe6 Bc5 30 Bxh5 Qe7! ∓ according to Rene Olthof) 22 Kh1 Ra7 23 Bf3 Kd8 24 Rfb1 Rf8 25 g3 Rd7 26 Rb8 Rd4 27 Qe2 Bd6 28 Ra8 Qxc4 29 Qe3 Rxf3 30 Qg5+ Be7 0–1.

20 ... Bd7 (diagram 63) The

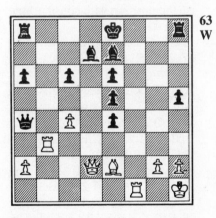

63
W

alternatives are: A 20 ... Ra7 and B 20 ... c5.

A 20 ... Ra7!? In this line Black seems to be able to consolidate the extra piece:

(a) Kengis–Shashin, Riga 1976

21 Rb8 Rc7 22 Qc3 Rf8! 23 Rxf8+ Bxf8 24 Qxe5 Qa3! (∓̄) 25 Bxh5+ Kd8 26 Qf6+ Kd7 27 Rb1 Rb7! 28 Rd1+ Kc7 29 Qe5+ Bd6 30 Qxe4 Qc5 31 Bf3 Bd7 32 Qd3 Qe5 33 g3 Rb2! 34 Bg2 Rxa2 0–1.

(b) Harandi–L. Portisch, Rio de Janeiro IZ 1979
21 Qc2 (21 Qe3! is better) 21 ... Qa5 22 Qxe4 Qc5 23 Bxh5+ Kd8 24 Bg4 Rf8 (∓) 25 Rd1+ Kc7 26 h3 Rb7 27 Rxb7+ Kxb7 28 Rb1+ Ka8 29 Qc2 Bd6 0–1.

B 20 ... c5 In this variation White cannot expect to do more than draw as a result of the back rank weakness, and the unavoidable exchange of attacking pieces. Black threatens to stabilise the position with considerable material advantage.

There are two sub-variations: (a) 21 Qc2! and (b) 21 Qc3.

(a) Taborov–Peresypkin, Alma Ata 1977
21 Qc2! Qc6 22 Rfb1 Bd8 23 Bf3! exf3!? (23 ... Ra7? 24 Bxe4 Qd6 25 Rd1 Qf8 26 Rf3 ±± according to Lilloni) 24 Qg6+ Kd7 25 Qf7+ Be7 26 Rd1+ Kc7 27 Qxe7+ Bd7 28 Rxd7+ Qxd7 29 Rb7+ Kxb7 30 Qxd7+ Kb6 (=) 31 Qd6+ Kb7 32 Qd7+ ½–½.

(b1) Espig–Helmers, Lodz 1978
21 Qc3 Qc6 (21 ... Bd6? 22 Qg3 Bd7 23 Qg5 Bc6 24 Qg6+ ±±) 22 Qxe5 Rf8 23 Bxh5+ Kd8 24 Rd1+ Bd7 25 Bg6 Bd6 26 Qb2 Kc7 27 Rb1 e3 28 Rb7+ Kc8 29 Rb6 Qc7 30 Be4 Rb8 31 Rxb8+ Qxb8 32 Qe2 Qxb1+! 33 Bxb1 Rf2 (∓∓) 34 Qe1 Bc6 35 Qg1 Rd2

36 Qxe3 Rd1+ 37 Qg1 Rxg1+ 38 Kxg1 Kd7 39 g3 0–1.

(b2) Nunn–P. Szekely, European Junior Ch, Groningen 1974/75
21 Qc3 Qc6 22 Qxe5 Rf8 23 Rfb1 Ra7! 24 Rb6?! Rb7! 25 Rxb7 (25 Bxh5+ Kd8 26 Rd1+ Rd7!! 27 Rxc6 Rxd1+ leads to mate according to P. Szekely) 25 ... Bxb7 26 Rd1 Bf6 (∓) 27 Qxh5+ Ke7 28 Qh7+ Rf7 29 Qg8 Bd4 30 Bh5 Rg7 0–1.

21 Qc3?! (diagram 64) Now

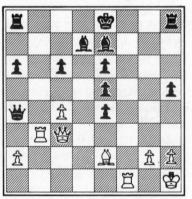

64 B

White has a difficult position. However, 21 Qc2 may be met by 21 ... Qa5! 22 Qxe4 Kd8! 23 Rd1 Kc8! 24 Bf3 Qc7! 25 Rbd3 Rd8! ∓ according to van Raay. According to Nunn White's best chances arise from: 21 Rb7!? c5 22 Qb2! and then 22 ... Qc6 23 Rd1 0–0–0 24 Rb1! (24 Rdxd7 Rxd7 25 Rb8+ Kc7 26 Rxh8 Rd8 27

Qxe5+ Qd6 28 Rxh5 Qxe5 29
Rxe5 ∞) 24 ... Bd6 25 Rb6 Qc7
26 Rxd6 Bc6 27 Rxe6 ± or
22 ... Bc8 23 Rb6 Qa5 24 Qxe5
Qxb6 25 Qxh8+ Kd7 26 Rd1+
Bd6! 27 Qh7+ (27 Qg7+ Kd8 28
Bxh5 Qc6 or 27 Qh7+ Kd8 28 Rf1
Ra7) 27 ... Kd8 28 Qxe4 Ra7
with good chances for Black.

**21 ... Rf8! 22 Bxh5+ Kd8 23
Rd1** The move 23 Rfb1 can be
met by 23 ... Bd6! 24 Rd1 Bc7 25
Qd2 c5 ∓∓.

23 ... Kc8 24 h3 Qxa2 (∓) 25 c5
Alternatives seem weaker for
White. For example: 25 Rxd7
Kxd7 26 Rb7+ Kc8 27 Rxe7 Qf2
28 Qa5 Ra7 ∓∓ or 25 Rd2 Rf1+
26 Kh2 Qa1 ∓∓ or 25 Rb2 Qa3 26
Qxe5 Qc5 ∓∓ according to the
analysis of Hübner in Informator
28/476.

25 ... a5 Alternatively, Black
has 25 ... Qa4 which is also
advantageous: 26 Rb4 Qxd1+ 27
Bxd1 Rf1+ 28 Kh2 Rxd1 ∓ or 26
Rxd7 Kxd7 27 Rb7+ Kc8 28 Rxe7
Qd4 29 Qb3 Rf1+ wins.

26 Rdb1 (diagram 65) Up to

(see following diagram)

this point Black had defended his
difficult position very carefully
and held his material advantage
successfully. Now, however, he
blundered fatally, overlooking
that White could set up a double
attack threatening to win the
queen by a discovered check or

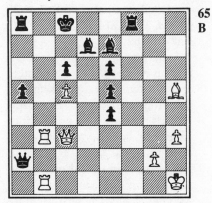

65
B

to mate by a queen sacrifice on
a6.

26 ... Bd8?? Better would have
been 26 ... Rf2!. For example: 27
Qc4 Kd8 28 Qxe4 Rf1+ 29 Rxf1
Qxb3 30 Qxe5 Kc8 31 Rf7 Bd8 32
Rxd7 Kxd7 33 Qd6+ Kc8 34
Qxc6+ Kb8 ∓∓ according to
Hort.

**27 Qc4! Bc7 28 Rb8+ Rxb8 29
Qxa2** (±) This is the accurate
move order as 29 Rxb8+ Bxb8 30
Qxa2 Rf1+ 31 Kh2 e3 and
32 ... e4+ leads to an unclear
position.

29 ... e3 30 Be2 Rf4?! 30 ...
Rxb1+ is also hopeless: 31 Qxb1
Rf4 32 Qb3 Rb4 33 Qxe3 e4 34 g4
a4 35 Kg2 ±.

**31 Ba6+ Kd8 32 Rxb8+ Bxb8
33 Qxa5+ Bc7** 33 ... Ke7 also
leads to a lost position after 34
Qb6 Ra4 35 Qxb8 Rxa6 36 Qxe5
±±. The remainder of the game
requires no comment.

34 Qc3 (±±) Ra4 35 Be2 e4 36 g4 Kc8 37 g5 Bf4 38 g6 Kc7 39 g7 Ra8 40 Qb2 1–0.

Summing up, the knight sacrifice on e4 gives White a durable and very dangerous attack against the uncastled king. However, Black's defensive possibilities have been considerably strengthened in recent years. Hence this line is probably good enough to draw but it does not give White winning chances against accurate play.

Game 14
BELYAVSKY–HÜBNER, TILBURG 1981

1 e4 c5 2 Nf3 d6 3 d4 cxd4 4 Nxd4 Nf6 5 Nc3 a6 6 Bg5 e6 7 f4 Qb6 8 Qd2 Qxb2 9 Rb1 Qa3

10 f5 Nc6 11 fxe6 fxe6 12 Nxc6 bxc6 13 e5 dxe5 14 Bxf6 gxf6 15 Ne4 Be7 16 Be2 h5 17 Rb3 Qa4
The different alternatives and sub-variations up to this point have been considered in detail in Games 11–13.

18 Nxf6+ Matsukevits wrote an interesting article in the Russian Magazine _64_ (No. 3, 1980) entitled "Where to sacrifice the Knight?" The knight sacrifice on f6 was worked out by Vitolins, and was first played in 1977. (Vitolins–Gavrikov, Latvian Ch, Balashicha 1977) The main line 18 c4, effectively a knight sacri-

fice on e4, was considered in Game 13.

18 ... Bxf6 19 c4 (diagram 66)

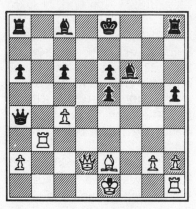

66
B

White has sufficient compensation for the sacrificed knight, as Black's king is very exposed in the centre, the queen is locked out of play, and the other pieces are unprotected and uncoordinated. White has control of the open files, and the queen's mobility is increased significantly in view of Black's wrecked pawn structure.

The alternative 19 0–0?! seems doubtful for White. For example:

(1) Orlov–Shashin, Leningrad 1980
19 0–0?! Qd4+?! (19 ... Qh4! 20 Qd6 Bd7 21 Rbf3 Qd4!+ 22 Qxd4 exd4 23 Rxf6 Ke7 ∓) 20 Qxd4 exd4 21 Rxf6 Ke7 22 Rg6 Bd7 (∓ according to Gipslis) 23 Rg5 h4 24 Rd3 Kf6 25 Ra5 e5 26 Rf3+ Bf5 27 Rc5 Ke6 28 Rxc6+ Kd5 29 Rc7 Rac8 30 c4+ Ke6 31

Ra7 Ra8 32 Rc7 Rhc8 33 Rb7 Rab8 34 Ra7 Rc6 35 c5 Rb1+ 36 Kf2 e4 37 Bc4+ Ke5 38 Re7+ Be6 39 Rf8 Rb2+ and Black won in 47 moves.

(2) Kengis–Machulshky, Riga 1980

19 0–0?! Qd4+?! 20 Qxd4 exd4 21 Rxf6 Ke7 22 Rg6 Bd7 23 c3 c5 24 Rg7+ Kd6 25 cxd4 cxd4 26 Rb4 e5 27 Rb7 Bf5 28 Rb6+ Kc5 29 Rf6 Rhf8 30 Rc7+ Kd5 31 Rfc6 Rac8 32 Bf3+ e4 33 Rc5+ Kd6 34 R5c6+ Ke5 35 Rc5+ Kf4 36 Bxh5 Rxc7 37 Rxc7 Ke3 38 Rc1 d3 39 Re1+ Kd4 40 h3 e3 41 Kh2 Be4 0–1.

19 ... Bh4+ There are three alternatives: (a) 19 ... Ra7, (b) 19 ... Be7 and (c) 19 ... c5.

The purpose of the check is to force the g2 pawn to move so as to limit White's attacking possibilities. Once this pawn occupies the important g3 square White's queen and rooks cannot use it as an avenue of attack. Moreover, Black's counter-attack against the castled king by ... h5–h4 will be more effective with the pawn on g3. At the same time the check may be disadvantageous for Black, because it eliminates White's serious back rank weakness.

The moves (a) 19 ... Ra7 and (b) 19 ... Be7 are considered in Game 15.

The remaining choice 19 ... c5

returns the sacrificed piece immediately, and after the queen exchange Black will have slightly worse chances in the endgame. This variation continues in the following manner:

20 0–0 Qd7 (20 ... Ke7 21 Rbf3 Rf8 22 Rxf6! Rxf6 23 Qg5 or 20 ... Be7 21 Qe3! Bd6 22 Qe4 or 20 ... Rf8 21 Bxh5+ Ke7 22 Qh6 ±) 21 Qxd7+ (21 Rd3 Qg7 22 Rg3 Qe7 23 Rg8+! Rxg8 24 Bxh5+ Kf8 25 Qh6+ Qg7 26 Rxf6+ Ke7 27 Rf7+ Qxf7 28 Bxf7 Kxf7 29 Qh7+ Kf8 30 Qc7 = according to Rogulj or 21 Rd3 Qe7! 22 Rdf3 Bg5! 23 Rf8+ Rxf8 24 Bxh5+ Rf7! 25 Bxf7+ Kf8 26 Qd3 Bf4 and 27 ... Bd7 $\overline{\mp}$ according to Ozsvath) 21 ... Bxd7 22 Rxf6. Now Black has a choice of two moves: (a) 22 ... Ke7?! and (b) 22 ... h4!

(a) Belyavsky–Mikhailchishin, Moscow 1980

22 ... Ke7?! 23 Rg6 Rad8 (23 ... Kf7 24 Rbg3 Raf8 ±) 24 Re3 Be8 25 Rg5 Rd2 26 Rgxe5 (±) Rh6 27 Ra3! Bc6 28 Rxa6 Kd7 29 Kf2 Rg6 30 g3 Rg4 31 Ke3 Rgd4 32 Rxc5 1–0.

(b) Rogulj–Stean, Smederevska Palanka 1980

22 ... h4! 23 Re3 Ke7 24 Rf2 (24 Rg6 ± is better) 24 ... Rab8 25 Rxe5 Rb1+ 26 Rf1 Rb2 (26 ... Rxf1+ 27 Kxf1 Kd6 28 Re3 Rb8 $\overline{\mp}$ according to Rogulj) 27 Bg4 Rxa2 28 Rxc5 ½–½.

20 g3 Be7 21 0-0 Ra7 (diagram 67) The alternatives are: (a) 21 ... h4!? and (b) 21 ... Bd7

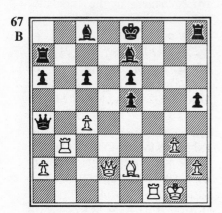

67
B

21 ... Ra7 seems to be a very important defensive move controlling the seventh rank and preventing the penetration of the White queen to g7. 21 ... h4!? is a remarkable pawn advance because Black tries to obtain counter-play on the 'h' file.

(a1) Henczi–Tolnai, Hungary 1981
21 ... h4!? 22 Qd3 Bc5+ 23 Kg2 h3+? 24 Kh1 Ke7 25 Qg6 Kd6 26 Qg7 Bd7 (26 ... Rd8 27 Rd1+ Bd4 28 Rxd4+ exd4 29 Qxd4+ Kc7 30 Qb6+ Florian) 27 Rd1+ Bd4 28 c5+! (±) Kc7 29 Rb7+ Kxb7 30 Qxd7+ Kb8 31 Rb1+ Qb5 32 Bxb5 cxb5 33 a4 (±±) Ra7 34 Qd6+ Kc8 35 axb5 axb5 36 Qc6+ Kd8 37 Qxe6 1-0.
(a2) Rogulj–P. Szekely, Virovitica 1980

21 ... h4!? 22 Qd1 Bc5+ 23 Kh1 Bd4 24 Qd3 Ke7 25 Qg6 Kd6 26 Qg7 Rd8 27 Rd1 Qa5! 28 gxh4 Rd7 29 Qg3 Kc7 30 Bf3 Rb8 31 Rbd3 c5 32 h5 Bb7 33 h6 Bxf3+ 34 Qxf3 Qa4 35 Qh5 Qc6+ 36 Rf3 Rf8 37 Rdf1 Rdf7 38 h7 Rxf3 39 Rxf3 Rxf3 0-1.
(a3) Maninang–Ribli, Indonesia 1982
21 ... h4!? 22 Qd3 (22 Bd3!) 22 ... Qa5! (∓) 23 Qg6+ Kd8 24 Qg7 Re8 25 Bh5 Ra7! 26 Kh1 h3! 27 Bxe8? Qxa2 (∓∓) 28 Bxc6 Qxb3 29 Qxe5 Qb6 30 Be4 Rd7 31 Qh8+ Kc7 32 Qxh3 Bb7 33 Qg4 Rd4 0-1.
(a4) Boto–Komlenovic, Zagreb 1982
21 ... h4!? 22 Bd3 Bc5+ 23 Kh1 Rg8 24 Be2 Bd7 25 Bh5+ Kd8 26 Rf7 Bd4 27 Rb4 Qa3 28 Rb7 Be8 29 Rf3 hxg3 30 hxg3 Qa4 31 Bxe8 Kxe8 32 Rff7 c5 33 Rh7 Qc6+ 34 Kh2 Qd6 35 Qc2 Kd8 36 Qa4 Kc8 37 Rhd7 Rd8 38 Rxd6 Rxd6 39 Re7 e4 40 Qe8+ 1-0.
(a5) Misius–Palevic, corr. 1983
21 ... h4!? 22 Qd3 Qa5! 23 Rd1! Qc5+ 24 Kh1 e4! 25 Qxe4 Rh6! 26 gxh4 (26 Qf4! Rf6 27 Qc7! ∞) 26 ... Bd7 27 Qf4 Rxh4 28 Qg3! Bg5! 29 Rg1 Bf6 30 Rf3 Qe5 31 Qf2 0-0-0! 32 Rxf6 Rxh2+ 33 Qxh2 Qxf6 34 Rb1 e5 35 Rf1 = according to Palevic.
(a6) Parr–S. Szilagyi, corr. 1983
21 ... h4!? 22 Qd3 Qa5 23 Bh5+ Rxh5 24 Qg6+ Kd8 25

Qxh5 Qc5+! 26 Kg2? (Better is
26 Kh1 Kc7 27 Qe8! Qd6 28 Rf7
Qd1+ 29 Kg2 h3+! 30 Kxh3
Qh5+ 31 Kg2 Qe2+ 32 Rf2
Qe4+ 33 Kf1 Qh1+ 34 Ke2
Qe4+ 35 Kd2 Qd4+ 36 Ke2
Qe4+ with a draw by perpetual
according to Bottlik) 26 ... Kc7
27 Qe8?! h3+!! 28 Kxh3 e4 29
Kg2 e5 30 Kh1 Qd6 0–1.

The move 21 ... Bd7 seems to
be dubious for Black as it permits
the initially important penetra-
tion of the white rook to the
seventh rank.

(b1) Gesos–Tringov, Bulgaria
v Greece 1978   ,
21 ... Bd7 22 Qc2? Qa5 23
Rfb1 e4 24 Qxe4 Qf5 25 Rb8+
Rxb8 26 Rxb8+ Bd8 27 Qh4 0–0
0–1.

(b2) Timman–Ribli, Niksic
1978
21 ... Bd7?! 22 Rb7 Rd8 (22 ...
0–0–0 23 Rfb1 Bc5+ 24 Kh1 Bd4
25 c5! ±±. Another alternative is
22 ... c5 23 Bd1 Qc6 24 Bf3 and
then 24 ... Qd6 25 Qc2 Bc6 26
Bxc6 Qxc6 27 Qg6+ Kd8 28 Rd1
Bd6 29 Qb1 ± or 24 ... Qc8 25
Be4 a5 26 Rd1 Bc6 27 Bg6+ Kf8
28 Qf2+ ±± or 24 ... Qa4 25 Be4
Rg8 26 Qe2 Rg5 27 Qf3 0–0–0 28
Rfb1 Bd6 29 Ra7 ±± according
to Moiseiev and Ravinsky) 23
Bd3 Bc5+ 24 Kh1 Rg8 (24 ... Rf8
25 Bg6+ Ke7 26 Rxf8 Kxf8 27
Rxd7 Rxd7 28 Qxd7 Be7 29
Qe8+ Kg7 30 Qf7+ Kh6 31
Qh7+ Kg5 32 Qxh5+ Kf6 33 Be8

±±) 25 Be2!? Ke7 26 Bxh5 (±)
Rg7 27 Qh6 Qxc4 (27 ... Rdg8 28
Qf6+ Kd6 29 Rd1+ Qxd1 30
Bxd1 ±± or 27 ... Rgg8 28 Rf7+
Kd6 29 Qh7 Bc8 30 Rfc7 Rge8 31
Rxc8 ±±) 28 Qxg7+ Kd6 29 Qf6
Bd4 30 Rfb1 Qd3? 31 R7b3 Qf5
32 Qxd8 Qxh5 33 Qb8+ Kd5 34
Qc7 Qh7 35 Re1 Qf7 36 Rd3 Kc4
37 Rd2 Bc3 38 Qxd7 Qf3+ 39 Kg1
1–0.

(b3) Belyavsky–P. Szekely,
Frunze 1979
21 ... Bd7?! 22 Rb7 Rd8 23
Bd3 Bc5+ 24 Kg2 Rg8 25 Qe2!
(±) Bd4 26 Qxh5+ Ke7 27 Qh4+
Kd6 28 c5+! Kxc5 29 Qe7+ Kd5
30 Rxd7+ Rxd7 31 Qxd7+ Kc5
32 Rc1+ Kb6 33 Be4 Bc3 34 Qd3
Bd4 35 Rxc6+ Qxc6 36 Bxc6
Kxc6 37 Qxa6 (±±) Kd7 38
Qb7+ Kd6 39 a4 Rd8 40 a5 Rd7
41 Qb8+ Kd5 42 Qb5+ Kd6 43
Kf3 Rc7 44 a6 Ke7 45 h4 Kf6 46
Qd3 1–0.

(b4) Nunn–Macaulay, British
Ch 1979
21 ... Bd7?! 22 Rb7 c5 23 Bd1!
(23 Bf3 Bc6 24 Qd1! ±)
23 ... Qc6 24 Bf3 Qd6 25 Qc2! (±)
e4 26 Rd1! Bc6 27 Rxd6 Bxd6 28
Rb6 (±±) exf3 29 Rxc6 Ke7 30
Qd3 Be5 31 Qe4 Bd4+ 32 Kf1 e5
33 Rc7+ Kd6 34 Qc6 mate.

22 Rb8 Rc7 (diagram 68) The

(see following diagram)

Black rook stands miserably on
c7, but controls the vitally im-

68
W

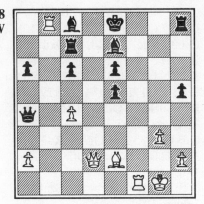

portant seventh rank. **23 Qd3** Alternatives are: (a) 23 Bd3!? and (b) 23 Kh1.

(a1)   Veljko   Kovacevic–Marinovic, Yugoslav Ch 1979
23 Bd3!? Rg8! (There is an interesting line: 23 ... Bc5+ 24 Kh1 Rf8 25 Bg6+ Ke7 26 Rxf8 Kxf8 27 Qh6+ Ke7 28 Qg7+ Kd6 29 Qf8+ Re7 30 Qd8+ Rd7 = according to Shamkovich) 24 Qh6? (24 Bh7! Rg5 25 Qd3 is better) 24 ... Kd7 25 Qh7 (25 Be2 Bc5+ 26 Kh1 Qc2 ∓) 25 ... Rg4! 26 Rf7 Qa3 (∓∓) 27 Be4 Qe3+ 28 Kf1 Rxe4 29 Rxe7+ Kd6 30 c5+ Kxc5 31 Rb3 Qe1+ 32 Kg2 Re2+ 33 Kh3 Qf1+ 34 Kh4 Qf6+ 0–1.

(a2)   S.   Szilagyi–M.   Fodor, corr. 1979–81
23 Bd3!? Rg8! 24 Bh7 Bc5+ (24 ... Rg7 25 Qh6 Rxh7 26 Qg6+ Kd8 27 Qg8+ Kd7 28 Qxh7 Rb7 ∞ or 25 Rd1 Rxh7? 26 Rxc8+ Rxc8 27 Qd7+ Kf7 28

Rf1+ ±) 25 Kg2 Rgg7?! (25 ... Rg4 according to S. Szilagyi or 25 ... Qxc4 26 Bxg8 Qd5+ 27 Qxd5 exd5 28 Be6 Kd8 29 Rf7 Rxf7 30 Rxc8+ ± according to Koifman and Lepeshkin) 26 Qh6! (±) Qxa2+ (26 ... Rxh7 27 Qxe6!+ and then 27 ... Kd8 28 Qg8+ Kd7 29 Qxh7+ Be7 30 Rf2! Qd1 31 Rbb2 ±± or 27 ... Be7 28 Qg8+ Kd7 28 Qg8+ Kd7 29 Qxh7 Qxa2+ 30 Rf2 Qxc4 31 Rd2+ Ke8 23 Qxh5+ Qf7 33 Qxe5 ±± according to György Negyessy and Ivan Bottlik) 27 Kh3 Rge7 (27 ... Rxh7 28 Qg6+ and then 28 ... Rhf7 29 Rxc8+ Rxc8 30 Rxf7 Qa3 31 Rf3+ Ke7 32 Qh7+! Ke8 33 Qxh5+ Ke7 34 Rxa3 Bxa3 35 Qxe5 ±± or 28 ... Kd7 29 Qxh7+ Kd6! 30 Rd1+! Bd4 31 c5+! Kxc5 32 Qxc7 Qe2 33 Rc1+ Kd5 34 Qd8+! Ke4 35 Qh4+ Kd5 36 Rxc8 ±± according to Bottlik) 28 Bd3 Kd7 29 Qh8 Qd2! 30 Rf8 Kd6 31 Rbxc8 Qg5! 32 Ra8 Ba7 33 Rfd8+ Red7 34 Qf8+ Qe7 35 Rxd7+ Rxd7 36 Qf3 a5 37 Be4 Qg5 38 Qf8+ Qe7 39 Qh6! Qf7 (39 ... Qg7! is better) 40 Rc8 Rc7 41 Qd2+ Bd4? (41 ... Kc5 42 Qxa5+ Kd6 43 Qxc7+ Qxc7 44 Rxc7 Kxc7 45 Bg6 ±) 42 Rd8+! Kc5 43 Qxa5+ Kxc4 44 Qa4+ Kc5 45 Qa3+! 1–0 (45 ... Kb6 46 Qb4+ Ka7 47 Bd3! ±±).

(a3)   S.   Salov–B.   Krasnov, Riga 1980
23 Bd3!? Rg8 24 Bh7 Rg7 25 Qh6 Rxh7 26 Qg6+ Kd8 27 Qg8+

Kd7 28 Qxh7 Rb7 29 Rxb7+
Bxb7 30 Rb1 Kd6! 31 Rxb7 Qd1+
32 Kg2 Qe2+ 33 Kg1 Qe1+
½–½.
(b) Pirisi–Szymczak, Hungary
1981
23 Kh1 h4?! (23 ... c5!? is
better) 24 Bd3 Rg8 25 Be2 Rh8 26
Qd3! hxg3!? 27 Qxg3 Rf8 28
Bh5+ ± (28 Rd1 Qxd1+! 29
Bxd1 Rf1+ 30 Kg2 Rxd1 ∞
according to Florian) 28 ... Kd8
29 Rxf8+ Bxf8 30 Qg6 Re7 31
Qf6! Bg7 32 Rxc8+ Kxc8 33 Qxe7
Qxc4! 34 Qxg7 Qe4+?! (34 ... e4
or 34 ... Qf1+) 35 Kg1 Qb1+ 36
Kf2 Qxa2+ 37 Be2 Qb2 38 Qf8+
Kd7 39 Qf7+ Kd8? (39 ... Kd6!
40 Qa7 Qd2) 40 Qxe6 (±±)
Qd4+ 41 Kf1 Kc7 42 Qe7+ Kb6
43 h4 a5 44 h5 a4 45 Qf8 e4 46 h6
a3 47 h7 a2 48 Qb8!+ 1–0.

23 ... Bc5+ Alternatively,
Black has 23 ... Qa3!
G. Hartmann–Hünerkopf,
West Germany 1982
23 ... Qa3! 24 Bxh5+ Rxh5 25
Qg6+ Kd8 26 Qg8+ Kd7 27
Rd1+ Bd6 28 Qf7+ Kd8 29 Qf8+
Kd7 30 Qf7+ Kd8 31 Qf8+
½–½.
24 Kh1 24 Kg2 seems weaker as
Black threatens to win a tempo
later with ... Qc2+ or
... Qxa2+. For example:
S. Garcia–K. Grigorian, Baku
1980
24 Kg2 Ke7 25 Qe4 Bd4 26 c5
Qxa2 27 Qh4+ Ke8 (∓) 28 Kh1

Qxe2 29 Qf6 Qxf1+ 30 Qxf1 Ke7
31 Qc1 e4 32 Qf4 Rd7 (∓) 33
Qh4+ Bf6 34 Qxe4 h4 35 gxh4
Rxh4 36 Qxc6 Be5 37 Rb1 Rxh2+
38 Kg1 Rdd2 39 Kf1 Bd7 40 Qe4
Bb5+ 0–1.

24 ... Ke7 (diagram 69) **25**

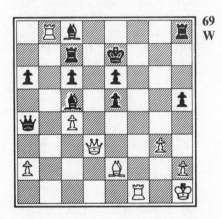

69
W

Qe4! Belyavsky's idea, which
seems to give White very dan-
gerous attacking chances. In this
theoretically critical position this
improvement leads to great com-
plications which now seem defi-
nitely in White's favour. White's
rooks and queen can operate
effectively on both wings against
the enemy's uncoordinated, un-
defended and exposed pieces.
The alternatives (a) 25 Qf3 and
(b) 25 Qg6 are not as dangerous,
and against accurate defence
White can expect no more than
equality. Some examples:
(a1) Perovic–Marinovic,
Yugoslavia 1979

25 Qf3 Kd6? (The only correct
move is 25 ... Re8!, other moves
are doubtful. For example: 25 ...
Qxa2 26 Qf6+ Kd6 27 Qxh8 Qxe2
28 Qf8+ Re7 29 Rxc8 Qe4+ 30
Rf3 (±) a5 31 Kg2! a4 32 h4 a3 33
Kh3 a2 34 Rd3+ Qxd3 35 Rd8+
Kc7 36 Rxd3 a1Q 37 Qd8+ Kb7
38 Rb3+ Ka6 39 Qa8+ leads to
mate according to Perovic) 26
Rd1+ Ke7 (26 ... Bd4 27 Rxd4+
exd4 28 Qf4+ e5 29 Qf6+ Be6 30
Rxh8 ± and then 30 ... Qxa2 31
Rd8+ Rd7 32 Qf8+ Kc7 33 Rc8+
Kb7 34 Rb8+ Kc7 35 c5 ±± or
30 ... Qa5 31 Rd8+ Rd7 32 Qf8+
Kc7 33 Rc8+ Kb7 34 Rb8+ Kc7
35 Rb1 ±± according to Perovic)
27 Qe4! (±±) Bd4 28 Qh4+ Kd6
29 Rxd4+ exd4 30 Qxd4+ Ke7 31
Qg7+ Kd8 (31 ... Kd6 32 c5+!
Kd5 33 Bf3+) 32 Qxh8+ Kd7 33
Qg7+ Kd8 34 Qf8+ Kd7 35 Bxh5
1–0.

(a2) Perovic–Markovic, Yugo-
slavia 1980
25 Qf3 Kd6? 26 Rd1+ Qxd1+
27 Bxd1 h4 (27 ... Bd4!?) 28 Rb2
Bd4 29 c5+! Ke7 30 Rd2 Rd7 31
Qg4! (±) Kd8 32 Qg5+ Kc7 33
Rxd4 exd4 34 Qe5+ Kb7 35 Qxh8
±±.

(a3) Belyavsky–Platonov, Tash-
kent 1980
25 Qf3 Re8! 26 Qf6+ Alterna-
tively, White has 26 Qf7+ which
leads to great complications ac-
cording to Platonov's detailed
analysis of this position in
Shakhmaty v SSSR, No. 2, 1981.

A brief summary of the tre-
mendous mass of variations after
26 Qf7+:
26 Qf7+ Kd8 27 Qf6+ Rce7
(Alternatively 27 ... Be7 28 Qxe5
Qa3 29 Rd1+ Rd7 30 Rxc8+
Kxc8 31 Qxe6 Red8 32 Qxc6+ or
28 ... Qxa2 29 Qd4+ Rd7 30
Qb6+ Rc7 31 Rd1+) 28 Bxh5
Qxc4 (Alternatively 28 ... Kc7 29
Qxe5+ Bd6 30 Qb2 Qxc4 31
Qb6+ Kd7 32 Bxe8+ Rxe8 33
Qa7+ Kd8 34 Rd1 Qe4+ 35 Kg1
Qe5 36 Qf7! or 30 ... Qa5 31 Rb1
Kd7 32 Bxe8+ Rxe8 33 Ra8 Qc5
34 Rd1 Qe3 35 Qd2! Qxd2 36
Ra7+ ±±) 29 Bxe8 Qd5+ 30 Rf3
e4! (The alternative is 30 ...
Qd1+ 31 Kg2 Qc2+ 32 Kh3
Qh7+ 33 Kg4 Qe4+ 34 Kg5!
Be3+ 35 Kh5 Qh7+ 36 Kg4
Qe4+ 37 Kh3 Qh7+ 38 Qh4 ∓)
31 Qf8 (The alternative is 31 Bg6
exf3 32 Qf8+ Kd7 33 Qxc8+ Kd6
34 Qd8+ Rd7 35 Qf8+ with a
draw by perpetual) 31 ... Rxe8!
32 Rxc8+ Kxc8 33 Qxe8+ Kc7 34
Rf7+ Kb6 with an unclear pos-
ition. After this short digression
we return to the game Belyavsky–
Platonov which continued: 26 ...
Kd6 27 Bxh5 Rce7 28 Rd1+ Bd4
29 Rxd4+ exd4 30 Qxd4+ Kc7 31
Qb6+ and was drawn by per-
petual check.

(b) Vitolins–Gavrikov, Bala-
shicha 1977
25 Qg6 Kd6 26 Qf6 Re8 (A
transposition to the same position
as in Belyavsky–Platonov) 27

Bxh5 Rce7 28 Rd1+ Bd4 29 Rxd4+ exd4 30 Qxd4+ Kc7 31 Qb6+ Kd7 32 Qd4+ ½–½. (The game was replicated in Fershter–Shashin, Leningrad Ch 1980 and in Hund–Fischdick, Rio de Janeiro 1979).

25 ... Kd6?! (diagram 70) The

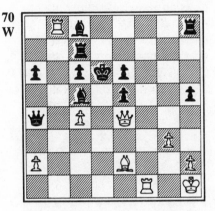

70
W

move 25 ... Bd4? gives White a winning attack: 26 c5! h4 27 Qg4 Kd8 28 Qxe6 Re8 29 Qd6+ Rd7 30 Bg4!! Rxd6 31 cxd6 wins.

26 Rd1+ Black's position is now highly precarious, because the queen sacrifice on d1 is not as powerful as in the game Hübner–Portisch, Tilburg 1979, for example, which is considered in detail in Game 15.

26 ... Qxd1+ 26 ... Bd4 loses quickly: 27 Rxd4+ exd4 28 Qxd4+ Ke7 29 Qxh8 ±±.

27 Bxd1 h4? Black should have played 27 ... Bd4 immediately, when White is certainly better,

but must still work hard to win against accurate defence.

28 Qd3+ Bd4? Shaken by his previous error, Black promptly makes another. Better would have been 28 ... Ke7.

29 c5+!! (±±) It is worth emphasising the two thematic sacrifices in this variation:

(a) If Black tries to close the 'd' file with ... Bd4 then White opens it again with the exchange sacrifice on d4.

(b) If Black's King tries to shelter at d6, then White must open the 'c' file and the a3–f8 diagonal with c5+.

29 ... Kxc5 Other moves also lose: 29 ... Ke7 30 Qg6 Rf8 31 Qg5+ Rf6 32 Bh5 ±±. The remainder of the game requires no comment.

30 Qa3+ Kd5 31 Bb3+ Ke4 32 Bc4! Kf5 33 Qf3+ Kg5 34 gxh4+! Rxh4 35 Qg3+ 1–0 (35 ... Rg4 36 h4+! Kf5 37 Bd3+ e4 38 Qf3+ Ke5 39 Qxg4 exd3 40 Qg3+ Ke4 41 Qxc7 ±± according to Belyavsky).

Summing up, this line with 18 Nxf6+ Bxf6 19 c4 Bh4+ 20 g3 Be7 21 0–0 Ra7 after the improvement of Belyavsky 25 Qe4! seems to be advantageous for White.

Game 15
KASPAROV–RASHKOVSKY, USSR Ch, MINSK 1979

1 e4 c5 2 Nf3 d6 3 d4 cxd4 4 Nxd4 Nf6 5 Nc3 a6 6 Bg5 e6 7 f4 Qb6 8 Qd2 Qxb2 9 Rb1 Qa3

10 f5 Nc6 11 fxe6 fxe6 12 Nxc6 bxc6 13 e5 dxe5 14 Bxf6 gxf6 15 Ne4 Be7 16 Be2 h5 17 Rb3 Qa4 18 Nxf6+ Bxf6 19 c4

Up to this point the different alternatives and sub-variations have been considered in detail in Games 11–14.

19 ... Ra7 (diagram 71)

The line with 19 ... Bh4+ was

71
W

the subject of Game 14. The alternative 19 ... Be7 is effectively a transposition to the game line.

20 0–0 Be7

The identical position is reached by the two different move orders 19 ... Ra7 20 0–0 Be7 and 19 ... Be7 20 0–0 Ra7. The important difference between this and Game 14 (19 c4 Bh4+ 20 g3 Be7 21 0–0 Ra7) is

the location of the 'g' pawn. Unlike Game 14, White now has a serious back rank weakness, but can use the important square g3 to attack with the queen. Black has two alternatives: A 20 ... Rf7 and B 20 ... Rd7!? Naturally Black's position is highly precarious after castling: 20 ... 0–0 21 Rxf6 Rxf6 22 Qg5+ ±±.

A   20 ... Rf7 (diagram   72)

72
W

Black attempts to avoid the loss of time involved in playing ... Bf6–e7, and attempts to strengthen the 'f' file with the rook which otherwise would stand miserably on a7 or c7. The most important lines are: (a) 21 Qd6, (b) 21 Qc3 and (c) 21 Rb8, whilst (d) covers other moves for White.

(a1) Velimirovic–Musil, Maribor 1980

21 Qd6 Be7 22 Qxe5 Rxf1+ 23 Bxf1 Rf8 (In the actual game both

players lost a tempo by using another move order: 20 0–0 Rd7 21 Qe3 Rf7 22 Qc5 Be7 23 Qxe5 Rxf1+ 24 Bxf1 Rf8, so the numbering from here conforms with the game score) 25 Be2 Rf5 26 Bxh5+ Rxh5 27 Qxh5+ Kd8 28 Rd3+? (Much better is 28 Qh8+! Kc7 29 Qg7 Kd8 30 Qd4+ and then 30 ... Kc7 31 Qb6+ Kd7 32 Rd3+ Ke8 33 Qc7 ±± or 30 ... Ke8 31 Rb8 Bc5 32 Rxc8+ Kf7 33 Rc7+ Ke8 34 Qxc5 Qd1+ 35 Kf2 Qc2+ 36 Kg3 Qg6+ 37 Kh4 ±± or 30 ... Bd7 31 Qh8+ Be8 32 Rd3+ ±± according to Nunn and Lepeshkin) 28 ... Bd7 29 Qh8+ Kc7 30 Qd4 c5 31 Qf4+ Kc6 32 Qe4+ Kc7 (=) 33 Qf4+ Kc6 34 Rb3 Qa5 35 Qe4+ Kd6 36 h4?! (A time trouble error. 34 Qf4+ = is better according to Kovacevic) 36 ... Bf6 37 Rd3+ Bd4+ 38 Kh2 Ke7 39 h5 Qc7+ 40 Rg3? (40 Kh3 Qe5 41 Qxe5 Bxe5) 40 ... Be5 41 Qh7+ Kd8 42 Qd3 Bxg3+ 43 Qxg3 Be8 44 Qxc7+ Kxc7 45 g4 Kd6 46 Kg3 Ke5 47 a3 Ke4 0–1.

(a2) Chiburdanidze–Alexandria, 5th match game, 1981

21 Qd6 Be7 (21 ... c5 22 Rb8 Qd7 23 Qxc5 Qd4+ 24 Qxd4 exd4 ± or 21 ... Rd7 22 Qxe6+ Be7 23 Bf3!) 22 Qxe5 (22 Qb8!? Rxf1+ 23 Bxf1 0–0! 24 Rg3+ Kf7 25 Rf3+! Kg8 26 Rxf8+ Kxf8 27 Qxc8+ Kf7 = or 26 Rg3+ drawing by perpetual according to Nunn and Belyavsky) 22 ...

Rxf1+ 23 Bxf1 Rh7!? ($\mp$) 24 Rb8?! (Better is 24 Qb8!? or 24 Bd3 Rh6 25 Qc7 Qxa2! 26 Qxc8+ Kf7 $\mp$ or 25 ... Bc5+ 26 Kh1 Qxa2 27 Rb8 Qa1+ 28 Bb1 Be7 29 Qxc8+ Kf7 30 Qg8+ Kf6 31 Rb3 ± Nunn and Lepeshkin) 24 ... Kd7 25 Qd4+ Bd6! 26 Qa7+ Kd8! 27 Rxc8+ Kxc8 28 Qxh7 Bc5+ 29 Kh1 Qxa2 ($\mp$) 30 Qh8+ Kc7 31 Qg7+ Kb6 32 Qg5! Qb2! 33 Qd8+ Ka7 34 Qc7+ (34 Qd7+ Qb7 35 Qxe6 a5 ∞ is better) 34 ... Qb7 35 Qe5 Qe7 36 Qxh5 Qd6?! (36 ... a5! $\mp$ is better) 37 Qh7+ Kb6 38 Qb1+ Bb4 39 g4? (A time pressure error. 39 c5+! Qxc5 40 Qd3 = or 39 ... Kxc5 40 Bxa6 = is better) 39 ... a5 40 g5 Qd4 41 c5+? (41 g6$\mp$) 41 ... Kxc5 42 g6 Bc3 43 Qc1 Kb6 44 Qc2 Kc7 (44 ... Qd5+ 45 Bg2 Qf5! 46 Qb3+ Kc7 47 h4 Be5! $\mp\mp$ according to Alexandria and Gavrikov) 45 Bg2 Qe3 ($\mp\mp$) 46 Bxc6 (46 Bf1 a4! 47 Qxa4 Bd4) 46 ... Kxc6 47 g7 Qf3+ 48 Kg1 Qg4+ 0–1.

(a3) Bouaziz–Tukmakov, Las Palmas IZ 1982

21 Qd6 Be7 22 Qxe5 Rxf1+ 23 Kxf1! 0–0+ 24 Kg1 h4 25 Qh5̄ Qxa2 26 Qg6+ Kh8 ½–½.

(b) F. Müller–S. Szilagyi, corr. 1982

21 Qc3 c5! (21 ... Qxa2!? 22 Rb2 Qa4 23 Rb8 0–0 24 Bxh5 Rc7 25 h3 Rg7! 26 Ra1! e4 27 Qxf6 Qc2 28 Qxf8+! Kxf8 29 Rxc8+ Ke7 30 Rc7+ Kf8 31 Rc8+ with a

draw by perpetual or 22 ... e4 23 Rxf6 Qa1+ 24 Bf1 Rhf8 25 Rxe6+ Bxe6 26 Rb8+ Ke7 =. Note that instead of 23 ... 0–0 both 23 ... Kd8? 24 Ra1 e4 25 Qd2+ and 23 ... Ke7? 24 Rb4 Qa2 25 Rb2 Qa4 26 Bd1 e4 27 Rbf2! are doubtful. Also instead of 25 ... Rg7! both 25 ... c5 26 Rxf6 Rxf6 27 Qxe5 and 25 ... Bg7 26 Rxf8+ Kxf8 27 Qf3+ Kg8 28 Rxc8+ Rxc8 29 Bf7+ are weaker according to Nunn, Ozsvath and Bottlik) 22 Rxf6 Rxf6 23 Qxe5 Rfh6! (23 ... 0–0 24 Rg3+ Kf7 25 Bxh5+ Ke7 26 Rg7+ or 23 ... Rhh6 24 Qxc5! Qd7 25 Rd3 Qb7 26 Bf3 Rxf3 27 Rxf3 Rh8 28 Qe5 ∞) 24 Qxc5 Kf7 (24 ... Qd7 25 Rd3 Qb7 26 Bf3 Qb1+ 27 Rd1 Qb8 28 Be4! Kf7 29 Rb1!) 25 Qe5! Qd7 26 Rf3+ Ke8 27 Rg3 Qa7+! (27 ... Qd2 28 Qc5 Bd7 29 Rg7 Kd8 30 Qb6+ Ke8 31 Qc5 Kd8 = or 27 ... R6h7 28 Bd3! Qa7+ 29 c5 Kd8 30 Bxh7 ∞ or 27 ... Rf8? 28 Rg7! Rf7 29 Rg8+ Rf8 30 Bxh5+ Rxh5 31 Qxh5+ Qf7 32 Rxf8+ Kxf8 33 Qc5+ and 34 Qxc8 ± according to Nunn and Ozvath) 28 c5 (28 Kh1 Kd8 29 Rg7 Bd7 30 c5 Qc7 31 Qg5+ Kc8 32 Bxa6+ Kb8 33 Qe7 e5! 34 Bb5 Rb6 35 a4 Rb7! ∓∓ or 28 ... Qf2 according to Bottlik) 28 ... Qb7! 29 Bd3 Rf8 30 Rg7 Qd5 31 Qc7 Qd4+ 0–1.

(c1) Nicholson–Nunn, London 1979
21 Rb8 0–0 22 Bxh5 (22 Rxf6?

Rxf6 23 Qg5+ Kh8 24 Rxc8 Qd1+! leads to mate) 22 ... Rd7! 23 Qe3 (23 Qc3 Rg7 24 Bd1 Qxa2 25 Rf2 Qxf2+!? 26 Kxf2 e4! 27 Qb3 Bd4+! 28 Ke1 Rxg2 ∓ or 23 Qf2! Rc7! 24 Qb6 Rg7 25 Rxf6 Rxf6 26 Rxc8+ Kh7 27 Qd8 Rxg2+ 28 Kxg2 Qc2+ 29 Kg3 Qf2+ 30 Kh3 = according to Nunn) 23 ... Qxa2 24 Rxc8 Rxc8 25 Qh3 Qxc4 26 Rxf6 Rf8 27 Rg6+ Rg7 28 Rxg7+ Kxg7 29 Qg3+ Kh8 30 Qxe5+ Kh7 ∓∓.

(c2)   Gofshtein–Sherbakov, Beltsy, 1979
21 Rb8 0–0 22 Bxh5 Rd7 23 Qc1 Qxa2 24 Rxf6 Rxf6 25 Qg5+ Rg7 26 Rxc8+ Kh7 27 Bg6+ Rfxg6 28 Qh5+ Rh6 29 Rh8+ Kxh8 30 Qxh6+ Kg8 31 Qxe6+ Rf7 32 Qe8+ Kg7 33 Qxe5+ Rf6 34 Qe7+ Kg6 35 Qe8+ Kf5 36 Qd7+ Re6 37 Qd3+ Ke5 38 Qe3+ Kd6 39 Qd4+ Ke7 40 Qg7+ Kd8 0–1.

(c3) Strand–S. Szilagyi, corr. 1983
21 Rb8 0–0 22 Bxh5 Rd7 23 Qe2 Qa3 24 Rxc8 Rxc8 25 Rxf6 Qc1+ 26 Rf1 Qg5 27 Qf3 Qf4 28 Qh3 Qd4+ 29 Kh1 Qxc4! ∞ according to Strand.

(c4)   Shorochov–Pirtzhalava, corr. USSR 1982
21 Rb8! Ke7 (21 ... Rd7 22 Qe3 Ke7 23 Qc5+ Rd6 24 Qf2! Bg5? 25 Qf7+ Kd8 26 Qb7 ±±) 22 Rd1! Qa3 (22 ... Rff8? 23 Rb7+ Ke8 24 Rc7 Be7 25 Rxc8+ Kf7 26 Rc7 Rd8 27 Rxe7+ Kxe7

28 Qg5+ ±±) 23 Bxh5 Rff8 24 Rb7+ Bxb7 25 Qd7 mate.

Other moves seem dubious for White:

(d1) Velimirovic–Nunn, European Team Ch, Skara 1980
21 Rbf3 Rd7! 22 Qb2 (22 Qe3! is better) 22 ... Rb7! 23 Rb3? (Better is 23 Qd2 Bg7? 24 Qd6! ± or 23 ... Rd7 = according to Krnic or 23 ... Be7! 24 Bd3 Bd7 ∓ according to Nunn) 23 ... 0–0! 24 Rxb7 Bxb7 27 Qxb7 Qxa2 (∓) 26 Bxh5 e4! 27 Kh1 Qxc4 28 Qb1 Qd3 (∓∓) 29 Qc1 e3! 30 h3 e2! 31 Re1 Qg3 32 Bg4 Kh7! 33 Qc2+ Kh6 34 Qd2+ Bg5 35 Qxe2 e5! 36 Rb1 (36 Qxe5 Rf1+ ∓∓) 36 ... Bf4 37 Kg1 Be3+ 0–1.

(d2) Pyhala–Valkesalmi, Finnish Ch, Suomi 1980
21 Bxh5?! (21 Rxf6 Rxf6 22 Qg5 Rhf8 23 Bxh5+ Kd8 24 Rf3 Qd1+ 25 Kf2 Qd4+ and 26 ... e4 ∓∓) 21 ... Rxh5 22 Rb8 Kf8 23 Rxf6 Rxf6 24 Rxc8+ Kg7 25 Qd8 Rf1+! 26 Kxf1 Qxc4+ 27 Ke1 Qe4+ 28 Kd1 Qb1+ ∓.

B 20 ... Rd7!? (diagram 73)

(see following diagram)

White has three sub-variations: (a) 21 Qc3, (b) 21 Qb2 and (c) 21 Qe3. Some examples:

(a1) Timman–Ljubojevic, London 1980
21 Qc3 Bg7 22 Ra3 e4 23 Qxg7 Rxg7 24 Rxa4 Rg5?! 25 Rf4 Re5

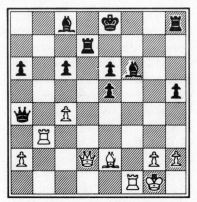

73
W

26 Ra3 (±) Ke7 27 Kf2 h4 28 Ke3 Rg5 29 Rg4 Rxg4 30 Bxg4 e5 31 Bxc8 Rxc8 32 Kxe4 Rg8 33 g3 Ke6 34 Kf3 ½–½.

(a2) Hakki–Holzl, Luzern OL 1982
21 Qc3 Bg7 22 Ra3 e4 23 Qxg7 Rxg7 24 Rxa4 c5!? 25 Rf4 Ke7 26 Rh4 Kd6 27 g3 Ke5! (∓) 28 Ra3 Rf7 29 Rb3 Rb7 30 Rxb7 Bxb7 31 Rxh5+ Rxh5 32 Bxh5 Kd4 33 Be2 Ke3 34 Kf1 Kd2 35 h4 e3 36 h5 Be4 37 g4 e5 38 g5 Bf5 39 g6 Bh3+ 40 Kg1 Kxe2 41 h6 Kf3 42 g7 Be6 43 h7 e2 44 g8Q e1Q+ 45 Kh2 Qh4+ 0–1.

(b) Z. Ivanovic–Palevic, USSR 1982
21 Qb2 Rf8! (21 ... Bg7 22 Ra3 Rd2! ∓ according to Nunn) 22 Ra3 e4 23 Rxf6?! (23 Qxf6 Rxf6 24 Rxa4 Rxf1+ 25 Kxf1 ∓ is better according to Palevic) 23 ... Rd1+ 24 Bxd1 Qxd1+ 25 Kf2 Rxf6+ 26 Qxf6 Qd2+ ∓∓.

(c1) Velimirovic–Musil, Maribor 1980

21 Qe3 Rf7 22 Qc5 Be7 23 Qxe5 Rxf1+ 24 Bxf1 and the game has transposed into the line of A 20 ... Rf7 (where the complete game appears). However, this move order seems dubious for Black as White had a dangerous exchange sacrifice on f6: 22 Rxf6 Rxf6 23 Qxe5 and then 23 ... Rfh6 24 Rb8 ±± or 23 ... Ke7 24 Rd3! ±± or 23 ... Qxa2 24 Qxf6 Qxb3 25 Qxh8+ Kd7 26 Qd4+ and 27 Bxh5 ± according to Nunn.

(c2) Belyavsky–Timman, Tilburg 1981

21 Qe3 Qxa2 (21 ... Bg7 22 Rb8 Kd8 23 Qb6+ Ke7 24 Qc5+ Kd8 or 22 Qg5 Qa5 23 Rb8 Qc7 24 Bxh5+ Rxh5 25 Qxh5+ Kd8 26 Qg5+ Ke8 is level according to Nunn) 22 Rxf6 Qa1+ 23 Bf1 Rg7 (23 ... Qd4 24 Rxe6+ ±) 24 Rb8 Ke7 25 Rf2! Qd4 26 Qf3 e4 27 Qf4 (±) Rg4? (27 ... Rgg8 is better) 28 Qc7+ Qd7?? (28 ... Bd7 29 Rxh8 Qxh8 30 Rd2 Qd8 31 Qd6+ Ke8 32 Be2 Rg5 33 Qd4 ± according to Nunn) 29 Rxc8! Qxc7 30 Rxc7+ Kd6 31 Ra7 e3 32 Re2 Re4 33 Rxa6 Kc5 34 Ra3 1–0.

(c3) Velimirovic–Marjanovic, Yugoslavia Ch 1982

21 Qe3 Qxa2 22 Rxf6 Qa1+ 23 Bf1 Rg7 24 Rf2!? Qd4 25 Rd3! Qxe3 26 Rxe3 Rg5 27 h4 Rg4 28 g3 Ke7 29 Be2 Rg7 30 Kh2 Kd6 31 Rf1 Rd7! 32 Rd1+ Ke7 33 Rxe5 Rf8 34 Rxd7+ Bxd7 35 Bxh5 Rf5 36 Rxf5 exf5 37 c5! Be6 38 Bd1

Bc4 39 Kg2 Ke6 40 Kf3 Ke5 41 Ke3 a5? (41 ... Bb5! = according to Velickovic) 42 Ba4! ± White won in 80 moves.

21 Rb8 Rc7 22 Qd3 (diagram 74) Alternatives are: (a) 22 Bd3 and (b) 22 Kh1!

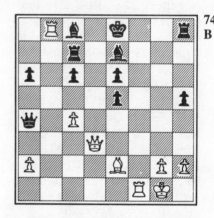

74
B

(a1)   Chiburdanidze–Psakhis, Riga 1980

22 Bd3 Rg8! 23 Qe2 (23 Bh7 Qxc4 24 Rd1 Rg7 25 Rxc8+ Rxc8 26 Qd7+ Kf7 27 Rf1+ Qxf1+! 28 Kxf1 Rd8 ∓ or 24 Bxg8 Bc5+ 25 Rf2 Bxf2+ 26 Kxf2 Qh4+ 27 Kg1 Ke7 ∓ according to Nunn) 23 ... Qa3 24 Kh1 Kd8 25 c5 Rf8 26 Rfb1 Bxc5 27 Bxa6 Bd4 28 Bc4 Ke7 (∓) 29 Qxh5 Qc3 30 Qh7+ Kd6 31 Qh6 Rff7 32 Be2 Qe3 33 Qh5 Rh7 34 Qf3 Qxf3 35 Bxf3 Rb7 0–1.

(a2)   Marklund–Estsik, corr. 1980

22 Bd3 Rg8! 23 Rd1 Bc5+ 24 Kh1 Bd4 25 Qe2 Kd8 26 c5 Rd7!

27 Bxa6 Kc7 28 Ra8 Rd5 29 Qxh5 Qc2 ∓.

(b1) Voitkevic–Pigusov, Sochi 1980

22 Kh1! Qa3 (22 ... c5 23 Qd3 ± according to Matsukevich) 23 c5! Qxc5 24 Bxa6 Qd5 25 Qc2! Kd7 26 Rd1 Bc5 27 Bc4! Qxd1+ 28 Qxd1+ Bd4 29 Qf3 (±) Ke7 30 Rb1? (30 a4 is better) 30 ... Bd7! 31 a4 h4 32 h3 Ra8 33 Rf1 Rcc8! 34 Qh5 Rxa4 35 Rf7+ Kd6 36 Qxh4 Re8 37 Bf1 Ra1 38 Qh7 Bc8 39 Kh2 Rd8 40 Bd3 Rd7 41 Rxd7+ Bxd7 42 h4 Bg1+ 43 Kg3 Re1 44 Be2 Bd4 45 Qd3 c5 46 Qa6+ Ke7 47 h5! Rb1 48 Qd3 Rc1 49 Qh7+ Kd6 50 Qg8! e4 51 h6 Rc3+ 52 Kg4 Rc2 53 Qa8! Bc6 54 Qd8+ 1–0.

(b2) Voitkevic–Shlekis, Vilnius 1980

22 Kh1! Qa3 23 c5! Bxc5 24 Qg5? (Better is 24 Rb3! Qa4 25 Qg5 or 24 ... Rd7 25 Qc2 Qa5 26 Qg6+ ±) 24 ... Rf8! 25 Qxh5+ Kd8 26 Qg5+ Ke8 27 Qg6+ Kd8 28 Qg5+ Ke8 ½–½.

22 ... Bc5+ 23 Kh1 Ke7 (diagram 75) **24 Qg6** The important

(see following diagram)

alternative is 24 Qg3. This move shows the significance of having g3 available for the queen, thereby increasing considerably White's attacking possibilities.

(1) Hübner–Portisch, Tilburg 1979

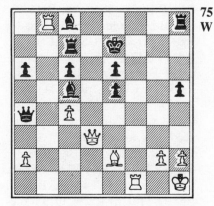

75
W

24 Qg3 (24 Qf3 and 24 Qe4! have yet to be tested. The main lines involving 24 Qf3 are: 24 ... Kd6 25 Rd1+ Bd4 26 Rxd4+ exd4 27 Qf4+ e5 28 Qf6+ Be6 29 Rxh8 Rf7! when 30 c5+ Kxc5 31 Qxe5+ Bd5 and 30 Rd8+ Kc7 and 30 Qd8+ Kc5 are unclear, according to Nunn, in view of White's back rank weakness. There is also the usual drawing line of Vitolins: 24 ... Re8 25 Qf6+ Kd6 26 Bxh5 Rce7 27 Rd1+ Bd4 28 Rxd4+ exd4 29 Qxd4+ Kc7 30 Qb6+ with perpetual. The main lines involving 24 Qe4! are: 24 ... Bd4? 25 c5! h4 26 Qg4 Kd8 27 Qxe6 Re8 28 Qd6+ Rd7 29 Bg4!! Rxd6 30 cxd6 ±± or 24 ... Kd6 25 Rd1+ Qxd1+ 26 Bxd1 Bd4 ± according to Belyavsky.) 24 ... Kd6! (24 ... Re8? 25 Qxe5 Bd6 26 Qg5+ Kd7 27 c5 ±±) 25 Rd1+ Qxd1+ 26 Bxd1 Rf7 27 Bf3 h4 (=) 28 Qg6 (28 Qe1! is better) 28 ... Rf4 29

Rb1 Bd4 (∞) 30 c5+?! Bxc5 31 Rc1 Bd7 32 Qd3+?! (32 Bxc6!? Bxc6 33 Qc2 Rf1+ 34 Rxf1 h3 35 Rd1+ Bd5 36 Rxd5+ Kxd5 37 Qd3+ Bd4 38 Qxa6 Rg8 (∞) or 32 Rxc5 Kxc5 33 Qg7 Rhf8 34 Qxd7 e4 35 Qa7+ Kd6 36 Qd4+ Kc7 37 Qa7+ with a draw by perpetual according to Hübner) 32 ... Bd4 33 Qxa6 e4! (∓) 34 Be2 Rb8 35 Rd1 e5 36 Qa7 Rb4 37 h3 Rf2 38 Qa3 c5 39 Qe3 Rf4 40 Qa3 Bc6 41 Bg4 e3!? (41 ... Rf2 42 Qe3 Rxa2 43 Qh6+ Kc7 44 Qxh4 e3 45 Qe7+ ∞ or 41 ... Kc7 42 Qa7+ Bb7 43 Qa5+) 42 Qxe3 Rb1 43 Qd3 Rxd1+ 44 Bxd1 Rf2 45 Qg6+ Kc7 46 Kh2 c4 (46 ... e4!?) 47 a4 Rf1 48 Be2 Rf2!? (48 ... Bg1+ 49 Kh1 Rc1 50 Qg7+ Kb6 51 a5+ Kb5! 52 Qxe5+ Ka4 ∓∓ or 50 Qf7+ Kb6 51 Bf1 Be3 52 Kh2 ∞) 49 Bxc4 Rxg2+ ½-½.

(2) Levchenkov–Roze, Riga 1981

24 Qg3 Kd6! 25 Rd1+ Qxd1+ 26 Bxd1 Rf7 27 Bf3 h4 White now intends to blockade e4 and to eliminate the back rank weakness. 28 Qe1! Rf4 29 Be4! Rhf8 (29 ... h3 30 g3 Rf2 31 g4!) 30

Rb1 (±) Bd7 31 h3 Be8? 32 Rd1+ Bd4 33 Qb4+ c5 34 Qb8+ Ke7 35 Rxd4! exd4 36 Qc7+ Bd7 37 Qxc5+ Ke8 38 Qxd4 Rf1+ 39 Kh2 R8f4 40 c5 Kf8 41 Qxd7 Rxe4 42 Qc8+ 1–0.

24 ... Kd6! 25 Rd1+ Here 25 Qf6 leads to the usual perpetual introduced by Vitolins: 25 ... Re8! 26 Bxh5 Rce7! 27 Rd1+ Bd4 28 Rxd4+ exd4 29 Qxd4+ Kc7 30 Qb6+ Kd7 31 Qd4+ according to Rashkovsky in Informator 28/479.

25 ... Bd4 26 Rxd4+ exd4 27 Qg3+ e5 28 c5+ Kd5 29 Bf3+ e4 30 Qg5+ Kc4 31 Qc1+ Kd5 (=) 32 Bd1 Qxa2! 33 Qg5+ (33 Bb3+? Qxb3 ∓∓) **33 ... Kc4 34 Qc1+** ½-½.

In conclusion White has been unable to force a win in this complicated, double-edged variation, but that there are some lines where Black has just one move makes the variation rather suspicious; White needs only one improvement to render the whole line unplayable.

PART 5

Solid line with 9 Nb3 (Games 16–17)

Game 16
QI JINGXUAN–KARPOV,
HANNOVER 1983

1 e4 c5 2 Nf3 d6 3 d4 cxd4 4 Nxd4 Nf6 5 Nc3 a6 6 Bg5 e6 7 f4 Qb6 8 Qd2 Qxb2

9 Nb3 The name "Solid line with 9 Nb3" is given to this variation, because the line is characterised by solid, safe strategical play where White quickly finishes development, prevents Black's queen returning to the Black camp and retains a long-lasting initiative in the middlegame. This system was played first by R. Nezhmetdinov in 1954 (Nezhmetdinov–Sherbakov, Riga 1954) but later it was studied thoroughly in several countries. Spassky chose this line against Fischer twice in Reykjavik (World Championship 1972, Games 7 and 11). The variation is similar to the "Strategical line with 10 Bxf6 gxf6 11 Be2" (see Part 2), because White tries to restrain Black's bishops by doubling pawns on the 'f' file and thus attempting to make a long-lasting positional advantage out of better development. Right at the beginning Black has to decide which side to castle, or whether to castle at all. Maybe the king will stay in the centre or will migrate slowly in the middlegame from the centre to the queenside. If Black castles short, then it is very important to open the a1–h8 diagonal for the bishop which is generally developed on g7.

Naturally White has dangerous attacking chances on the 'b' file if Black castles long, or on the 'g' and 'h' files if Black castles short. White also threatens to capture the exposed and isolated black queen, if Black does not play carefully and accurately.

9 ... Qa3 (diagram 76) Alter-

(see following diagram)

natives are: A 9 ... Nc6 and B 9 ... Nbd7.

The other main line *A 9 ... Nc6* is considered in detail in Game

76
W

17. The alternative *B 9 ... Nbd7* (diagram 77) seems dubious for

77
W

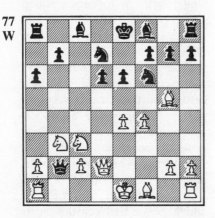

Black. However, it may be playable if Black plays very accurately. After 9 ... Nbd7 White has three moves: (a) 10 Bd3, (b) 10 Be2 and (c) 10 Bxf6.

(a1) Petrushin–Doroshkevich, RSFSR Ch Omsk 1973

10 Bd3 (10 a3? Nc5! 11 Ra2 Nxb3) 10 ... Nc5 11 0–0 Bd7 12 Nxc5 (12 e5 dxe5 13 fxe5 Nxb3 14 axb3 Bb4 15 exf6 Bxc3 16 Qf4 gxf6 17 Be4 Be5 18 Qf3 Qc3 19 Be3 Qc7 20 Bxb7 Rb8 21 Bxa6 Bc6 22 Qh5 Rg8 ∓ according to P. Szekely) 12 ... Qb6 13 Qf2! Qxc5 14 Qxc5! dxc5 15 e5 Nd5 16 Nxd5 exd5 17 c4 dxc4?! (17 ... Bc6! is better according to Estrin) 18 Be4! h6 19 Bh4 Rb8 20 f5 c3 21 e6! fxe6 22 fxe6 Bxe6 23 Rad1 g5 24 Bg3 Rd8 25 Bg6+ Ke7 26 Be5! Rxd1 27 Bf6+! Kd7 28 Rxd1+ Kc7 29 Bxh8 Bxa2 30 Be5+ Kc6 31 Be4+ 1–0.

(a2) Belyavsky–Stean, Lucerne OL 1982

10 Bd3 b5?! 11 0–0 Nc5?? (An unbelievable and fatal blunder as Black is a well-known expert in the Najdorf variation. Better is 11 ... Qa3 12 e5 dxe5 13 fxe5 Nxe5 14 Rxf6 ± according to Belyavsky) 12 Nxc5 dxc5 13 Bxf6 gxf6 14 Rab1 Qa3 15 Nxb5! 1–0 (15 ... axb5 16 Bxb5+ Ke7 17 Rfd1 wins).

In the next six examples the move order may have been 9 ... Nbd7 10 Bd3 Be7 11 0–0 Qa3 or 9 ... Qa3 10 Bd3 Nbd7 11 0–0 Be7 or 9 ... Qa3 10 Bd3 Be7 11 0–0 Nb7, in each case reaching the same position.

(a3) Grünfeld–Hölzl, Lucerne OL 1982

10 Bd3 Be7 11 0–0 Qa3 12 Qe1!? h6 13 Bh4 e5 14 f5 b6 15 Nb1 Qa4 16 c4 Nc5 17 Nxc5 bxc5 18 Nc3 Qd7 19 Bc2! (∞) 0–0 20

Ba4 Qd8 21 Bxf6 Bxf6 22 Rb1 Ra7 23 Rf2 Rb7 24 Nd5 Rxb1 25 Qxb1 Bg5 26 g3 Be6 27 fxe6 fxe6 28 h4 Rxf2 29 Kxf2 Bxh4 30 Ne3 Qf6+ 31 Ke2 Bxg3 32 Bd7 Kh7 33 Qf1 Qe7 34 Bc8 Bf4 35 Qh3 Bxe3 36 Kxe3 Qg5+ 37 Ke2 Qf4 38 Qf3 Qh2+ 39 Kf1 Qxa2 40 Bxe6 Qb1+ 41 Kg2 and ½–½ in 53 moves.

(a4) Smulensson–Sorokin, corr. 1973

10 Bd3 Be7 11 0–0 Qa3 12 Rae1 (12 Bb5!? axb5 13 Nxb5 Qa4 14 Nc7+ ∞ or 12 Bb5!? 0–0 13 Bxd7 Bxd7 14 e5 dxe5 15 fxe5 Nd5 16 Nxd5 exd5 17 Rf3 Bxg5 18 Qxg5 h6 19 Qd2 Qe7 20 Re1 ∞ Shamkovich) 12 ... h6 13 Bh4 Qb4 (13 ... Nc5!) 14 Bf2 Nc5 15 a3! Qb6 16 Qe2! (±) Qc7 17 Nxc5 dxc5 18 e5 Nh7 19 f5! Bd7 20 Bc4 0–0 (20 ... 0–0–0 21 Rb1!) 21 f6! gxf6 22 Bh4 Qd8 23 exf6 Nxf6 (23 ... Bxf6 24 Rxf6! Nxf6 25 Rf1 according to Kapengut) 24 Qd2 (±) Nh7 25 Bxe7 Qxe7 26 Qxh6 Qg5 27 Qh3 Qg7 28 Re3! Kh8 29 Ne4 f5 30 Nxc5 Rae8 31 Rd1! Bc8 32 Nxe6 Bxe6 33 Rxe6 Rxe6 34 Bxe6 Qe5 35 Bb3! Qc5+ 36 Kh1 Qe5 37 Qh5 b5 38 h3 Qe3? 39 Rd7! 1–0.

(a5) Korsunsky–Timoshenko, Lvov 1977

10 Bd3 Be7 11 0–0 Qa3 12 Rae1 h6 13 Bh4 Nc5! 14 e5 Nfe4 15 Nxe4 Nxe4 16 Bxe4 Bxh4 17 exd6! Bxe1 18 Rxe1 Bd7 (∞) 19 f5?! (Better is 19 Bxb7 Rb8 20 Bf3

0–0 21 c4 Rfc8 ∞ or 19 Qd4! 0–0 20 Bxb7 Rab8 21 Nc5 ∞ according to Timoshenko) 19 ... 0–0 20 f6 Qb2! (∓) 21 Nd4 gxf6? 22 Re3 f5 23 Rg3+ Kh7 24 Rh3 Kg8 25 Bxb7?! Rab8?? (An error in time trouble; better is 25 ... e5 26 Ne2 f4! 27 Rb3 Qxa2 28 Bxa8 Rxa8 ∓ Timoshenko) 26 Rh4! (±±) e5 27 Qxh6 Qxd4+ 28 Rxd4 exd4 29 Bd5 Rb1+ 30 Kf2 Bb5 31 Qg6+ Kh8 32 Bxf7 Rxf7 33 Qxf7 f4 34 Kf3 Bc6+ 35 Kg4 1–0.

(a6) Lutykov–Yuferov, Minsk 1982

10 Bd3 Be7 11 0–0 Qa3 12 Rae1 h6 13 Bh4 Nc5! 14 e5 Nxb3 15 cxb3 dxe5 16 fxe5 Nd7 17 Bxe7 Qxe7 18 Bc2 0–0 19 Qd3 f5 20 exf6 Nxf6 21 Re3 Qc5 22 b4 Qb6 23 Rff3 Bd7 24 Kh1 Rac8 25 Rg3 Rf7 26 Ref3 Bb5 27 Qg6 Qd4 28 h3 Kf8 29 Kh2 Be8 30 Ne2 Qd6 31 a3 Rcc7 32 Nc3 h5 33 Ne4 Nxe4 34 Qxg7+ Ke7 35 Rxf7+ Bxf7 36 Bxe4 Qf4 37 Qg5+ Qxg5 38 Rxg5 Kf6 39 Rc5 Rd7 40 Bf3 e5 ½–½.

(a7) Korsunsky–Zilberman, USSR 1981

10 Bd3 Be7 11 0–0 Qa3 12 Rae1 e5 13 Qf2 Qb4 (13 ... h6!?) 14 fxe5 Qxc3 15 exf6 Nxf6 (15 ... Bxf6 16 e5! ± according to Gufeld) 16 e5! dxe5 17 Qg3 Qb4 18 Rxe5 Be6 19 c3! Qg4? (19 ... Qb6+ or 19 ... Qd6 is better) 20 Qe1! Qa4 21 Bf5! (±) 0–0 (21 ... 0–0–0 22 Rxe6 ±±) 22 Rf4! Qa3? (22 ... Qxa2) 23 Bxf6 Bxf6 24 Bxh7+! Kxh7 25

102 Sicilian: Poisoned Pawn Variation

Rxf6! Bxb3 26 Qh4+ Kg8 27 Rh5 Qc1+ 28 Rf1 Qe3+ 29 Kh1 f6 30 axb6 (±±) Kf7 31 Rh7 Qxc3 32 Qh5+ 1–0.

(a8) Belyavsky–Bronstein, Jaroslavl 1982

10 Bd3 Be7 11 0–0 Qa3 12 Rae1 h6 13 Bxf6 gxf6! 14 f5 Ne5 15 fxe6 · fxe6 16 Ne2 Bd7 17 Nf4 Bd8 18 Kh1 Bb6 19 Nh5 0–0–0 (∞) 20 Nxf6 Kb8 21 Be2 Bc8 22 c4 Nc6 23 Rd1 Ka8 24 Nh5 a5 25 Rf3 Qb4 26 Qc1 Ba7 27 Rfd3 a4 28 Na1 Rhf8 29 Nf4 Qc5 30 Nc2 Qxc4 31 Rd4 Qxa2 32 Bc4 Qxc2 33 Qxc2 Nxd4 34 Qd2 Bd7 35 Ne2 Rf2 36 Qa5 Nc6 37 Qxa4 Kb8 38 Nc3 Rdf8 39 Nb5 Bb6 40 Ra1 Na5 41 Qa3 Bc7 42 Qe3 Bxb5 43 Bxb5 Rb2 44 Qxh6 Rd8 45 Bd3 Nb3 46 Rb1 Rxb1+ 47 Bxb1 Nc5 48 g4 d5 49 exd5 Rxd5 50 Bc2 Ka7 51 h4 Rd4 52 Qe3 e5 53 h5 Bb6 54 Qa3+ Kb8 55 Qg3 Bc7 56 h6 e4 57 Qc3 Ne6 58 Bb3 Be5 59 Qa5 1–0.

(b) Zelinen–Sherbakov, USSR 1975

10 Be2 Nc5 11 Rb1 Nxb3?! (11 ... Qa3) 12 axb3 Qa3 13 Bxf6 gxf6 14 b4 d5 15 Qd4 Bd6 16 Qxf6 Rf8 17 Qd4! Bxf4 18 e5 f6!? 19 exf6 Bb8 20 Rf1 Ba7 21 Qe5 Bb8 22 Qh5+ Kd8 23 Rf3 Bd6 24 Nxd5! Qa4 25 Nb6 Qxc2 26 Rd1 Bd7 27 Rxd6 Qb1+ 28 Kf2 1–0.

(c1) Milvidas–Marek, USSR v Yugoslavia corr. 1974–77

10 Bxf6 gxf6 (10 ... Nxf6?? 11 a3 and 12 Ra2 wins) 11 Be2 Nc5 (11 ... Qa3 12 0–0 h5 13 Kh1 Be7

14 Rad1 Nc5 15 f5 Bd7 16 fxe6 fxe6 17 e5! Nxb3 18 axb3 fxe5 19 Ne4 d5 20 Qc3! ± according to Velimirovic or 11 ... Qa3 12 Bh5? Nc5! 13 f5 Nxb3 14 cxb3 Bg7 15 0–0 0–0 16 Rf3 Bd7 17 Raf1 Rac8 18 Kh1 Qc5! 19 Rg3 Kh8 20 Rff3 Qe5! 21 Rd3 d5! ∓ according to Bogdanovic or 11 ... Qa3 12 0–0 Nc5 13 f5 Bd7 14 fxe6 fxe6 15 Bh5+ Kd8 16 Nd4 ±) 12 0–0 Bd7 13 Rab1 Qa3 14 f5 Nxb3 (14 ... h5 15 Kh1 0–0–0 16 fxe6 fxe6 17 Rf3 Nxb3 18 Rxb3 Qa5 19 Qc1 Bc6 20 Ra3 Qg5 21 Qg1 Qc5 22 Qc1 d5 23 Nd1 d4 24 Nf2 Qg5 ∓ according to Lukov) 15 Rxb3 Qc5+ 16 Kh1 Rc8 (16 ... h5 or 16 ... Bc6 is better) 17 Bh5 Ke7 18 e5! Qxe5 19 Re1 (±) Qc5 20 Ne4 Qe5 21 Rxb7 Rc4 (22 Nxf6 Qxf6 23 Bxf7! Qxf7 24 fxe6 Qf5 25 exd7+ Re4 26 Rxe4+ 1–0 (26 ... Qxe4 27 Qg5+ Ke6 28 d8N mate).

(c2) Streletsky–Arnason, Gröningen 1980/81

10 Bxf6 gxf6 11 Be2 b5 12 0–0 Bb7 13 Na5 Rc8 14 Nxb7 Qxc3 15 Nxd6+ Bxd6 16 Qxd6 Rc6 17 Qd3 Qxc2 18 a4 Qxd3 19 Bxd3 bxa4 20 Rxa4 Nc5? (20 ... Ke7 = is better) 21 Bb5! (±) axb5 22 Ra8 Ke7 23 Rxh8 Nxe4 24 Rb8 Nd6 25 Rd1 e5 26 f5 Nxf5 27 Rxb5 Nd4 28 Rb8 f5 29 Rdb1 Ne6 30 Rh8 e4 31 Rxh7 f4 32 Rh5 e3 33 Re1 Rc2 34 Rf5 Kf8 35 h4 Rf2 36 Rd5 Kg7 37 g3 Rf3 38 gxf4 Nxf4 39 Rg5+ Kh6 0–1.

(c3) Shianovsky–Peresipkin, USSR 1972

10 Bxf6 gxf6 11 Be2 Nc5 12 0–0 Qa3 13 Kh1! Nxb3 (13 ... h5 is better) 14 axb3 Qc5 15 e5! fxe5 16 fxe5 Qxe5 17 Bb5+! Bd7 18 Bxd7+ Kxd7 19 Rxf7+ Be7 20 Re1 Qh5 21 Rxe7+ ±±.

Summing up, the variation 9 ... Nbd7 is rather dubious for Black because White's attacking chances are more than sufficient for the sacrificed pawn.

10 Bxf6 (a) 10 Be2 and (b) 10 Bd3 give Black good equalising chances:

(a) Sakharov–Geller, 44th USSR Ch, Moscow 1976

10 Be2 Be7 11 0–0 Nbd7! (11 ... Nc6 12 Rf3 Bd7 13 Rd1 Rd8 14 Rh3 Qb4 15 a3 Qxa3 16 Qe3 Qb4 17 e5! ± according to Kotkov) 12 Bf3 0–0 13 Rae1 Nc5 14 e5 (14 Kh1 Nxb3 15 cxb3 h6!? 16 Bxf6 Bxf6 17 e5 dxe5 18 Ne4 Qe7 ∞ according to Geller) 14 ... Nxb3! 15 cxb3 dxe5 16 fxe5 Nd7 17 Kh1 Bxg5 18 Qxg5 Qa5! (∞ according to Nunn) 19 b4! Qxb4 20 Ne4 Qa5 21 Qh5! Nxe5! (21 ... Qxe5 22 Ng5 Nf6 23 Rxe5 Nxh5 24 Bxh5 f6 25 Nxe6 ±± or 21 ... f6 22 Ng5! fxg5 23 Be4 Rf5 24 Bxf5 exf5 25 Qe8+ Nf8 26 e6 Qb5 27 Qd8 ±± according to Geller) 22 Ng5 h6 23 Nxf7! (∞) Rxf7 24 Rxe5 Qc7 25 Rc5 Qe7 26 Rfc1 Bd7 27 Bxb7 Raf8 28 Bxa6 Qd6? (28 ... Rf2!?) 29 Be2 Qd2 30 R5c2 Qe3 31 Qc5

Qe4 32 Qc4 Qe5 33 Qc5 ½–½.

(b1) Mukhin–Sorokin, USSR 1973

10 Bd3 Be7 11 0–0 h6 12 Bxf6 Bxf6 13 e5!? dxe5 14 Ne4 Nd7 15 f5! Qe7!? (15 ... 0–0 or 15 ... exf5 ∞) 16 fxe6 Qxe6 17 Bc4! Qb6+ 18 Kh1 0–0 19 Rf3 Qc7! 20 Bd5 Be7 21 Raf1 Nb6! (=) 22 Rxf7 Rxf7 23 Bxf7+ (23 Rxf7 Nxd5 24 Qxd5 Qd8! according to Gufeld) 23 ... Kh8 (±) 24 Nbc5! Bd7 (24 ... Bg4!?) 25 Nxd7 Qxd7 26 Qxd7 Nxd7 27 Bd5 Rf8 28 Rxf8+ Bxf8 29 Bxb7 a5 ½–½.

(b2) Spassky–Fischer, World Championship game 7, Reykjavik 1972

10 Bd3 Be7 11 0–0 h6 12 Bh4 (12 Bxf6 Bxf6 13 e5!? dxe5 14 Ne4 Nd7! 15 f5! exf5 16 Rxf5 ∞ according to Tal) 12 ... Nxe4! 13 Nxe4 (13 Bxe4? Bxh4 14 f5 Qb4! 15 fxe6 Bxe6 16 Nd4 Bg5 17 Qd3 Bc4! ∓ according to Korchnoi) 13 ... Bxh4 14 f5 (14 Nxd6+ Qxd6 15 Bb5+ Ke7 or 14 Bb5+ axb5 15 Nxd6+ Kf8 16 Nxc8 Nc6 17 Qd7! or 14 Bb5+ Ke7 15 Qc3! ∞ according to Simagin) 14 ... exf5! 15 Bb5+!? (15 Qf4 Be7 16 Rae1 0–0 17 g4 d5 18 gxf5 dxe4 19 f6 Qb4! 20 fxe7 Qxe7 21 Rxe4 Qg5 22 Qxg5 hxg5 23 Bc4 ∞ according to Geller or 15 Nc3! Be6 16 Bxf5 Nc6 ∓ according to Nunn) 15 ... axb5 16 Nxd6+ Kf8 17 Nxc8 Nc6! (∓) 18 Nd6 (18 Rxf5 Rxc8 19 Qd7 Ne7! or 18 Qd7 g6 19 Nd6 Be7 20 Nxf5 Qa7+ 21 Nfd4

Nxd4 22 Qxd4 Qxd4+ 23 Nxd4 Bc5 ∓∓ or 18 Qf4 Rxc8 19 Qxh4 Qe7) 18 ... Rd8 19 Nxb5 Qe7! (∓) 20 Qf4 g6 (∓∓) 21 a4 Bg5? (21 ... Kg7! is better) 22 Qc4 Be3+ (22 ... Kg7!) 23 Kh1 f4 24 g3 g5 25 Rae1 Qb4 26 Qxb4+ Nxb4 27 Re2 Kg7 28 Na5 b6 29 Nc4 Nd5 30 Ncd6 Bc5? (30 ... Kg6! is better) 31 Nb7 Rc8? (31 ... Ne3! ∓∓ is better according to Gligoric) 32 c4! Ne3 33 Rf3 Nxc4 34 gxf4 g4 35 Rd3! h5 (∓) 36 h3 Na5 37 N7d6! Bxd6 38 Nxd6 Rc1+ 39 Kg2 Nc4 40 Ne8+! Kg6 41 h4! (=∓) f6 42 Re6 Rc2+! 43 Kg1 Kf5 (Better is 43 ... Rxe8! 44 Rxe8 Nd2! 45 Re2 Nf3+ 46 Kf2 Rc4 47 Rxf3 gxf3 48 Kxf3 Rxa4 49 Rb2 =∓ according to Gligoric) 44 Ng7+ Kxf4 45 Rd4+ Kg3 46 Nf5+ Kf3 47 Ree4! (=) Rc1+ 48 Kh2 Rc2+ 49 Kg1 ½–½.

10 ... gxf6 11 Be2 (diagram 78)

78
B

There is a dubious alternative for White in 11 Bd3

Hulak–Tringov, Bar 1977
11 Bd3 (11 f5 Nd7 12 Be2 h5 13 0–0 Nc5 14 Kh1 Bd7 15 Rab1 Rc8 ∓ according to Tringov) 11 ... Nd7 12 0–0 Nc5 13 Kh1 Bd7 14 f5 0–0–0! (14 ... Rc8 15 fxe6 fxe6 16 e5 Nxb3 17 cxb3 Qa5 18 exf6 Qxc3 19 f7+ Kd8 20 Qg5+ Be7 21 f8Q+ Rxf8 22 Rxf8+ Be8 23 Rxe8+ Kxe8 24 Qh5+ Kd7 25 Rd1 Rc5 26 Qxh7 Qd2 ∓ according to Buljovic) 15 Rab1?! (15 Ne2!? Kb8 16 Qc3 with the idea of Nf4–h5 according to Minic) 15 ... Nxd3 16 cxd3 Be7 17 Rbc1?! Kb8 18 Nb1 Qa4 19 Rc4 Qb5 20 Nc3 Qb6 21 Rb1 Ka8! (∓) 22 fxe6 fxe6 23 Nd4? (Better is 23 Nc5 Qxb1+! 24 Nxb1 dxc5 25 a4 Bc6 ∞) 23 ... Qa5 24 Qb2 Rb8 25 Nb3 Qb6 26 Qc2 Rhc8 27 Nc5 Qd8 28 Nxd7 Qxd7 29 Ne2 Rxc4 30 Qxc4 Rc8 31 Qb3 (Time pressure) 31 ... d5 32 Nf4 dxe4 33 dxe4 Rc6 34 Rd1 Qc8 35 h3 Rc1 36 Qd3 Qc6 0–1.

11 ... h5 The alternatives are: A 11 ... Nc6 and B 11 ... Qb4. A 11 ... Nc6 may be answered by 12 f5 or by 12 0–0. The former seems premature and therefore is rarely played. An example:

J.L. Roos–Ribli, Baden–Baden 1981
12 f5 h5 13 0–0 Bd7 14 fxe6 fxe6 15 Rxf6 0–0–0 16 Rd1 Bg7 17 Rf3 Be5 18 Kh1 h4 19 Qe3 Rdf8 20 Rb1 Qb4 21 Rh3 Rf4 22 Nd2 Qd4 23 Nc4 Kc7 24 Qc1 Qf2 25 Nxe5

Nxe5 26 Qg1 Qc5 27 Qxc5+ dxc5 (∓) 28 g3 Rf7 29 gxh4 b5 30 a3 Ng6 31 h5 Nf4 32 Rf1 Kd6 33 Rh4 Ke5 34 Bd1 Bc6 35 Rg4 b4 36 Rg5+ Rf5 37 Rxf5+ exf5 38 axb4 cxb4 39 Nd5 Nxd5 40 exd5 Bxd5+ 0–1.

The very popular variation 11 ... Nc6 12 0–0 (diagram 79) can

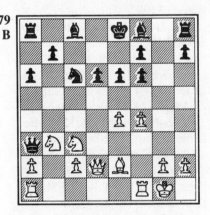

79
B

be divided into seven lines: (a) 12 ... Bg7, (b) 12 ... Bd7 13 f5, (c) 12 ... Bd7 13 Nb1, (d) 12 ... Bd7 13 Bh5, (e) 12 ... Bd7 13 Rf3, (f) 12 ... Bd7 13 Kh1 and (g) 12 ... Bd7 13 Qe3.

(a1)   Gheorghiu–Quinteros, Cleveland USA 1975
12 ... Bg7 13 Kh1 0–0 14 Rf3?! (14 f5 Ne5 15 Bd3 Qb4 16 a3 Qb6 17 Ne2 with the idea of Nf4–h5 according to Gheorghiu) 14 ... f5! 15 exf5 exf5 16 Raf1 Ne7! 17 Nd5 Nxd5 18 Qxd5 Be6! (∓) 19 Qxb7 Qxa2 20 Rg3 Kh8! 21 Bd3 a5 22 Rxg7 Kxg7 23 Nd4 Rae8?

(23 ... Kh8! ∓ is better) 24 h3 Kh8 25 Nxf5 Qd5 26 Qb2+ f6 27 Ne3 Qc5 28 Ng4 Rb8 29 Qa1 Bxg4 30 hxg4 d5 31 Qe1! Rb7 32 Qh4 d4? (32 ... Re7! ∓) 33 Re1 Re7?! 34 Re6! (∞) Rg7 35 Rxf6 a4 36 g5 Qe7? (Time pressure; 36 ... Rxf6 = is better according to Ostojic) 37 Rxf8+! Qxf8 38 f5 Qd6 39 f6 Rb7 40 g3! Qe6 41 g6! 1–0.

(a2)   Maryasin–Rashkovsky, Beltsy 1979
12 ... Bg7 13 Rf3! Bd7 14 Kh1 0–0 15 Rd1 Rac8 16 Rg3 Kh8 17 Rh3 Qb4 18 Qe3! (±) Ne7 19 a3! Qxa3 20 Qb6! d5! 21 Qxb7 (±) Qd6 22 exd5 exd5 23 Re3 Rc7 24 Qxa6 Qxa6 25 Bxa6 Be6 26 Nd4 f5 27 Ncb5 Rc5 28 g3 Nc6 29 Nxe6 fxe6 30 Nc7! Rxc2 31 Nxe6 d4 32 Ra3 Re8 33 Bd3 Rc3 34 Rxc3 dxc3 35 Bxf5? (A time pressure error; much better is 35 Nxg7 ±±) 35 ... c2! 36 Rc1 Nb4 37 Nxg7 ½–½.

(a3)   Rajkovic–Tukmakov, USSR v Yugoslavia 1967
12 ... Bg7 13 Rf3 0–0 14 f5! Ne7 15 Raf1 Kh8 16 Bd3 Qb4 17 Rh3 Ng8 18 a3? (18 Rf4! Bd7 19 Kh1 Qb6 20 Rfh4 h6 21 Rg4 ±± according to Zaitsev and Hasin) 18 ... Qb6+ 19 Kh1 d5? (19 ... Bd7 20 Qe1 Rac8!? is better) 20 e5? (20 exd5! exd5 21 Qf4! ±± according to Rajkovic) 20 ... exf5 21 Nxd5 Qd8 22 Ne3 Nh6! 23 Nc4 f4 24 exf6 Qxf6 25 Rhf3 Ng4 26 Rxf4 Qh6 27 h3 b5 28 Nca5 f5 29 c4 bxc4 30 Bxc4 Ne5 31 Nc5?

(31 Bd5!?) 31 ... Ng6 (∓) 32 Bd5
Rb8 33 Nc6 Rb2 34 Qc1 Nxf4 35
Qxf4 Rb1! (∓∓) 36 Qf3 Rxf1+ 37
Qxf1 Qd6 38 Qc4 Re8 39 Nd3 Bd7
40 Ncb4 Bb5 41 Qb3 a5 0–1.

(a4) Balashov–Schaufelberger,
Riga 1967
12 ... Bg7 13 Rf3 (13 f5 Ne5 14
fxe6 fxe6 15 Bh5+ Ke7 16 Kh1
Bd7 ± according to Velimirovic)
13 ... 0–0 14 f5 h6 15 Raf1 Kh7 16
Rh3 Ne7 17 Bd3 exf5 18 Nd5 (±)
Ng8 19 exf5 b5 20 Nf4 Re8 21 Nh5
Bh8 22 Qf4 Bb7 23 Qg4 Ne7 24
Nxf6+ Bxf6 25 Qh5 Ng8 26
Qxf7+ Kh8 27 Rxh6+ 1–0.

(a5) Matulovic–Gavrilakis,
Stip 1976
12 ... Bg7 13 Rf3 0–0 14 f5 Ne7
15 Raf1 Kh8 16 Rh3 Ng8 17 Bd3
h6 18 Rf4 Rd8 19 Rg4 d5 20 Rhg3
±±.

(b1) Tal–L. Portisch, Varese
1976
12 ... Bd7 13 f5 Ne5 14 fxe6
fxe6 15 Bh5+ Kd8 16 Rab1 (16
Ne2 Rc8 17 Nf4 Rc4 18 Qf2 Be7
19 Nd4 Kc8 20 Be2 ± according to
Suradiradja) 16 ... Rc8 17 Ne2
Be7 18 Nf4 Kc7 19 Be2 Kb8 20
Na5? (Better is 20 Nd4!? Nc4 21
Bxc4 Rxc4 22 Ndxe6 Rhc8 23 Rb3
or 22 ... Qc3 23 Qf2 Bxe6 24
Nxe6 Rxe4 25 Rb3 according to
Lepeshkin) 20 ... b5 21 Nb3 Bd8
22 Kh1 Bb6 (∓ according to Tal)
23 Nh5 Rc7 24 Nxf6 Bc8 25 Ng4
Nc4 26 Bxc4 Rxc4 27 Nf6? (Better
is 27 Rf7 Qxa2 28 Ra1 Qxc2 29
Qxd6+ Bc7 30 Rxc7 Rxc7 31 Rc1

Rd8! or 27 Ne3 Rxe4 28 Qc3 Bd4
29 Qd3 and then 29 ... d5 30 Nc4!
±± or 29 ... Bb7!? 30 Rf7 ∞
according to Tal) 27 ... Qb4! 28
Qd1 Qc3! 29 Rc1 h5! 30 Rf3 Qe5
31 Qd2 Ka8 32 Rd1 Bc7! 33 Na5
d5! 34 g3 Bxa5 35 Qxa5 Rxc2 36
Qb6 Qb2 37 Qg1 dxe4 38 Nxe4
Bb7 39 Re3 Rf8 40 a4 Qe5 0–1.

(b2)   Suradiradja–Palatnik,
Plovdiv 1977
12 ... Bd7 13 f5 h5 14 fxe6 fxe6
15 Rf3 (15 Rxf6 0–0–0! ∓ accord-
ing to A. Rodriguez) 15 ... 0–0–0
16 Rb1 Bh6 17 Qe1 Rdg8 18 Qf2
Rg5 19 h4 Rg6 20 Qb6 Rhg8 21
Bf1 Rg3 22 Kh1 Rxf3 23 gxf3 Qb4
24 Qxb4 Nxb4 25 Na5 Be3 26 Be2
Bb6 27 Nxb7 Kxb7 28 Rxb4 Ka7
29 Na4 Bf2 30 Nb2 Rc8 31 Nc4 d5
32 exd5 exd5 33 Nd6 Rc7 34 Rb1
Bg3 35 Nf7 Bxh4 36 Bd3 Bg3 37
Nh6 Rc3 38 Kg2 Bf4 39 Kf2 h4
0–1.

(c1) Matulovic–Lederman, Le
Havre 1977
12 ... Bd7 13 Nb1 Qb4 14 Nc3
Qa3 15 Nb1 Qb4 16 Qe3 Ne7!? 17
a3 Qa4 18 f5 Rc8 (∞) 19 Bd3 e5?!
(19 ... Qc6 or 19 ... d5 is better)
20 N1d2 d5 21 exd5 Nxd5 22 Qg3
Nf4?! (22 ... Bh6 ∞) 23 Rae1
Nxd3 24 cxd3 Kd8 25 d4! exd4 26
Ne4 (±) Bxa3 27 Rd1 Bb2 28 Nd6
Rc3 29 Nxb7+ Kc8 30 Nd6+ Kb8
31 Qg7 Rxb3 32 Qxh8+ Kc7 33
Nxf7 Qc6? (33 ... d3 34 Qd8+
Kb7 is better according to Minic)
34 Qd8+ Kb7 35 Qe7 Kc7 36
Qd8+ Kb7 37 Qe7 Kc7 38 Nd8!

Qd6 39 Ne6+ Kc6 40 Qxd6+ Kxd6 41 Nxd4 ±± and White won in 66 moves.

(c2) Matulovic–Marjanovic, Yugoslavia 1978

12 ... Bd7 13 Nb1 Qb4 14 Qe3 Ne7! 15 c4?! f5! 16 a3 Qa4 17 Nc3 Qc6 18 Rad1 Bg7 19 c5 fxe4 (∓) 20 Nxe4 Nf5 21 Qd3 d5 22 Ng5 h6 23 Nf3 Qa4 24 g4!? Bb5 25 Qd2 Rg8! 26 Bxb5 axb5 27 Kh1 Ne7 28 Rb1 Nc6 29 f5?! Qxg4! 30 fxe6 fxe6 31 Qe2 0–0–0! 32 Qxb5 Bd4 33 Qe2 Be3!! (∓∓ according to Marjanovic) 34 Rb2 d4 35 Nbxd4 Nxd4! 36 Qxe3 Rdf8 37 c6 b5! 38 Rg1 Qxf3+ 39 Qxf3 Rxg1+ 40 Kxg1 Rxf3 41 Rb4 e5 42 a4 Rf4 43 Kg2 bxa4 44 Rxa4 h5 45 Kh3 Nxc6 46 Ra8+ Kd7 47 Rh8 h4 48 Rxh4 Rxh4+ 0–1.

(c3) Kupreichik–Palatnik, Daugavpils 1974

12 ... Bd7 13 Nb1 Qa4!? 14 c4 Be7 15 Kh1 Rc8 16 Nc3 Qa3 17 Rad1 (±) Na5!18 e5?! Nxc4 19 Bxc4 Rxc4 20 Nb1 Qb4 21 exd6 Bd8 22 Qe3 Rg8 23 a3 Qb6 24 Qd3 Qc6 25 Rd2 Qe4? (Better is 25 ... f5! 26 Qh3 Bf6 27 Na5 Rc1 ∓ according to Boleslavsky) 26 Qxe4 Rxe4 27 Nc5 Rc4 28 Nxb7 Rg4 29 h3 Rgxf4 30 Rfd1 Bb6 31 Rb2 Bd4 32 Rb3 Ba4 33 Nd2 Bxb3 34 Nxb3 Kd7 35 g3 Re4 36 Nd2 Be3 37 Nxe4 Rxe4 38 Rd3 Re5 39 a4 Ba7 40 Rc3 Bb8 41 Nc5+ Kxd6 42 Nxa6 Ba7 43 Rc7 Bd4 44 Rxf7 and ½–½ in 80 moves.

(d1) Schwieger–Kunselmann, East Germany 1978

12 ... Bd7 13 Bh5 Bg7 14 Rf3 0–0 15 Raf1 Na5 16 Rh3 Nxb3 17 axb3 Rac8 18 Kh1 f5! 19 exf5 Qb4 20 f6 Bxf6 21 f5 exf5! 22 Rf4 (22 Qh6 Bg7 23 Rg3 Qxc3! according to Nunn) 22 ... Bxc3 23 Qe3 Qa5 24 Qg3+ Bg7 0–1.

(d2) Belyavsky–Mukhin, USSR 1975

12 ... Bd7 13 Bh5 Bg7 14 f5 0–0 15 Rf3 (15 Rad1?! Rac8 16 Nb1 Qb4! 17 Qxd6 Qxd6 18 Rxd6 Ne5! 19 c3 exf5 20 exf5 Rc7 21 Be2 Rfc8 ∓ according to Palatnik) 15 ... Ne7! (15 ... Na5! 16 Nxa5 Qxa5 17 Qxd6 Bc6 18 Rg3 Kh8 19 Rf1 Qe5 20 Qxe5 fxe5 ∓ according to Tringov) 16 Rd1 Rad8 17 Rd3 (17 Qxd6 Qxd6 18 Rxd6 Bc6 19 Rfd3 Rxd6 20 Rxd6 exf5 ∓ according to Vaganian) 17 ... Bc8! 18 Rd4 d5! 19 exd5 e5 20 Rc4 Qd6 21 g4 b5 22 Rc5 Bb7 23 g5 fxg5 24 Qxg5 f6 25 Qg4 Qb6 26 Kf1 Kh8! 27 Qh3 Ng8! 28 Bf3 Rf7 29 a4 Bf8! 30 a5 Qa7 31 d6 Rxd6 32 Nd5 Rfd7 33 Rd3 Rg7 34 Ke2 Rdd7 35 Rcc3 Qg1 36 Rd1 Qg5 37 Nc5 Bxc5 38 Rxc5 and White lost on time.

(d3) Tal–Platonov, Dubna 1973

12 ... Bd7 13 Bh5 Bg7 14 Rf3 0–0 15 Raf1? (15 Rd1!? Rad8 16 Rg3 Kh8 17 Qe2 Be8 18 Qg4 Rg8 19 Qh4 ∞ according to Shamkovich) 15 ... Na5! 16 Rh3 Nxb3 17 axb3 Rac8 18 Kh1 (18 f5!?)

18 ... f5! 19 exf5 (19 e5 Bc6!)
19 ... Qb4 20 f6!? Bxf6 21 f5
Rxc3? (Better is 21 ... exf5! 22
Qh6 Bg7 23 Rg3 Qxc3! ∓ or 22
Rff3 f4 ∓ according to Tal) 22
Rg3+ Kh8?? (Much better is 22
... Bg7! 23 f6 Rf3! 24 Rxg7+ Kh8
25 Qe2 ∞ according to Estrin) 23
Qh6! 1–0 (23 ... Rxg3 24 Bg6!!
Rxg6 25 fxg6 leads to mate).

(d4) Tringov–Ribli, Malta OL
1980

12 ... Bd7 13 Bh5 Bg7 14 f5 0–0
15 Ne2 Qb4 16 Rad1 Qxe4 17 Ng3
Qb4 18 Qxd6 Rfd8 19 Qxb4 Nxb4
20 Nc5 Bc6 21 fxe6 fxe6 22 Nxe6
Rxd1 23 Rxd1 Nxa2 24 Nf5 Bf8 25
Rd4 Be8 26 Bf3 Bg6 27 g4 Re8 28
Nxf8 Kxf8 29 Bxb7 a5 30 Rd6
Bxf5 31 Rxf6+ Kg7 32 Rxf5 Re7
33 Rxa5 Nb4 34 Ba8 Nxc2 35 Kf2
Nd4 36 Ra4 Ne6 37 Kg3 Nc5 38
Rc4 Re5 39 Bf3 h6 40 Rd4 Kf6 41
Rd6+ Re6 42 Rd8 Ne4+ 43 Kf4
Ng5 44 Bg2 Re2 45 Kg3 Ne4+
½–½.

(d5) Georgiev–Ribli, Baile
Herculane IZ 1982

12 ... Bd7 13 Bh5 Bg7 14 f5 0–0
15 Rf3 Ne7 16 Raf1?! (16 Rd1! is
better) 16 ... Rac8 17 Kh1 exf5 18
exf5 (18 Nd5 is better) 18 ... d5
19 Re1 Kh8 20 h3 Qb4 21 Nd4
Rc4 22 Rd3 Nxf5 23 Rb1 Qc5 24
Rxb7? Rxd4! 25 Rxd4 Ng3+ 26
Kg1 f5! 0–1.

(e1) Maryasin–Savon, Minsk
1980

12 ... Bd7 13 Rf3! Na5 14 Nd5!
(14 Kh1 Nxb3 15 cxb3 b5 16 Qd4

Qc5 17 Qxf6 Rg8 18 Rg3 Rxg3 19
hxg3 = according to Sakharov)
14 ... exd5   (14 ... Nxb3   15
Nxf6+ Ke7 16 cxb3 Qc5+ 17 Kh1
Kxf6 18 Rc1 ±± according to
Nunn) 15 Nxa5 Qc5+ 16 Kh1
dxe4 17 Nxb7 Qc7 18 Rb3 Be6 19
c4 (±) f5 20 Rab1 (±) Be7 21 Qd4
Rg8 22 Rb6 Kf8 23 Nxd6 Rg6 24
Qh8+ Rg8 25 Qe5 Bxd6 26 Rxd6
Rc8 27 c5 (±) Bxa2 28 Rbd1 Re8
29 Qxf5 e3 30 c6 Rg6 31 Qc5 Kg8
32 f5 Rxd6 33 Rxd6 Bb1 34 Rd4
Be4 35 f6 Qxc6 36 Qg5+ Bg6 37
h4 h6 38 Qf4 Qc5 39 h5! Bh7 40
Qxh6 Qf8 41 Rg4+ 1–0.

(e2) Barczay–Cserna, Balaton-
bereny 1980

12 ... Bd7 13 Rf3! Rc8 14 Kh1
Bg7 (14 ... Ne7 15 Rd1 Qb4 16
e5! d5 17 a3! Qb6 18 Ne4 Ng8 19
Rg3 Be7 20 c4 ± or 19 Nxf6+
Nxf6 20 exf6 Bxa3 21 f5 ± accord-
ing to Sakharov) 15 Rg3 0–0 16
Rd1 Rfd8 (16 ... Kh8 17 Rh3
Qb4 18 Qe3! Ne7 19 a3 Qxa3 20
Qb6 d5 21 Qxb7± Maryasin–
Rashkovsky 17 Bh5! Ne7 18 f5
Kf8 19 Nd4 Qc5 20 Bxf7! (±±)
exf5 21 Bb3 fxe4 22 Nxe4 Qe5 23
Re1! h6 (23 ... f5 24 Ng5 Qxd4 25
Nxh7 Ke8 26 Qxd4 Bxd4 27 Rg8
mate — Barczay) 24 Nc3 1–0.

(f1)   A.   Rodriguez–Vera,
Havana 1978

12 ... Bd7 13 Kh1 Rc8 (13 ...
Be7 14 Nb1 Qb4 15 Qe3 Bd8 16
N1d2 Qb6 17 Qg3 Be7 18 Qg7 Rf8
19 Qxh7 0–0–0 according to
Maninang) 14 Bh5 Bg7 15 Rf3

0–0 16 Rd1! f5 (16 ... Na5!? 17 Qxd6 Qxd6 18 Rxd6 Nxb3 19 Rxd7 Nc5 20 Re7 and 21 f5 ± according to A. Rodriguez) 17 exf5 exf5 18 Nd5 Be6? (18 ... Qxa2! ∞ is better) 19 Nd4 Qxa2 20 Nxc6 bxc6 21 Ne7+ Kh8 22 Nxc8 Rxc8 23 Qxd6 (23 h3!?) 23 ... Qxc2 24 Rfd3 (±) Re8 25 Bf3 c5 26 Qxa6 Bd4! 27 Qc6 Rc8 28 Qb7 Re8 29 h3 (29 R3d2 is better) 29 ... Qf2 30 Kh2 Rg8 31 Qc7 Qg3+ 32 Kh1 Re8? (Time pressure; 32 ... Qf2 ± is better) 33 Bc6 Qf2 34 Rxd4! 1–0.

(f2) Liberson–Ribli, Buenos Aires OL 1978

12 ... Bd7 13 Kh1 Rc8 14 Bh5 Bg7 15 Rf3 0–0 16 Re1 (16 Raf1 Na5! 17 Rh3 Nxb3 18 cxb3 Qc5 19 Rff3 f5! 20 Rfg3 Kh8 21 exf5 exf5 ∓ according to Yuferov or 16 e5 fxe5 17 f5 exf5 18 Nd5 Rcd8 19 Nf6+ Kh8 20 Qg5 h6 21 Qh4 Qb4 22 c4 Be6 23 Rc1 d5 24 g4 Qe7 wins according to Vera) 16 ... Na5 (16 ... Ne7!) 17 f5 Nxb3 18 axb3 Qa5! 19 Rd3 exf5 20 Rxd6 Be6 21 Nd5! Qxd2 22 Ne7+ Kh8 23 Rxd2 (=) Rce8 24 exf5! Bxf5 25 Rde2 Bd7 26 Bf3 b5 27 Ra1 b4 28 Nd5 f5 29 Rd1 ½–½.

(f3) Ligterink–Geller, Wijk aan Zee 1977

12 ... Bd7 13 Kh1 Rc8 14 f5 (15 Rf3!?) 14 ... Ne5 15 fxe6 fxe6 16 Bh5+ Kd8 17 Ne2! ∞ (17 Rxf6 Qb4! 18 Qg5 Kc7! ∓ according to Geller) 17 ... Kc7! 18 Nf4 (18 Rab1?! Kb8 19 Na5 b5 20 Rb3

Qa4 21 Rxf6 Be7! ∓ according to Geller) 18 ... Kb8 (∓) 19 Qf2 Bh6 20 Nxe6?? (20 Nd4! is better) 20 ... Bxe6 (∓∓) 21 Qxf6 Bc4 22 Rfe1 Ng6 23 e5 dxe5 24 Rab1 Rhf8 25 Qb6 Rc6 0–1.

(f4) B. Lengyel–J. Horváth, Budapest Ch 1982

12 ... Bd7 13 Kh1 Rc8 14 Nd1 Qa4 15 Bd3 Nd4 16 Ne3 Nxb3 17 axb3 Qd4 18 c4 Be7 19 Rad1 h5 20 b4 h4 21 h3 Rg8 22 Rf3 Kd8 23 Qe1! f5 24 e5 Bc6 25 Bxf5 Qa7 26 exd6! Bf6 27 Bg4! Bxf3 28 Bxf3 (±±) Rg3 29 c5 a5 30 Ng4 Bh8 31 Ne5 Bxe5 32 Qxe5 Rg6 33 d7 1–0.

(g) Sampouw–Ribli, Indonesia 1982

12 ... Bd7 13 Qe3!? Rc8 14 Nb1 Qa4 15 Nc3 Qa3 16 Rfd1!? Na5?! (16 ... Nb4 or 16 ... h5 is better) 17 Nb1! Qb2? (17 ... Qa4 18 Rd4 Nc4 19 Qd3 b5 or 17 ... Qb4 18 a3 Nc4! 19 Qd4 Qb6 20 Bxc4 Qxd4+ 21 Rxd4 e5 according to Minic and Sindik) 18 Nxa5! (±) Qxa1 19 Qb3 b5?! 20 c3! b4 21 cxb4 Bb5 22 Bh5 Ke7 23 e5! fxe5 24 f5! (±±) d5 25 fxe6 Bh6 26 Qxd5 Rcd8 27 Qb7+ Kf6 28 Qxf7+ Kg5 29 Nd2! Qd4+ 30 Kh1 e4 31 g3 1–0.

B 11 ... Qb4 (diagram 80) In

(see following diagram)

this variation Black often loses a tempo and so 11 ... Qb4 is not as popular as 11 ... Nc6.

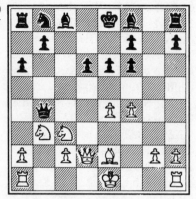

80
W

(1) Minic–Quinteros, Ljubljana/Portoroz 1973
11 ... Qb4 12 0–0 Be7 13 Kh1 Qb6?! (13 ... h5!) 14 f5 (14 Bh5! Nc6 15 f5 Ne5 16 Nd4 Nc4 17 Qf2 Qb4 18 Qg3 ± according to Minic) 14 ... h5 15 fxe6 fxe6 16 Qd1 h4 (16 ... Qb4!) 17 Bh5+ Kd8 18 Bg4 Nc6 19 Na4 Qb4 20 N4c5! e5 21 Bxc8 Kxc8 22 Qg4+ Kb8 23 Nd7+ Ka7 24 Qe2 (24 Qh3!) 24 ... Nd4 25 Nxd4 exd4 26 Rab1 Qc3 27 Nb6 Rae8 28 Nd5 Qc5 29 Qd3 Bd8 30 Rb4 f5! 31 Rxf5 Rhf8 32 Rxf8 Rxf8 33 h3 Ba5? (33 ... Rf2! is better) 34 Rc4 Qb5 35 Kh2? (Better is 35 Qxd4+ Kb8 36 Ne3! ± or 35 ... Ka8 36 Kh2 Qb1 37 c3 ±) 35 ... Be1! 36 Qxd4+? (36 Qb3!) 36 ... Kb8 37 Rc3 Qf1? (37 ... Bxc3) 38 Qg7? (38 Qb6! =) 38 ... Bxc3 39 Qxc3 Qf7 0–1.
(2) Timman–Quinteros, Amsterdam 1973
11 ... Qb4 12 0–0 (12 Qe3 Nd7 13 Rb1 h5 14 0–0 Qb6 15 Qxb6

Nxb6 16 Na5 Nd7 17 Nxb7 Bxb7 18 Rxb7 Nc5 =) 12 ... Be7 13 Bh5! Rg8 14 Kh1 Qb6 15 Rae1 Kf8 16 Re3 Rg7 17 Rff3 Kg8 18 Rg3 (±) Bf8 19 Rxg7+ Bxg7 20 Rd3! Qc7 21 Rxd6 Bd7 22 e5! Kf8? 23 Ne4 fxe5 24 Nbc5 Ke7 25 fxe5 Be8 26 Rxe6+! Kf8 (26 ... fxe6 27 Qg5+ Kf8 28 Nxe6+ ±±) 27 Rxe8+! Kxe8 28 Ne6! Qb6 29 Nd6+ 1–0.

12 0–0 Nc6 Alternatively, Black has 12 ... Nd7

(1) Kuzmin–Platonov, 35 USSR Ch, Harkov 1967
12 ... Nd7 13 Kh1 Be7 14 Rad1 (14 Rab1 Nc5 15 Nxc5 Qxc5 16 Na4 Qc6?! 17 Nb6 Rb8 18 Rf3! ± according to Maryasin) 14 ... Nc5 15 f5 Bd7 16 fxe6 fxe6 17 e5 Nxb3 18 axb3 fxe5 19 Ne4 d5 20 Qc3 Qb4! 21 Nf6+ Kd8 22 Qxe5 Qd6 23 Qxd6 Bxd6 24 c4 Rf8 25 cxd5 Ke7 26 Nxd7 Kxd7 27 dxe6+ Kxe6 28 Rfe1 Kd7 29 Bxh5 Rad8 30 Rc1 Rf4 31 g3 Rb4 32 Kg2 Rc8 33 Rxc8 Kxc8 34 Bf7 Rd4 35 Kf3 Rd2 36 Re2 Rxe2 37 Kxe2 Kd7 38 Kf3 b5 39 Bg6 a5 40 Bd3 Kc6 41 h4 a4 ½–½.
(2) Maryasin–Sorokin, corr. 1979
12 ... Nd7 13 Kh1 Be7 14 Rab1!? Nc5 15 Nxc5 Qxc5 16 Na4 Qc6?! (16 ... Qc7 17 Nb6 Rb8 18 f5 Bd7 19 Bc4 ± is better according to Kapengut) 17 Nb6 Rb8 18 Rf3! Kf8 19 Rc3 Qe8 20 Rc7 d5 21 e5! (±) Qd8 22 Qc3 Kg7 23 f5!

Solid line with 9 Nb3 111

(±±) h4 24 Rxe7! Qxe7 25 exf6+
Qxf6 26 Qc7 e5 27 Nxd5 Qxf5 28
Rf1 Qe6 29 Bc4 1–0.
(3) Kasparov–Zaid, USSR
1977
12 ... Nd7 13 Qd4 b5 14 Nb1
Qa4 15 c4 b4 16 f5 Be7 17 fxe6
fxe6 18 N1d2 Qc6 19 a3 bxa3 20
Kh1 Rb8 21 Rxa3 Rb6 22 Qa1
Ne5 23 c5 dxc5 24 Nc4 Qc7 25
Nbd2 Nxc4 26 Nxc4 Rb4 27 e5
fxe5 28 Qd1 Bd7 29 Rxa6 h4 30 h3
Rg8 31 Rxe6! Kd8 32 Rxe5 Rxc4
33 Qd5! Rxg2 34 Bxc4 Rg3 35
Qa8+ Qc8 36 Qa5+ Ke8 37 Bf7+
Kf8 38 Be6+ Kg7 39 Qa1 Kh6 40
Qc1+ Bg5 41 Rxg5 Qc6+ 1–0.

13 Kh1 Alternatively, White
has 13 Nb1

(1) Mecking–Tal, Las Palmas
1975
13 Nb1 Qb4 14 Qe3 d5 15 exd5
Ne7 16 Nc3! Nf5 (16 ... Bd7!?) 17
Qd3 Qb6+ 18 Rf2! (18 Kh1 h4 19
Bg4 Ne3 20 Na4 Qa7 according to
Mecking) 18 ... Qe3 (18 ...
Bd7!?) 19 Ne4 Qxd3 20 Bxd3 (±)
Be7 21 Re1 Kf8 22 dxe6 Bxe6 23
Nec5 Nd4 24 Nxe6+ Nxe6 25 Bf5
Nc7 26 Rd1 Nb5! 27 Rd7 Rd8 (±)
28 c4?! (28 Rfd2 Rxd7 29 Rxd7
Nd6 30 Bh3 Ke8 ± according to
Mecking) 28 ... Nd6 29 Rxd8+
Bxd8 30 Bd3 b6 31 Rd2 Bc7 32
Kf2 Kg7 33 Kf3 Re8! 34 Re2?
(Time pressure; 34 Nd4 ± is
better) 34 ... Rd8 35 Rd2 Nb7 36
Be4 Rxd2 37 Nxd2 Nc5 38 h4!
Bd6?? (38 ... Ne6 39 g3 Bd6 ± is

better according to Mecking) 39
Nf1 Bc7 40 Ng3 Kh6 41 Nf5+ Kh7
42 Ng3+ Kh6 43 Bc2! Ne6 44
Nf5+ Kh7 45 g3 Ng7 46 Ne7+
Kh8 47 Nd5! Bd8 48 Ke4 ±± and
White won in 64 moves.
(2) Robatsch–Korchnoi,
Palma de Mallorca 1972
13 Nb1 Qb4 14 Qe3 f5 15 exf5
d5 (15 ... Ne7!? is probably
better according to Nunn) 16 fxe6
fxe6 17 c3 Qe7 18 N1d2 Bd7 19
Nf3 (±) 0–0–0 20 Rab1 Qa3 21
Nfd4 Re8 22 Nxc6 Bxc6 23 Nd4
Bc5 24 Kh1 Bxd4 25 Qxd4 Qxa2
½–½.
(3) Tal–Zilberstein, Riga 1973
13 Nb1 Qa4 14 c4! Qb4?! 15
Qe3 Bg7 (15 ... Na5) 16 a3 Qa4
17 Qg3! ± (17 Nc3?! Qxb3 18
Rfb1 Qc2 19 Ra2 f5! 20 e5 Qxa2
21 Nxa2 dxe5 ∞ according to
Minic) 17 ... Kf8 18 Nc3! (±±)
Qxb3 19 Rfb1 Qc2 20 Ra2 h4 21
Qe1 Qxa2 22 Nxa2 f5 23 exf5 exf5
24 Bf3 Bd4+ 25 Kh1 Nd8 26 Nc3
Bd7 27 Nd5 Ne6 28 Qb4 Bc6 29
Qxd6+ Kg7 30 Nc7! Nxc7 31
Qxd4+ Kg6 32 Rg1! Rad8 33 Qe5
1–0.

13 ... Bd7 14 Nb1 (diagram 81)

(see following diagram)

The alternatives are (a) 14 Qe3
and (b) 14 Nd1.

(a) Tal–R. Byrne, Leningrad
IZ 1973
14 Qe3 (14 Rf3 is a suggestion
by Shamkovich) 14 ... Rc8 15

81 B

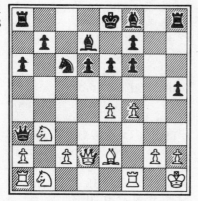

Nb1 Qa4! 16 c4 Na5 17 Qc3 Nxc4 18 Qxf6 (∞) Rh6! 19 Qd4 Rh7! 20 f5 exf5! 21 Nc3 Bg7 (±) 22 Nxa4 Bxd4 23 Nxd4 Bxa4 24 Rac1 b5 25 Rxf5 Rc5 26 Bxc4? (26 Rxc5! dxc5 27 Nf5 ± is better according to Minic) 26 ... bxc4?! (Better is 26 ... Rxc4! 27 Rxc4 bxc4 28 Ra5 Bd7 29 Rxa6 Ke7 30 Ra7 Rh8 31 Nc6+ Ke6 32 Nd4+ Ke5 33 Nf3+ = according to Minic) 27 Rxc5 dxc5 28 Rxc4 Bd7 29 Rxc5 Rh6! 30 h3 Rd6 31 Nf3 Rd1+ 32 Kh2 Ra1 33 Ra5 Bb5 34 Nd4 Bf1 35 Nb3?! (35 Nf5 or 35 Rxh5 ±) 35 ... Re1 36 Rf5 Bc4 37 Rxh5 Bxb3! (=) 38 axb3 Rxe4 39 Ra5 Re3! 40 b4 Re4 41 Rxa6 Rxb4 42 Ra8+ Ke7 43 Rg8 f5! ½–½.

(b) Platonov–Buchover, Kiev 1976

14 Nd1 Qb4 15 Qe3 Ne7 16 a3 Qa4 17 f5 e5 18 Nb2 Qc6 19 c4 h4 20 Rf3 Bh6 21 Qd3 Nc8 22 a4 a5 23 Nd1 Nb6 24 Nc3 Qc7 25 Rff1 Ke7 26 Rfd1 Bc6 27 Ra2 Rhc8 28 Rb1 Nd7 29 Qf3 b6 30 Rc2 (±)

Qd8 31 c5 bxc5 32 Qh5 Qf8 33 Bb5 Nb6 34 Nd2 Bxd2 35 Rxd2 Kd7 36 Rbd1 Rc7 37 Qxh4 Nc8 38 Nd5 Rb7 39 Nxf6+ Kc7 40 Bxc6 Kxc6 41 Nd5 Rab8 42 Qe1 Qg7 43 f6 and White won in 52 moves.

14 ... Qb4 Alternatively, Black has 14 ... Qb2! In this case White can readily force a draw by repetition but it is not clear how to do any better. White's alternatives are not dangerous for Black according to Shamkovich who analysed this move in the magazine *64* (No. 12, 1974):

(a) 14 ... Qb2! 15 Qe3 Nb4 16 c3 Nc2 17 Qd2 Ba4! 18 Bc4! Bh6! 19 g3 h4 20 Rc1 Bxb3 21 Bxb3 hxg3 22 Qxc2 Qxa1 23 Na3 Bxf4 24 Rxa1 Rxh2+ 25 Qxh2 gxh2 ∓.

(b) 14 ... Qb2! 15 a3 Rc8 16 Rf3 e5 17 Nc3 Nd4 ∓.

(c) 14 ... Qb2! 15 a4 d5! (15 ... f5 ∞) 16 exd5 Nb4 17 dxe6 Bxe6! 18 Na3 Rd8 19 Qc1 Qxc1 20 Nxc1 f5 21 Bf3 b6 ∓̄.

15 Qe3 Ne7 15 ... d5?! is a doubtful alternative for Black.

Spassky–Fischer, World Championship Game 11, Reykjavik 1972

15 ... d5?! (Better is 15 ... f5!? 16 exf5 d5 17 fxe6 fxe6 18 f5 e5 19 Qg5! according to Euwe or 15 ... f5!? 16 N1d2 Bg7 ∞ according to Nunn or 15 ... f5!? 16 exf5 Ne7!? 17 fxe6 fxe6 18 f5 Bh6 19 Bxh5+ Kd8 20 Qd4 Qxd4 21

Nxd4 Nxf5 22 Nxf5 exf5 ∓ according to Paul Schmidt) 16 exd5 Ne7 17 c4! Nf5 18 Qd3 h4 (18 ... Rc8 or 18 ... b5 is better) 19 Bg4! Nd6 20 N1d2 f5 21 a3! Qb6? (21 ... Qa4) 22 c5 (±±) Qb5 23 Qc3! fxg4 24 a4 h3 25 axb5 hxg2+ 26 Kxg2 Rh3 27 Qf6 Nf5 28 c6 Bc8 29 dxe6 fxe6 30 Rfe1 Be7 31 Rxe6 1–0.

In the remainder of the game Black's superior strength prevails slowly but surely.

16 c4 f5 17 a3 Qa4 18 Nc3 Qc6 19 Nd4 Qc5 20 exf5 Bg7 21 fxe6 fxe6 22 Rad1 Bxd4 23 Qxd4 Qxd4 24 Rxd4 Nf5 After the queen exchange the rest is a matter of technique.

25 Rd2 Rc8 26 Rf3 Ke7 27 Kg1 h4 28 Bd3 Rc5 29 Bxf5 Rxf5 30 Rfd3 Rxf4 31 Rxd6 Bc6 32 c5 Rhf8 33 h3 Rf1+ 34 Kh2 Rc1 35 R6d3 Rff1 36 Nd1 e5 37 Nf2 Rg1 38 Nd1 Re1 39 Rd6 e4 40 R2d4 a5 41 Nf2 e3 42 Rxh4 exf2 43 Rh7+ Ke8 44 Rh8+ Kf7 0–1.

Summing up, the variation 9 Nb3 Qa3, according to analysis and practice, appears very satisfactory for White. The recentralisation of Black's misplaced queen costs valuable time. White can use this to increase a strong initiative and a dangerous attack on both wings which give more than enough compensation for the pawn.

Game 17
NUNN–L. PORTSCH,
TOLUCA (IZ) 1982

1 e4 c5 2 Nf3 d6 3 d4 cxd4 4 Nxd4 Nf6 5 Nc3 a6 6 Bg5 e6 7 f4 Qb6 8 Qd2 Qxb2

9 Nb3 Nc6 (diagram 82) Black's

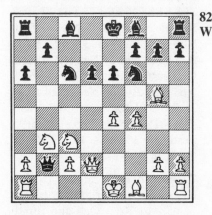

82
W

other choices, 9 ... Qa3 and 9 ... Nbd7, were considered in Game 16.

10 Bxf6 The alternatives are 10 Rb1 and 10 Bd3 The line 10 Rb1 has gone out of fashion nowadays because it is practically a transposition to the "Strategical line with 10 Bxf6 gxf6 11 Be2" (see Part 2) and sometimes may involve a loss of tempo. Two examples:

(a) Matulovic–Kavalek, Sousse IZ 1967
10 Rb1 Qa3 11 Bxf6 gxf6 12 Bd3 Bg7 13 0–0 0–0? (13 ... Bd7 or 13 ... f5 is better) 14 Rf3! Kh8

15 Rh3 Ne7 16 f5! exf5 17 exf5
Bxf5 18 Bxf5 Nxf5 19 Nd5 Rfc8 20
Qd3 Qxa2 21 c3! Nh6 22 Nxf6!
Bxf6 23 Rxh6 Kg7 24 Qxh7+ Kf8
25 Rxf6 Rc7 26 Re1! 1–0.

(b) Kupreichik–Mukhin, Kiev
1970
10 Rb1 Qa3 11 Bxf6 gxf6 12
Be2 h5 13 0–0 Bd7 14 Rf3! 0–0–0
15 Kh1 h4 16 Qe1 ($\pm$) h3 17 gxh3
Be7 18 Nd2 Qc5 19 Na4 Qa5 20
Nb6+ Kc7 21 Rfb3 Rb8 22 Bf1
Be8 23 c3 Na7 24 Bg2 Rg8 25 Bf3
Qc5 26 Rb4 Bb5 27 Na4 Qc6 28
Nb3 Qe8 29 Na5 Nc6 30 c4 Bxa4
31 Rxb7+! Rxb7 32 Rxb7+ Kc8
33 Qb1! Bb5 34 cxb5 Nxa5 35
bxa6 Qc6 36 Rb8+ Kd7 37 Rxg8
Qxa6 38 Rb8 1–0.

The other alternative 10 Bd3
has three sub-variations: (a) 10
... d5, (b) 10 ... Qa3 and (c) 10
... Be7.

(a1) R. Nezhmetdinov–Sher-
bakov, Riga 1954
10 ... d5 11 Bxf6 gxf6 12 Na4
Qa3 13 Nb6 Nd4? 14 Kf1? (White
could have won a piece with 14
Rb1! Qxa2 15 c3! Qxd2+ 16 Nxd2
$\pm\pm$) 14 ... Nxb3 15 cxb3 Rb8 16
exd5 Qb4! 17 Qxb4 Bxb4 18 Rc1
0–0. The position is roughly level.

(a2) Kelecevic–Barczay, Sara-
jevo 1968
10 ... d5 11 Bxf6 gxf6 12 Na4
Qa3 13 Nb6 d4 14 0–0 Rb8 15 e5
(15 Nc4 Qb4 16 Qe2 b5! 17 Ncd2
h5! ∞ or 15 f5 Qb4 16 Qxb4 Bxb4
17 Nxc8 Rxc8 18 fxe6 fxe6 19 Rxf6

Ke7 is equal according to Nunn)
15 ... f5 (15 ... Qb4 16 Qxb4
Bxb4 17 exf6 h5 =) 16 Qe2 Qe7 17
c3 dxc3 18 Bxf5! Qc7 19 Nxc8
Rxc8 20 Be4 Bc5+! 21 Kh1 Nd4
($\overline{\mp}$) 22 Nxd4 Bxd4 23 f5 Qxe5 24
fxe6 fxe6 25 Qf3 Ke7 26 Qf7+
Kd6 27 Rfe1 Rc7 28 Qf3 Qf6 29
Qg3+ Be5 30 Qe3 Bd4 31 Rad1
Kc5 32 Qd3 e5 ($\mp$) 33 Rb1 b5 34
Rf1 Qe6 35 a3 Rf7 36 Rxf7 Qxf7
37 Rf1 Qc4 38 Rf6 Rc8 39 Qh3
Qg8 40 Qd7 Kc4 41 Rxa6 c2 42
Bxc2 Kc3 43 Bf5 Rc5 44 Qb7 Kb2
45 g3 Rc1+ 46 Kg2 Qc4 47 Qf3 e4
48 Qf4 Qe2+ 49 Kh3 Qh5+ 0–1.

(a3) De Firmian–Hulak, Bor
1984
10 ... d5 11 Bxf6 gxf6 12 Rb1
Qxc3 13 Qxc3 Bb4 14 Qxb4 Nxb4
15 exd5 Nxd5 16 0–0 Nc3 17 Rb2
b6 18 Nd2 b5 19 Ne4 Nxe4 20
Bxe4 Ra7 21 a4 bxa4 22 Ra1 f5 23
Bd3 Ke7 24 Rxa4 Rd8 25 Kf2 Rd5
26 Ke3 f6 27 Rb6 Rd6 28 Rb8 Kd8
29 Ra5 Kc7 30 Rb3 Rc6 and Black
won in 63 moves.

(b1)   Sakharov–Dementiev,
Rostov 1973
10 ... Qa3 11 0–0 Bd7 12 Rae1
0–0–0 13 Bh4 Be7 14 Bf2 Ng4 15
Bb6 Qb4 16 Bxd8 Bxd8 17 Kh1 h5
18 Rb1 Qb6 19 Nd1 (19 a3!)
19 ... Qa7 20 Be2 Bc7 21 c3 g6 22
Bf3 ($\pm$) e5 23 f5! gxf5 24 exf5 Ne7
25 c4 Bxf5 26 Rc1 Be6 27 Na5
Bxa5 28 Qxa5 Qc5 29 Qxc5 dxc5
30 Bd5! Kd7 31 Bxb7 Nc6?
(31 ... f5! = is better) 32 h3 Nh6
33 Bxa6 Nf5 34 Kh2 Ra8 35 Bb5

Rxa2 36 Nc3 Ra8 37 Rfe1 Kc7 38 Bxc6 Kxc6 39 Rxe5 (±±) Nd6 40 Ne4 Nxe4 41 Rxe4 Ra2 42 Kg3 Bf5 43 Rf4 Bg6 44 Re1 Rc2 45 Re8 Bd3 46 Rc8+ 1–0.

(b2) Kupreichik–Mukhin, USSR 1972
10 ... Qa3 (10 ... Be7 11 0–0 Qa3 or 11 ... h6!? 12 a3 hxg5 13 Ra2 Qxa2 14 Nxa2 gxf4 15 Qxf4 Ne5 ∞) 11 Bxf6 gxf6 12 0–0 Bd7 13 Kh1 Be7 14 Nd5!? (∞) exd5 15 exd5 Na7 16 Rae1 Kf8 17 f5 h5 18 Re4 Re8 19 Nd4 Qxa2 20 Ne6+ Bxe6 21 Bc4 Qb2 22 fxe6 Bd8 23 Rf5 Qa1+ 24 Bf1 Nc8 25 c3 Rh7 26 Qe2 Qb1 27 Qf3 Qc1 28 h3 Qh6 29 Rh4 Qg7 30 Bc4 b5 31 Ba2 Nb6 32 Rfxh5 Rxh5 33 Qxh5 f5 34 Rf4 Nxd5 35 Bxd5 fxe6 36 Bb7 Bf6 37 Bxa6 Be5 38 Bxb5 Rc8 ½–½.

(b3) Pioch–Govbinder, corr. 1972/74
10 ... Qa3 11 0–0 Be7 12 Rae1 h6 13 Bh4 Qb4 14 Kh1 Bd7 15 a3 Qb6 16 e5 dxe5 17 fxe5 Nd5 18 Bxe7 Ndxe7 19 Qf4 0–0 20 Ne4 Ng6 (∞) 21 Nf6+! gxf6 22 Bxg6 fxg6 23 Qxh6 Nxe5 24 Rxe5! ½–½.

(b4) Messing–Hulak, Yugoslavia 1977
10 ... Qa3 11 Bxf6 gxf6 12 0–0 Bd7 13 Nb1 Qa4! 14 c4 Qb4 15 Nc3 Na5 16 Rab1 Rb8?! (16 ... Nxb3 17 Rxb3 Qc5+ 18 Kh1 Bc6 ∞ is better according to Shamkovich) 17 Kh1 Be7 18 f5 Rg8 19 fxe6? (19 e5! fxe5 20 fxe6 Bxe6 21

Nd4 ± according to Minic) 19 ... fxe6 20 e5 f5! 21 exd6 Nxb3 22 Rxb3 Qxd6 (∓) 23 c5 Qd4 24 Ne2 Rxg2! 25 Nxd4 Rxd2 26 c6 Bc8 27 a4 Bd6 28 Nf3 Ra2 29 Rfb1 b6! (∓∓) 30 Rg1 Kf7 31 Bb1 Rxa4 32 Ng5+ Ke7 33 Rh3 Bc5 34 Rd1 Rd4 35 Rxh7+ Kd6 36 Rxd4+ Bxd4 37 c7 0–1.

(c1) Belyavsky–Pinter, Luzern OL 1982
10 ... Be7 11 0–0 Qa3 12 Rae1 h6! (Doubtful for Black is 12 ... 0–0 13 e5 dxe5 14 fxe5 Nd7 15 Bf6 or 12 ... Qb4 13 e5 dxe5 14 fxe5 Nd5 15 Nxd5 exd5 16 c3 Qg4 17 Bf6 according to Lepeshkin) 13 Bh4 Qb4 14 Bf2 Na5 15 a3 Nxb3 16 cxb3 Qa5 17 b4 Qd8 18 e5 dxe5 19 fxe5 Nd5 20 Ne4 0–0 21 Bb1 (∞) Bd7 22 Qc2 Rc8 23 Bc5 g6 24 Qd2?! Kg7? (24 ... Bxc5 25 bxc5 Kg7 26 Rf3 Qc7 ∞ is better according to Belyavsky) 25 Bxe7? (25 Nd6!) 25 ... Qxe7 26 Rf3 Bb5 27 Nf6 Rh8? (27 ... Rfd8! 28 Qxh6+ Kxh6 29 Rh3+ Kg7 30 Rh7+ with a draw by perpetual) 28 Nxd5 exd5 29 e6 f6? (29 ... f5) 30 Rg3 (Better is 30 Bxg6! Kxg6 31 Rg3+! Kh7 32 a4 Rhg8 33 Rxg8 Rxg8 34 axb5 ±) 30 ... g5 31 Qxd5 Be8 32 Qf5 Rc4 33 Rf3 (±) h5?! 34 Rd1 Rh6 35 Rfd3 Rc7 36 Rd7? (36 Qa5 f5 37 Rd6 Rf6 38 Bxf5 ±) 36 ... Bxd7 37 exd7 Qd8 38 Qe6 Rh8 39 Qe4? (39 Qf5) 39 ... Rh6? (39 ... Rxd7 40 Rxd7 Qxd7 41 Qg6+ Kf8 42 Qxf6+ Kg8 43 Qxg5+ Kf8 44 Qf6+ Kg8

45 Ba2+ Kh7 = according to Belyavsky) 40 Qe8 (±±) Rh8 41 Qg6+ Kf8 42 Ba2 1–0.

(c2) Hansson–Sigurjonsson, Esbjerg 1983

10 ... Be7 11 0–0 Qa3 12 Rae1 h6 13 Bh4 g5!? 14 fxg5? (Better is 14 e5!? gxh4 15 exf6 Bxf6 16 Nd5 Bd8 17 Qc3 Rf8 18 Qg7 h3 19 f5 hxg2 20 Rf4 with a strong attack) 14 ... Ng4 15 Qf4 Nce5! 16 h3 Qb4 17 Nd1 Qb6+ 18 Ne3 Nxe3 19 Rxe3 hxg5 20 Bxg5 f6! 21 Bxf6 Bxf6 22 Kh1 Be7 23 Rg3 Rf8 24 Qxf8+ Bxf8 25 Rg8 Nf7 26 e5 Bd7 27 Nd2 d5 28 Bg6 0–0–0 29 Rxf7 Bh6 30 Rxd8+ Kxd8 0–1.

10 ... gxf6 11 Be2 Alternatively, White has the forcing variation 11 Na4 Qa3 12 Nb6 Rb8 13 Nc4 Qa4 (diagram 83). In this double-

83
W

edged position White has four possibilities: (a) 14 Kf2, (b) 14 Be2, (c) 14 a3 and (d) 14 0–0–0?!

(a1) Timman–H. Olafsson, Reykjavik 1976

14 Kf2 f5? 15 a3! (±) Bg7 16 e5 b5 (16 ... dxe5 17 Nc5 and 18 Nd6+) 17 Nxd6+ Kf8 18 g3! b4 19 Bg2 bxa3 20 Qc3 Ne7 21 Qc7 Bxe5 22 Qxb8 Bxa1 23 Rxa1 Kg7 24 Qc7 Bd7 25 Qc3+ 1–0.

(a2) Ligterink–Barczay, Wijk aan Zee 1977

14 Kf2 e5! 15 Bd3 Be6 16 Nb6 Qb4 17 Qxb4 Nxb4 18 f5 Bd7 19 a3 Nxd3+ 20 cxd3 Bc6 21 Rhc1 (=) Be7 22 Na5 Bd8 23 Nac4 Bxb6 24 Nxb6 0–0 25 Rab1 ½–½.

(a3) J.C. Fernandez–Nunn, Budapest 1978

14 Kf2 e5! 15 Bd3 exf4 (15 ... b5) 16 Qxf4 Ne5 17 Nb6 Qc6 18 Nd5 Ng4+ 19 Ke2 Bh6 20 Qf1 (20 Qf3!) 20 ... Bg7 21 Nd4? (21 h3!) 21 ... Qc5 22 Nb3 Qa3 23 Qc1 (=) Qa4? (23 ... Qxc1) 24 Qf4 Ne5 25 Nxf6+ Kf8 26 Rhf1 Be6 27 Nc5 dxc5 28 Qxe5 Bg4+ 29 Ke1 Qa5+ 30 c3 Rd8 31 Bc4 Bh5 32 Rb1 b6 33 Rc1! Qa3 34 Qxh5 Qxc1+ 35 Kf2 Qf4+ 36 Kg1 Qc7 37 Nxh7+ Rxh7 38 Rxf7+ Ke8 39 Qxh7 and Black lost on time.

(b) A. Rodriguez–Marjanovic, Vrnjacka Banja 1977

14 Be2 d5 (14 ... b5 15 Ne3! ± or 15 Nxd6+ Bxd6 16 Qxd6 Qb4+ 17 Qxb4 Nxb4 =) 15 exd5 exd5 16 Nb6 Qb4 17 Nxd5 Qxd2+ 18 Kxd2! (±) Bg7 19 Ke3 0–0 20 c4 a5 21 a4? (21 Bd3! a4 22 Nd2 f5! = is better according to Rod-

riguez) 21 ... Re8+ 22 Kf2 Bf5
(=) 23 Rac1 Be4 24 Bf3 f5 25
Bxe4! Rxe4! 26 Rhe1 Rbe8 27
Rxe4 fxe4 28 Ke3 f5 29 h3 h5 30
g4! (±) hxg4 31 hxg4 fxg4 32 Rg1
Kf7 33 Rxg4 Bh6?! 34 Rh4 Bg7 35
Nc7 Rd8 36 Nd5 Re8 37 Rh5! Bb2
38 Nc7 Rg8 39 Kxe4 Rg3 40 Rb5
Rc3 41 c5 Rc4+ 42 Kf3! Rxa4? (A
time trouble error; 42 ... Nd4+!
is better) 43 Rxb7 (±) Nd8 and
White won in 64 moves.

(c) Analysis of Boleslavsky

14 a3 b5 15 Nxd6+ Bxd6 16
Qxd6 Qxe4+ 17 Be2 Qd5 18
Qxd5 exd5 19 0–0–0 Be6 20 Bf3
±.

(d1) Petrushin–Murey, 30th
RSFSR Ch, Tula 1974

14 0–0–0?! d5 (14 ... Bd7 15
Nc5 Qxa2 16 Nxd6+ Bxd6 17
Qxd6 Qa3+ 18 Kb1 Rd8 ∓ Ubi-
lava) 15 exd5 exd5 16 Qxd5 Be6
17 Qe4 Nb4! 18 a3 b5 (∓) 19 axb4
bxc4 20 Bxc4 Bxb4 21 Rd4
Qa3+? (21 ... 0–0! 22 Bxe6 fxe6
23 Qxe6+ Kh8 = according to
Suetin) 22 Kd1 0–0 23 Bxe6 fxe6
24 Rd7! (±) Be7 25 Qxe6+ Rf7
26 Re1 Kf8 27 Ke2 Qb4 28 Kf3 (28
Nd4! ±±) 28 ... Rb6 29 Qe3 Rc6
30 Nd4 Rc3 31 Ne6+ Kg8 32 Rd3
Rxc2 33 Rb3 Qa5 34 Rb8+ Bf8 35
Kg3?? (Time pressure; 35 Nxf8 ±
is better) 35 ... Rc3 36 Kh4 Rxe3
37 Rxe3 Qf5 38 Rd8 h6 39 Rg3+
Kh7 40 Nxf8+ Rxf8 41 Rxf8 (=)
Qxf4+ 42 Kh3 Qf5+ 43 Kh4
Qf4+ 44 Kh3 Qf5+ 45 Kh4
½–½.

(d2) Petrushin–Ubilava, Beltsy
1979

14 0–0–0?! Bd7 15 Kb1 d5! 16
c3 Ne5!! 17 fxe5 (17 Nb6 Qxe4+
18 Ka1 Bh6! ∓ Gufeld)
17 ... dxc4 (∓) 18 Na5! Bc6! 19
Nxc4 fxe5 20 Ka1 Be7 21 Bd3 Rd8
22 Qe2 0–0 23 Rhf1 Kh8 24 Nxe5
f6 25 Nf3 Qa5 26 Qb2 Ba4 27 Bc2
Bb5 28 Rxd8 Rxd8 29 Rd1 Rc8 30
c4 Rxc4 31 Bd3 Qa4 32 Rd2 Rc5
33 Nd4 Bxd3 34 Rxd3 Qc4 35 Rd1
Bd6 (∓∓) 36 Nf3 Be7 37 e5 f5 38
Nd4 b5 39 Nb3 Rd5 40 Rc1 Qe4
41 Rc8+ Kg7 0–1.

(d3) Albas–Sindik, Greece
1975

14 0–0–0?! d5 15 exd5 exd5 16
Nb6 Qa3+?! (Better is 16 ...
Qxa2! 17 Re1+ Be6 18 Qxd5
Qa3+ 19 Kb1 Rd8 ∞ according to
Nunn) 17 Kb1 Nb4 18 Nxd5? (18
Re1+! according to Minic) 18 ...
Qxa2+ 19 Kc1 Nxd5 20 Qxd5
Ba3+ 21 Kd2 Be6 22 Qe4 0–0
(∓∓) 23 Nd4 Bb4+ 24 Ke3 Rfe8
25 Kf2 Bg4 0–1.

11 ... d5 (diagram 84) There

(see following diagram)

are two alternatives: 11 ... h5 and
11 ... f5. Additionally, Black has
the dubious variation 11 ...
Na5?! which leads to a clear ad-
vantage for White: 11 ... Na5?!
12 0–0 Qa3 13 f5 Nxb3 14 axb3
Qc5+ 15 Kh1 Be7 16 fxe6 fxe6 17

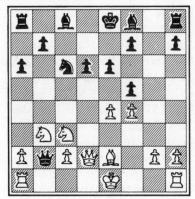

Na4 Qc6 18 Bh5+ ± or 13 ... Be7 14 Nd4 Qc5 15 Kh1 Nc6 16 Nb3 Qe5 17 a4 Bd7 18 fxe6 Bxe6 19 Nd5 ±.

The move *11 ... h5* has almost disappeared from practice:

Platonov–Buchover, Kiev 1963

11 ... h5 12 0–0 Qa3 13 Kh1 Bd7 14 Nd1 Qb4 15 Qe3 Ne7 16 a3 Qa4 17 f5 e5 18 Nb2 Qc6 19 c4 h4 20 Rf3 Bh6 21 Qd3 Nc8 22 a4 a5 23 Nd1 Nb6 24 Nc3 Qc7 25 Rff1 Ke7 26 Rfd1 Bc6 27 Ra2 Rhc8 28 Rb1 Nd7 29 Qf3 b6 30 Rc2 Qd8 31 c5! bxc5 32 Qh5 Qf8 33 Bb5 Nb6 34 Nd2 Bxd2 35 Rxd2 Kd7 36 Rbd1 Rc7 37 Qxh4 Nc8 38 Nd5 Rb7 39 Nxf6+ Kc7 40 Bxc6 Kxc6 41 Nd5 Rab8 42 Qe1 Qg7 43 f6 Qg4 44 Ne7+ Kc7 45 Nxc8 Rxc8 46 Rxd6 Rb4 47 Qc3 Kb8 48 Qxe5 Qxe4 49 Qg3 Qf4 50 Qd3 c4 51 Qd5 c3 52 Ra6 1–0.

The alternative *11 ... f5* (diagram 85) seems to be satisfactory for Black as according to analysis and practice, Black can equalise without difficulty. White has four possibilities which have been analysed in detail in Shakhmatny Byulletin (No. 4/1975) by Veselovsky and Pimonov: (a) 12 exf5, (b) 12 0–0?!, (c) 12 Rb1 and (d) 12 Na4.

(a) Analysis of Veselovsky and Pimonov

12 exf5 Bg7 13 Na4 (13 Ne4 d5 14 Nd6+ Ke7 15 Nxc8+ Raxc8 16 0–0 Qc3! or 13 f6! Bxf6 14 Ne4 Bg7! 15 Qxd6 Qxc2 16 Bf3 Bxa1 17 Nxa1 Qb1+ 18 Ke2 Qb2+ 19 Ke3 Qb6+! 20 Nc5 Qd8 21 Bxc6+ bxc6 22 Qxc6+ Bd7 23 Nxd7 Rc8 24 Nf6+ Ke7 ∓∓ or 15 Nxd6+ instead of 15 Qxd6 seems better: 15 Nxd6+ Ke7 16 Nxc8+ Raxc8 17 0–0 Nd4 18 Bd3 Qc3 ∓∓ according to Schwarz and Nunn) 13 ... Qa3 14 Nb6 Rb8 15 c3 (15 Nc4 Qb4 16 Nxd6+ Ke7 17

Nxc8+ Rbxc8 18 Qxb4+ Nxb4
∓) 15 ... Na5 16 Rb1 Nxb3 17
Rxb3 Qc5 ∓.

(b) Planinc–Hulak, Banja
Luka 1976

12 0–0! Bg7 13 Na4 Qa3 14 Nb6
Rb8 15 c3 (15 Nc4 Qb4 16 Nxd6+
Ke7 17 Qxb4 Nxb4 18 e5 f6! ∓
according to Nunn) 15 ... Na5 16
Nxa5 Qc5+ 17 Kh1 Bxc3 18 Qc1
Bxa5 19 Nc4 fxe4 20 f5 Bc7 21
Qh6 d5 22 fxe6 Bxe6 23 Bh5 Qe7
24 Ne3 Rg8 25 Rad1 Rd8 26 Nf5
Bxf5 27 Rxf5 Rd6 28 Qxh7 Rf8 29
Rfxd5 Kd7 30 Bg4+ Kc6 31 Qf5
Kb6 32 Rxd6+ Bxd6 33 Qd5 Rd8
34 Bf5 Ka7 35 Bxe4 Rd7 36 Qd4+
Kb8 37 g3 f6 38 Bf3 Rd8 39 Qb6
Rd7 40 Bxb7?? (40 Qd4 =)
40 ... Bc5! 0–1.

(c1) Georgiev–Vera, World
Junior Ch, Groningen 1976/77

12 Rb1 Qa3 13 exf5 Bg7 14 fxe6
(14 Ne4 d5 15 f6 dxe4! 16 fxg7 Rg8
17 Qe3 Rxg7 18 0–0 f5 19 Rfd1
Qe7 20 Rd2 e5! 21 Rbd1 exf4 22
Qxf4 Qg5! ∓ according to Vesel-
ovsky and Pimonov or 14 0–0
Qb4 15 Rf3 Nd4 16 Rd3 Nxe2+
17 Nxe2 Qxd2 18 Nxd2 exf5 ∓
according to Nunn) 14 ... Bxe6
15 Bf3 (15 0–0 Qb4 16 Rf3 0–0–0
=) 15 ... Qb4 16 Ne4 d5! 17 c3
Qe7 18 Ng5 Bf5+ 19 Kf2 Bxb1 20
Rxb1 0–0–0 21 Bxd5 Bd4+ 22
cxd4 Rxd5 23 Re1 Qf6 24 Ne4
Qh4+ 25 Kg1 Rhd8 26 g3 Qh6 27
Rd1 Nxd4 28 Nxd4 Qb6 29 Qc2+
Kb8 30 Rb1 Qxd4+ 31 Nf2 Qe3
32 Rb3 Qe1+ 0–1.

(c2) Balashov–Hulak, Toluca
IZ 1982

12 Rb1 Qa3 13 exf5 Bg7 14 Ne4
d5 (14 ... Qb4?! 15 f6 Qxd2+ 16
Nbxd2! Bf8 17 Nc4! according to
Hulak) 15 f6 Bf8 16 Nf2 (16
Ng5!?) 16 ... Bd7 17 0–0 0–0–0
18 c3 (18 Bh5!?) 18 ... h5 19 Nd4
Bc5 (∞) 20 Rfc1 Kb8 21 Kh1 Ka8
22 Nc2 Qa5 23 Nd3 Bd6 24 Ncb4
h4 25 h3 Rhg8 26 Bf3 Rg3 27 Qf2
Rc8 28 Nxc6 Rxc6 29 c4 Qa3! 30
Rb3 Qa4 31 Rcb1 Rc7 32 cxd5
exd5 33 Bxd5 Bc6 34 Bxc6 Qxc6
35 Ne5 Qe4! (∓) 36 Qf1 Rc2 37
Rxg3 hxg3 38 Ng4 Rxg2 (∓∓) 39
Qxg2 Qxb1+ 40 Qg1 Qe4+ 41
Qg2 Qxf4 42 Qe2 Qc1+ 43 Kg2
Qc6+ 44 Qf3 Qc2+ 45 Kf1 Qb1+
0–1.

(d) Analysis of Veselovsky and
Pimonov

12 Na4 Qa3 13 Nb6 Rb8 14 Nc4
(14 exf5 Bg7!) 14 ... Qa4 15 exf5
(15 Nxd6+ Bxd6 16 Qxd6 Qb4+
∓) 15 ... d5! (15 ... b5 16 Nxd6+
Bxd6 17 Qxd6 Qb4+ 18 Qd2
Qxd2+ 19 Kxd2 exf5 20 Bf3 ±) 16
fxe6 (16 Ne5 exf5 17 0–0 Bg7 18
Qxd5 Be6 or 16 Nb6 Qb4 17 Nxc8
Qxd2+ 18 Kxd2 Rxc8 19 fxe6
fxe6 ∓) 16 ... Bxe6 17 Ne5 Bg7
(17 ... Nxe5 18 fxe5 Qh4+ 19 g3
Qh3! with a double-edged pos-
ition) 18 0–0 Nxe5 19 fxe5 Bxe5
20 Rae1 Qh4 21 Bb5+ and 22
Rxe5 is better for White. (21 g3 is
bad for White as 21 ... Bxg3 22
hxg3 Qxg3+ 23 Kh1 Qh3+ leads
to mate).

12 Na4 (diagram 86) The alter-

86
B

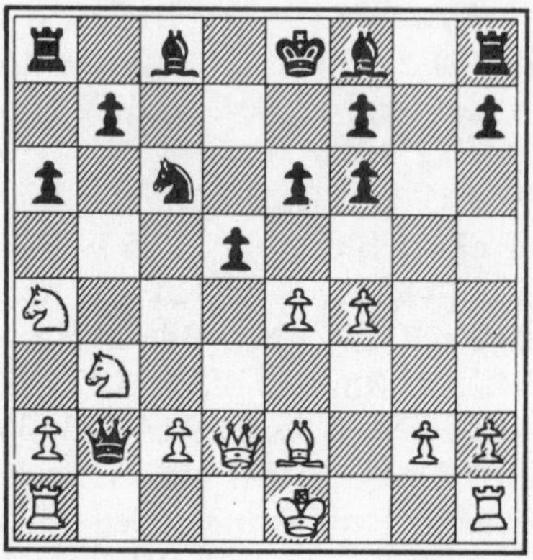

native is: 12 Nd1 (12 Rb1 or 12 exd5? can be met by 12 ... Qxc3! 13 Qxc3 Bb4) 12 ... Qa3 13 exd5 exd5 (13 ... Na5!? 14 0-0 Nxb3 15 cxb3 Qb4 16 Nc3 Bc5+ 17 Kh1 exd5 18 Qc2) 14 0-0. In this position Black can play (a) 14 ... d4 or (b) 14 ... f5. Some examples:

(a1) Ljubojevic–Minic, Rovinj–Zagreb 1975

14 ... d4 15 Re1?! Be7 16 Bc4 (16 Bf3!?) 16 ... 0-0! 17 c3 Rd8 18 Nf2 b5 19 Bd3 f5! ($\mp$) 20 Qc2 Qd6 21 Bxf5 Bxf5 22 Qxf5 dxc3 23 Re3 Qf6 24 Qe4 Qe6 25 Qf3 Qd5 26 Qg3+ Kh8 27 Rxe7? (27 Rxc3 Nd4 $\mp$ or 27 ... Rg8 28 Qh3 $\mp$ according to Minic) 27 ... Nxe7 28 Qxc3+ Kg8 29 Ng4 Qc6! 30 Nf6+ Kh8 31 Qb2 Ng8! 32 Nh5+ f6 33 g4 Rac8 34 g5 Qf3 35 gxf6 Rd1+ 0-1.

(a2) Torre–Browne, Manila 1976

14 ... d4 15 Bf3 Bd7 16 Re1+ Be7 17 Nxd4 Qd6 18 c3 0-0 19 Nf2 Nxd4 20 cxd4 f5 21 Rab1 Bf6 22 Rxb7 Rab8 23 Rxb8 Rxb8 24 Rd1 Ba4 25 Rf1 Bxd4 26 Qa5 Bb5 27 Rd1 Qc5 28 Qd2 Re8! 29 g3 Bc3 30 Qd5 Qxd5 31 Bxd5 Re2 32 Nd3 Kg7 33 Ne5 Bxe5 34 fxe5 Rxe5. Black has one pawn plus in this simple endgame but he overestimated his chances and lost in 87 moves.

(b)   Kupreichik–Georgadze, Moscow 1983

14 ... f5 15 Nc3 Bg7 16 Nxd5 0-0 17 Rad1 Be6 18 c4 Rad8 19 Rf3 Qb2 20 Rd3 Qxd2 21 R3xd2 Kh8 22 Bf3 Rd6 23 Nb6 Rxd2 24 Rxd2 Rd8 25 Rxd8+ Nxd8 26 Kf2 Bf8 27 Ke3 Bd6 28 g3 Kg7 29 Kd4 Bb4 30 Nd5 Nc6+ 31 Kd3 Ba3 32 Nb6 Nb4+ 33 Kd4 Bb2+ 34 Ke3 Nxa2 35 Bxb7 Nb4 36 Nc5 Ba3 37 Nca4 Kf8 38 Kd4 Ke7 39 c5 a5 40 Bd5 Nxd5 41 Nxd5+ Kd7 42 Ne3 Kc6 43 Nc2 Bb4 44 Nxb4 axb4 45 Nb2 b3 and ½-½ in 73 moves.

12 ... Qa3 13 Nb6 d4! (diagram 87) This zwischenzug threatens to

(see following diagram)

win White's queen, but the alternative 13 ... Rb8 can also equalise without difficulty.

(1) Henao–Marjanovic, World Junior Ch, Manila 1974

13 ... Rb8 14 Nxc8?! Rxc8 15

87
W

exd5 Bb4 16 c3 Na5! (∓) 17 0–0
Bxc3 18 Qd3 Nxb3 19 dxe6 0–0 20
Qg3+ Kh8 21 Rad1 Nd2 22 Bd3
f5! 23 Rfe1 Qc5+ 24 Kh1 Ne4 25
Bxe4 Bxe1 26 Qg5 fxe4 27 Qf6+
Kg8 28 Rd7 Qh5 0–1.

(2) Westerinen–P. Szekely,
Budapest 1976

13 ... Rb8 14 exd5 Na5! 15 Rb1
Qb4! 16 Qxb4 Bxb4+ 17 Nd2 Bc3
18 Rf1 exd5 19 Nxd5 Bxd2+ 20
Kxd2 Be6! = 21 Nxf6+? (21
Nc7+ Ke7 22 Nxe6 ∞ is better)
21 ... Ke7 22 Ne4 Rhd8+ 23 Kc1
Rbc8 24 Kb2 Bf5 25 Bd3 Nc4+ 26
Ka1 Kf8! 27 Rf2 Rd4! 28 Ng5
Bxd3 29 cxd3 Ne3 30 Nxh7+ Kg7
31 Ng5 Nc2+ 32 Kb2 Rb4+ 0–1.

14 0–0 Rb8 15 Nc4 15 f5?! is a
dubious alternative for White:
Velimirovic–Ribli, Yugoslavia
v Hungary, Pula 1971
15 f5?! Bc5! 16 Nc4 d3+! 17
Kh1 dxe2! 18 Qxe2! Qb4 (∓) 19
c3 Qb5 20 Nd4! Nxd4 21 cxd4 Be7

22 d5! exd5? (22 ... 0–0! is
better) 23 exd5 Qxd5 24 Rae1
Qc5 25 Qg4! b5 26 Nd2! Bb7 27
Qg7 Rf8 28 Qxf6 Rg8 (Better
would have been 28 ... Rd8! 29
Nb3 Bxg2+ 30 Kxg2 Rg8+ 31
Kh3 Rd3+ 32 Kh4 Qc4+ ∓∓
according to Ribli) 29 Nf3 Rd8?
(29 ... Bxf3 30 Rxf3 Rb7 ∓) 30
Qh4 Kd7? 31 f6! Bxf3 32 gxf3!
Rde8 (32 ... Bd6 33 Qh3+! Kc7
34 Rc1 wins) 33 Qh3+! Kd8 34
Rc1 Qxc1 35 fxe7+ 1–0.

This game is another good
example of the well-known prin-
ciple, that after one blunder a
player is especially prone to mak-
ing another. After the first
blunder Black still had a draw,
but failed to assess the new pos-
ition correctly and continued to
play for the win by inertia, with
the result that the game was
finally lost.

15 ... Qb4 16 Qd1! b5! An im-
provement by Portisch. Alterna-
tively, Black has 16 ... Bg7
Kupreichik–Peresipkin, Kiev
1973
16 ... Bg7 17 Rf3 h5?! 18 Kh1
(18 c3! dxc3 19 a3 Qe7 20 Nd6+
Kf8 21 Rxc3 ±± according to
Shamkovich) 18 ... b5 19 Ncd2
h4 20 Rh3 Bb7 21 Bd3! (White
threatens 22 Qg4! ± according to
Kotov) 21 ... Ke7 22 Qg4 Rbg8
23 Rxh4 f5 24 Rxh8! fxg4 25 Rxg8
Bh6 26 Rxg4 a5 27 Rh4 Bg7 28 a3
Qc3 29 Bxb5 Qe3 30 Rf1 Qc3 31
Rh3 Qxc2 32 Rc1 Qb2 33 a4!

(±±) Nd8 34 Rc7+ Kf8 35 e5 Bd5
36 Rd3 Bxb3 37 Nxb3 Bh6 38 Rc8
Bxf4 39 Rxd8+ Kg7 40 Rf3 Bxe5
41 Nxa5 Bf6 42 Rd7 Qa1+ 43 Rf1
Qc3 44 Nc4 Kg6 45 Nd6 e5 46 Ne4
1–0.

**17 Ncd2 Bg7 18 Rf3 e5! 19 Qe1
exf4! 20 Rxf4 Qd6 21 Rh4** Alternatively, White has 21 e5 fxe5 22
Ne4 Qe7! ∓∓ according to Nunn
in Informator 34/348.

21 ... 0–0 (∓) **22 Qf2 Ne5 23
Rf1** 23 Nxd4 Ng6 24 Rh5 f5! is
better for Black. **23 ... Rd8 24 h3
Be6 25 Rh5 d3! 26 cxd3 Nxd3 27
Bxd3 Qxd3 28 Qf4 Rbc8 29 Nf3
Rc2! 30 Ne1 Qe2 31 Nxc2 Qxh5 32
Ncd4 Bc4 33 Qc7 Re8 34 Rf3 Qe5!**

(∓∓) Black endeavours to exchange queens because the endgame is favourable for him.
**35 Qd7 Rf8 36 Nf5 Be6! 37 Qc6
Rd8 38 Nbd4 Bf8! 39 Rg3+ Kh8
40 Nf3? Qc5+** Black can convert a
significant endgame advantage
into a win.
**41 Qxc5 Bxc5+ 42 Kf1 Bxa2 43
e5 Be6! 44 Nh6 Be3!** 0–1.

In conclusion, the variation 9
Nb3 Nc6 is quite satisfactory for
White. In spite of Black's defensive resources having been
considerably strengthened recently White has an enormous
initiative which compensates fully
for the pawn sacrificed.

PART 6

Other lines

Game 18
KUPREICHIK–TAL, MINSK
1979

1 e4 c5 2 Nf3 d6 3 d4 cxd4 4 Nxd4 Nf6 5 Nc3 a6 6 Bg5 e6 7 f4 Qb6

In this section there is a brief summary of the most important deviations by both White and Black from the usual lines. White can avoid the complicated variations of the Poisoned Pawn by preventing the b2 pawn capture with 8 Nb3. This line leads to a complicated strategical and tactical struggle, where White generally castles queenside and tries to attack on the kingside or in the centre. Black tries to organise a counter-attack on the queenside by the pawn advance b7–b5–b4. This variation will be considered by using the game Kupreichik–Tal, USSR Ch Minsk 1979.

Black can deviate from the usual lines of the Poisoned Pawn in two different ways:

(a) Black interpolates the moves 7 ... h6 8 Bh4 Qb6.

Nowadays this line has gone out of fashion as White's bishop can return quickly from h4 to f2 in order to control the important g1–a7 diagonal. Moreover, after 7 ... h6 the square g6 is weakened and Black loses the possibility of counter-play with . . . Bh6.

(b) Black defers the move 6 ... e6 in order to play 6 ... Nbd7 7 f4 Qb6 8 Qd2 Qxb2 9 Rb1 Qa3 10 Bxf6 gxf6 11 Nd5. This critical position appears very satisfactory for White according to analysis and practice because the centralised knight on d5 gives White an enormous initiative compensating fully for the sacrificed pawn. The variations (a) 7 ... h6 and (b) 6 ... Nbd7 are considered after the Kupreichik–Tal game.

8 Nb3 (diagram 88) White has

(see following diagram)

three alternatives: A 8 a3!?, B 8 f5?! and C 8 Qd3!? The move *8 a3!?* is interesting as after 8 ... Nc6 9 Nb3 White apparently

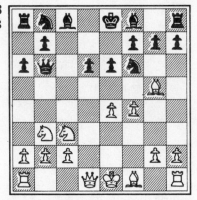

88
B

loses an important tempo. In practice 8 a3 is only a temporary loss of tempo, as after castling queenside White generally has to prevent Black's dangerous b7–b5–b4 pawn advance. Some practical examples:

(1) Kolvig–Najdorf, Varna OL 1962

8 a3 Nc6 9 Nb3 Be7 10 Qf3 Qc7 11 0-0-0 Bd7 12 g4 h6 13 Bxf6 Bxf6 14 h4 0-0-0 15 Be2 g6! ($\mp$) 16 Kb1 Kb8 17 Qd3 Bc8 18 g5 Bg7 19 Bf3 Ne7 20 Nd4 e5 21 N4e2 exf4 22 Nxf4 Bxc3 23 Qxc3 Qxc3 24 bxc3 Nc6 25 Nd5 Ne5 26 Be2 Be6 27 Nf6 Rc8 28 Kb2 Rc6 29 Rdf1 hxg5 30 hxg5 Rhc8 31 c4 Bxc4 32 Bxc4 Nxc4+ 33 Ka2 Nd2 0-1.

(2) Murey–Ftacnik, Hastings 1982/83

8 a3 Nc6 9 Nb3 Be7 10 Qf3 h6 11 Bh4 g5 12 Bf2 (12 fxg5 Ne5 13 Qe2 Nfg4 14 h3 hxg5 15 Bg3 Bd7 is equal according to Ftacnik)

12 ... Qc7 13 g3 b5 14 0-0-0 Bb7 (14 ... b4!?) 15 Bh3 Rc8? (15 ... b4 16 axb4 Nxb4 17 Rd4 d5 18 e5 Ne4 ∞) 16 Rhe1 Rg8 17 Qe2 g4 18 Bg2 b4? (18 ... Na5 ∞) 19 Nd5! exd5 20 exd5 Nb8 21 axb4 Kf8 22 Kb1 Bd8 23 Na5 Qd7 24 Nc4 Bc7 25 Qd2 Qf5 26 Bd4 Nbd7 27 Ne3 Qg6 28 h3 (Better is 28 f5 Qg5 29 c4 Bb6 30 Rc1! ±) 28 ... h5 29 hxg4 hxg4 30 Rh1? (30 f5 Qg5 31 c4 Re8 32 c5 Nxd5 33 Nxd5 Qxf5+ 34 Qc2 ±) 30 ... Ne4! 31 Bxe4 Qxe4 32 Qh2 Qg6 33 f5 Qg5 34 Nxg4? (34 Rhf1 Re8 35 Rf4 ∞) 34 ... Bxd5 35 Nh6 Bxh1 36 Rxh1 Ke7? (36 ... Rg7 37 Bxg7+ Qxg7 $\mp$) 37 Qe2+ (Time trouble) 37 ... Ne5 38 Nxg8+ Rxg8 39 Bxe5? dxe5 40 Qxa6 Qxf5 41 Rf1 Qe6 42 Qa3 Rg6 43 Rd1 e4?! (43 ... Bd6 44 Qa7+ Qd7 45 Qe3 Qb7 46 c3 e4 $\mp\mp$) 44 b5+ Kf6? (44 ... Bd6 45 Qa7+ Qd7 46 b6 e3 47 b7 e2 48 Re1 Re6 49 b8Q Bxb8 50 Qxb8 Qd1+ 51 Ka2 Ra6+ 52 Kb3 Qd5+ $\mp\mp$. All these variations are based on comments by Ftacnik in Informator 35/354) 45 Qf8! Rxg3 46 Rf1+ Rf3 47 Rh1 Bf4 48 b6 e3 49 Qd8+ Qe7 50 Qh8+ Ke6 51 Qc8+ Qd7 52 b7 e2 (Time pressure) 53 Ka2!? Rf1? (53 ... Ke7 54 b8Q Bxb8 55 Qxb8 Qa4+ 56 Kb1 Rf1+ $\mp\mp$) 54 Rh6+!! Bxh6 55 b8Q Qxc8 56 Qxc8+ Ke7 57 Qc5+ Kf6 58 Qd4+ Kg6 59 Qe4+ f5 60 Qxe2 ($\pm\pm$) Rf4 61 Qe6+ Kg5 62 b4 Bg7 63 Qg8 Kg6 64 c4

Rf2+ 65 Kb3 f4 66 c5 f3 67 Qe8+ Kh7 68 Qe4+ Kg8 69 c6 Rb2+ 70 Ka3 f2 71 c7 f1Q 72 c8Q+ Qf8 73 Qee6+ Kh7 74 Qxf8 1–0.

(3) Murey–Quinteros, Lucerne OL 1982

8 a3 Nc6 9 Nb3 h6 10 Bxf6 gxf6 11 Qf3 Bd7 12 0–0–0 0–0–0 13 Na4 Qa7 14 c4 Na5 15 Nxa5 Bxa4 16 Rd2 Be7 17 Be2 Kb8 18 Qc3 Rc8 (∞) 19 Qb4 Be8 20 e5 fxe5 21 fxe5 Bg5 22 Qxd6+ Rc7 23 Bf3 Qe3 24 Rd1 Ba4 25 h4 Bxd1 26 hxg5 Bxf3 27 gxf3 hxg5 28 Kb1 Qc5 29 b4 Qe3 30 Kb2 g4 31 Rc2 g3? (Better is 31 … gxf3 32 b5 f2 33 b6 Qxb6+ 34 Qxb6 f1Q ∓∓) 32 b5 Qc5?? 33 Nc6+ 1–0.

(4) Murey–Hjartarson, Brighton 1982

8 a3 Nc6 9 Nb3 Be7 10 Qf3 Qc7 11 Bh4 b5 12 0–0–0 Bb7 13 Bxf6 Bxf6 14 Bxb5 Bxc3 15 Bxc6+ Qxc6 16 Qxc3 Qxc3 17 bxc3 Bxe4 18 Rxd6 Bxg2 19 Rg1 Be4 20 Nc5 Bf5 21 Rxa6 Rxa6 22 Nxa6 Ke7 23 Kb2 Rd8 24 Rg2 Be4 25 Re2 f5 26 c4 Rc8 27 Kb3 e5 28 fxe5 g5 29 Kb4 g4 30 Nc5 Bf3 31 Rd2 Rc7 32 Rd6 Ke8 33 Ne6 Rb7+ 34 Kc3 Ra7 35 c5 Rxa3+ 36 Kd2 Be4 37 Nc7+ Ke7 38 e6 Kf6 39 c6 Ra2 40 Nd5+ Bxd5 41 Rxd5 Ra8 42 e7 Kxe7 43 Rxf5 Kd6 44 Rg5 h5 45 Rxh5 Rg8 46 Rh6+ Kc7 47 Kc3 g3 48 hxg3 Rxg3+ 49 Kb4 Rg4+ 50 c4 Rg5 51 c5 Rg1 ½–½.

(5) Murey–Sigurjonsson, Randers Zonal 1982

8 a3 Nc6 9 Nb3 Be7 10 Qf3 Qc7 11 0–0–0 Bd7 12 Bh4 Rc8 13 g4 h6 14 Bg3 e5 15 g5 Bg4 16 Qg2 hxg5 17 fxg5 Nh5 18 Nd5 Bxg5+ 19 Kb1 Qd8 20 Be2 Bxe2 21 Qxe2 Nf6 22 h4 Bh6 23 c4 Nxd5 24 Rxd5 Ne7 25 Rd3 Qc7 26 Rhd1 0–0 (26 … Qxc4 27 Bxe5 dxe5? 28 Rd8+) 27 Rxd6 ½–½.

(6) Timman–Sisniega, Taxco IZ 1985

8 a3 Nc6 9 Nb3 Be7 10 Qd2 0-0 11 0–0–0 Rd8 12 Bxf6 Bxf6 13 g4 Bd7 14 g5 Be7 15 h4 Na5 16 Nxa5 Qxa5 17 Kb1 Qc5 18 h5 b5 19 g6 a5? (Better is 19 … Be8 ∞) 20 h6! fxg6 21 hxg7 Bf6 22 e5 dxe5 23 Ne4 Qe7 24 Qxd7! Rxd7 25 Rxd7 exf4 26 Bxb5 Rb8 27 a4 h5 28 Rg1 Qxg7 29 Rxg7+ Kxg7 30 c3 Be7 31 Bd3 e5 32 Kc2 Rb6 33 b4! axb4 34 a5 Rb8 35 a6 bxc3 36 Rb1 Ra8 37 Rb7 Kf8 38 a7 Bd8 39 Bc4 g5 40 Nxg5 Bb6 41 Nh7+ 1–0.

The alternative *8 f5?!* is a tactical line which seems to be dubious for White because it is hard to see how to continue the attack successfully. For example: Murey–Pinter, Malta OL 1980 8 f5?! Qxb2! 9 Na4 Qa3! (9 … Qb4+ 10 c3 Qa5 11 Bxf6 gxf6 12 fxe6 ∞ according to Pinter) 10 c3 Bd7 11 fxe6 (11 Nb6 Qxc3+ 12 Bd2 Qxd4 13 Nxa8 Nxe4 ∓) 11 … fxe6! (11 … Bxa4 12 exf7+ Kxf7 13 Bc4+ d5 14 Bxd5+ Nxd5 15 0–0+! ±) 12 Bxf6?! (12 Nxe6 Bxa4! 13 Qd3

Bc6! 14 Bxf6 gxf6 15 Nc7+ Kd8 16 Nxa8 Nd7 ∓ according to Pinter) 12 ... gxf6 13 Qh5+ Ke7 14 Bc4 Qxa4 15 Bb3 Qa3 16 Nf5+ exf5 17 Qf7+ Kd8 18 Qxf6+ Kc7 19 Qxh8 Qc5!! 20 0–0–0 (20 Qxf8 Qxc3+ 21 Ke2 Qb2+ 22 Ke3 Nc6! 23 Qxa8 f4+! 24 Kxf4 Qd2+ 25 Kg3 Qe3+ 26 Kh4 Qf4+ 27 Kh5 Qg4+ 28 Kh6 Qg6 mate) 20 ... Nc6 21 Kb2 Re8 22 Rhf1? (22 Rhe1 Qe5! 23 Qxe5 Nxe5 ∓∓) 22 ... Rxe4 23 Qxf8 Re2+ 24 Bc2 (If 24 Kb1 Qa3 25 Bc2 Be6 26 Qg7+ Kb6 27 c4 Rxc2! 28 Kxc2 Nb4+ 29 Kd2 Qd3+ 30 Ke1 Qe3 mate — Pinter) 24 ... Nb4 25 Rc1 Nd3+ 26 Kb1 Qa3 0–1.

The alternative 8 Qde!? has no individual significance if Black plays accurately. Some examples:

(1) Suetin–Sakharov, USSR Ch 1964

8 Qd3 Qxb2 9 Nb3 Nbd7 10 Bxf6 gxf6 11 Rb1 Qa3 12 Be2 Nc5 13 Qf3 Bg7 14 0–0 0–0 15 Kh1 Bd7 16 Qh5 Bc6 17 Rf3 Bxe4 18 Nxe4 Nxe4 19 Bd3 f5 20 Bxe4 fxe4 21 Rg3 Kh8 22 Rxg7 Kxg7 23 Qg5+ Kh8 24 Qf6+ ½–½.

(2) Van der Wiel-Quinteros, Biel IZ 1985

8 Qd3 Nbd7 9 0–0–0 Be7 10 Qh3 Nc5 11 e5 dxe5 12 fxe5 Nd5 13 Bxe7 Nxe7 14 Bd3 Bd7 15 Qg3 Nxd3+ 16 Rxd3 0–0 17 Ne4 Kh8 18 Nf6! gxf6 19 Qh4 Ng8 20 Rg3 1–0.

8 ... Nbd7 (diagram 89) Black

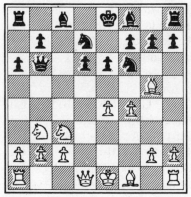

89
W

has four alternatives: (a) 8 ... Qe3+, (b) 8 ... Be7, (c) 8 ... h6 and (d) 8 ... Nc6.

The sub-variation (a) 8 ... Qe3+ leads to a slightly better endgame for White. Some examples:

(a1) Joppen–Bronstein, Belgrad 1954

8 ... Qe3+ 9 Qe2 Qxe2+ 10 Bxe2 Nbd7 11 a4 Be7 12 0–0–0 h6 13 Bh4 e5 14 f5 b6 15 Bf3?! (Better is 15 Bc4 Bb7 16 Bxf6 Nxf6 17 Bd5 Rb8 18 h3 and 19 Rhe1 ± according to Rabar) 15 ... Bb7 16 Rhe1 g5 17 fxg6 fxg6 18 Bf2 0–0 19 Be3 Kg7 (∓) 20 Nd2 Rfc8 21 Nd5 Bd8 22 b3 b5 23 axb5 axb5 24 Nb1 Bxd5 25 exd5 Ra2 26 Rd2 Bb6 27 c3 Bxe3 28 Rxe3 Ra1 29 Be2 Nc5 30 c4 b4 31 Bd1 Nfe4 32 Rb2 Nc3 33 Bc2 Rf8 34 Rf3 Rxf3 35 gxf3 Ne2+ 36 Kd2 Nd4 37 Bd1 Kf6 38 Ke3 g5 39 Kd2 e4 40 Ke3 Ke5 0–1.

Viewing this game objectively, one must conclude that Black's superior strength was the cause of his winning.

(a2) Stein–Gligoric, Stockholm IZ 1962

8 ... Qe3+ 9 Qe2 Qxe2+ 10 Bxe2 Nc6 11 Bf3 Bd7 12 0-0-0 Be7 13 Na4! 0-0-0 14 Bxf6 gxf6 15 Nb6+ Kb8 16 Nxd7+ Rxd7 17 Bh5 ($\pm$) Bd8 18 Rhf1 Rg8 19 g3 Bb6 20 Rf3 Rgd8 21 c3 Kc7 22 Rfd3 Ba7 23 a4 Rf8 24 Nd2 Ne7 25 Nf3 h6 26 Kb1 R7d8 27 Nh4 Nc6 28 Kc2 Bb8 29 b4 $\pm$.

The sub-variation (b) 8 ... Be7 seems to be the most accurate move order for Black because then White cannot play the advantageous 9 Qe2 as after 9 ... h6 10 Bh4 Nxe4 Black wins a pawn. Some examples:

(b1) Dobrovolsky–Ftacnik, Czechoslovak Ch 1982

8 ... Be7 9 Qf3 Nbd7 10 0-0-0 Qc7 11 g4 h6!? 12 Bxf6 Bxf6 13 e5!? dxe5 14 f5 exf5 15 gxf5 Bg5+ 16 Kb1 Nf6 17 h4 Bf4 18 Re1 0-0 19 Bd3 Bd7 20 Rhg1 (20 Ne4!?) 20 ... Bc6 21 Be4 Kh8 22 Qg2? (22 Nc5 is better) 22 ... Rg8 23 Nc5 g6!! ($\mp$) 24 fxg6 Rxg6 25 Qh3? (25 Qf2) 25 ... Rxg1 26 Rxg1 Qb6! 27 Qf5 Bxe4 28 N3xe4 Nxe4 29 Qxf7 Bg3! 30 Qh5 Rg8 31 a3 Nxc5 32 Rxg3 Rxg3 0-1.

(b2) L. Bronstein–L. Portisch, Rio de Janeiro IZ 1979

8 ... Be7 9 Qf3 Nbd7 10 0-0-0 Qc7 11 Bd3 b5 12 a3 (12 Bxf6!?) 12 ... Bb7 13 Rhe1 (13 Bxf6 Nxf6 14 f5 exf5 15 Qxf5 g6 = according to Nunn) 13 ... 0-0-0 14 Qe2 Nc5 15 Nxc5 dxc5 16 e5 c4 17 Be4 (=) Nxe4 18 Nxe4 Bxg5 19 fxg5 Bxe4 20 Qxe4 Qb7 21 Qxb7+ Kxb7 22 Rf1 Rxd1+ 23 Kxd1 Rd8+ 24 Ke2 Rd7 25 Ke3 Kc6 26 Rf4 a5 27 Rd4 Rd5 28 Re4 Kc5 29 h4 b4 30 axb4 axb4 31 g4 h6 32 gxh6 gxh6 33 Ke2 Rd4 34 Ke3 Rd1 35 Rf4 Rb1 36 Rxf7 Rxb2 37 Rf2 b3 38 Rf8 Rxc2 39 Rc8+ Kd5 40 g5 0-1.

(b3) Spassky–L. Portisch, Tilburg 1979

8 ... Be7 9 Qf3 Nbd7 10 0-0-0 Qc7 11 Bd3 b5 12 a3 Bb7 13 Rhe1 Nc5 14 Qh3 0-0-0 15 Nxc5 dxc5 16 e5 Nd5 17 Nxd5 Bxd5 18 Bxe7 Qxe7 19 Qe3 Rd7 ½-½.

(b4) Poleshuk–Kotenko, corr. USSR 1979

8 ... Be7 9 Qf3 Nbd7 10 0-0-0 Qc7 11 Be2 b5 12 Bxf6 Nxf6 13 e5 Bb7 14 Qg3 dxe5 15 fxe5 Nd7 16 Bf3 0-0 17 Rhe1 Bxf3 18 gxf3 b4 19 Nb1 Rfc8 20 Nd4 Qa5 21 Nxe6 fxe6 22 Rxd7 Qa4 23 Rd2 Qxa2 24 Rg1 Bf8 25 Rgd1 Ra7 26 Rd8 Rac7 27 Rxc8 Rxc8 28 Qh4 Qa4 29 Qe4 a5 30 Rd2 Qa2 31 Qb7 Rc5 32 Qe4 a4 33 Rd8 Rc4 34 Qd3 Rf4 35 Qe3 Rf7 36 Qe4 a3 37 Qxb4 Rxf3 38 bxa3 Rf1+ 39 Kd2 Qd5+ 40 Rxd5 Bxb4+ 41 axb4 exd5 42 Nc3 Rf4 43 b5 Kf7 44 Nxd5 Rd4+ 45 Kc3 Rxd5 46 Kb4 Ke6 0-1.

(b5) Torre–Byrne, Reykjavik 1980

8 ... Be7 9 Qf3 Nbd7 10 Bd3 h6 11 Qh3 Qc7 12 0–0–0 b5 13 a3 Bb7 14 Bh4 0–0–0 15 Qe3 Nc5 16 Nxc5 dxc5 17 e5 Ng4 18 Qh3 Bxh4 19 Qxg4 Bf2 20 Ne4 Bxe4 ½–½.

(b6) Malevinsky–Machulsky, USSR 1976

8 ... Be7 9 Qf3 h6 10 Bh4 Nxe4 11 Bxe7 Nxc3 12 Qxc3 Kxe7 13 Qxg7 Qe3+ 14 Be2 Rf8 15 Qxh6 Qe4 16 Qh4+ f6 17 Kf2 Nc6 18 Bd3 Qb4 19 Qh7+ Rf7 20 Qe4 Qb6+ 21 Qe3 Qc7 22 Rhe1 Bd7 23 Bc4! Ne5 24 fxe5 fxe5+ 25 Kg1 Qxc4 26 Qg5+ Rf6 27 Rf1 Raf8 28 Rf2 e4 29 Raf1 Qb5 30 Qh4! ±.

(b7) Yudasin–Marjanovic, Minsk 1982

8 ... Be7 9 Qf3 Nbd7 10 0–0–0 Qc7 11 Bd3 b5 12 Rhe1 Bb7 13 Qh3 0–0–0 14 f5 e5 15 Kb1 Kb8 16 g4 h6 17 Bd2 Nc5 18 Qg3 Rc8 19 Rc1 b4 20 Nd5 Nxd5 21 exd5 Bg5 22 Bxg5 hxg5 23 Bc4 Na4 24 Bf1 f6 25 Red1 Qb6 26 Ka1 Rc7 27 c4 bxc3 28 bxc3 Rhc8 29 c4 Qb4 30 Qf2 Nb6 31 c5 Nxd5 32 Bxa6 Nc3 33 Qd2 Bxa6 34 Rxc3 d5 35 Rb1 Ka7 36 Nc1 Qd4 37 Qb2 Rb7 38 Nb3 Qxg4 39 c6 Rb6 40 Rc5 Qe2 41 Qa3 Qd3 42 Rbc1 Qxf5 43 Rxd5 Rbxc6 44 Qe7+ Ka8 45 Rxc6 Rxc6 46 Rd8+ Rc8 47 Rd7 Qf1+ 48 Kb2 Qf2+ 49 Rd2 Qa7 50 Qe6 Qb7 51 Rd7 Qg2+ 52 Rd2 Qb7 53 Rd7 Qg2+ ½–½.

(b8) Mnatsakanian–A. Petrosian, Erevan 1982

8 ... Be7 9 Qf3 Nbd7 10 0–0–0 Qc7 11 g4 b5 12 Bxf6 gxf6 13 f5 Ne5 14 Qh3 Bd7 15 Nd4 b4 16 Nce2 Qa5 17 Kb1 Nc6 18 Nxc6 Bxc6 19 Nd4 Rc8 20 fxe6 fxe6 21 g5 fxg5 22 Qh5+ Kd7 23 Bh3 Kc7 24 Qf7 Rce8 25 Qxe6 Bb7 26 Qc4+ Kb6 27 Bd7 Rd8 28 Ne6 Rxd7 29 Qd4+ Kc6 30 Qxh8 Qe5 31 Nd4+ Kc7 32 Qxe5 dxe5 33 Nb3 Bd6 34 Nd2 Bc5 35 Nf3 Rxd1+ 36 Rxd1 Bxe4 37 Nxg5 Bf5 38 Bf1 Bd7 39 Re1 h6 40 Nf3 Bf2 41 Rxe5 Kd6 42 Re2 Bb6 43 Re4 a5 44 Ne5 Bb5 45 Nf7+ 1–0.

(b9) Ljubojevic–Quinteros, Linares 1981

8 ... Be7 9 Qf3 Nbd7 10 Be2 Qc7 11 a4 h6 12 Qh3 Rg8 13 Bh4 g5 14 fxg5 hxg5 15 Bf2 b6 16 Qe3 Bb7 17 Bg3 Ne5 18 0–0–0 Rc8 19 Rd4 Nfd7 20 Rhd1 Qb8 21 Kb1 Nc5 22 Qf2 Rh8 23 Qe3 Rg8 24 h3 Qc7 25 R4d2 Nxb3 26 cxb3 Qc5 27 Qxc5 bxc5 28 Bxe5 dxe5 29 Rd7 Rb8 30 Kc2 Rh8 31 Rc7 Bd8 32 Rxd8+ Kxd8 33 Rxf7 Rg8 34 Bc4 Bc8 35 Kd3 g4 36 h4 g3 37 Ke3 Rh8 38 Kf3 Rxh4 39 Kxg3 Rh6 40 Rg7 Bd7 41 Nd1 ½–½.

(b10) Hausner–Ftacnik, Hradec Kralove 1981

8 ... Be7 9 Qf3 Nbd7 10 0–0–0 h6 11 Bh4 g5 12 Bf2 Qc7 13 g3 b5 14 a3 Bb7 15 Bh3 Rc8 16 Qe2 Qc4 17 Qxc4 Rxc4 18 Na5 Rxc3 19 Nxb7 Rc7 20 Nxd6+ Bxd6 21 Rxd6 Nxe4 22 Bd4 0–0 23 Rxa6 Ndc5 24 Rb6? (24 Bxc5 Nxc5 25

Rd6 Ne4 26 Rb6 Nf2) 24 ...
Nb3+ 0–1.

(b11) Kr. Georgiev–P. Szekely, Plovdiv 1981

8 ... Be7 9 Qf3 Nbd7 10 0–0–0
Qc7 11 Be2 b5 12 e5 Bb7 13 Qg3
dxe5 14 fxe5 Ne4 15 Nxe4 Bxe4 16
Bd3 Bxd3 17 Rxd3 Bxg5+ ½–½.

In the sub-variation (c) 8 ... h6
White can play 9 Bxf6 gxf6 10
Qd2 to transpose to an advantageous line of the Richter-Rauser. Other possibilities are:

(c1) Matanovic–Bertok, Yugoslav Ch 1966

8 ... h6 9 Bxf6 gxf6 10 Qf3 Nc6
11 0–0–0 Bd7 12 Kb1 0–0–0 13
Qh5 Be8 14 g3 Kb8 15 Bh3 ($\pm$)
Qc7 16 Rhe1 Rg8 17 Rd2 Rc8 18
Nd1?! Nb4 19 c3 Bb5?! 20 Bf1
Bxf1 21 Rxf1 Nc6 22 Ne3 a5 23
Qb5 Ka7 24 Rfd1 f5?! 25 exf5 d5
26 Nc2 Qb6 27 Qxb6+ Kxb6 28
fxe6 fxe6 29 Re2 Rg6 30 Nbd4
Nd8 31 Rde1 a4 32 Nxe6 Nxe6 33
Rxe6+ Rc6 34 Nd4! 1–0.

(c2) Zaitsev–Alzate, Havana 1983

8 ... h6 9 Bxf6 Qe3+ 10 Be2!?
(10 Qe2 Qxe2+ 11 Bxe2 gxf6 12
Bh5 $\pm$) 10 ... gxf6 11 Rf1 Bd7?!
(Better is 11 ... Nc6 12 Rf3 Qg1+
13 Bf1 Qxh2 14 Qd2 Qg1 15
0–0–0 ∞ according to Zaitsev) 12
Rf3 Qg1+ 13 Bf1 Rg8 (13 ...
Qxh2 14 Qd2 Nc6 $\pm$) 14 Qd2 Nc6
15 0–0–0 Qa7 16 Kb1 0–0–0 17 a4
Qb6 18 Rh3! Kb8 19 Rh5! Rc8 20
a5 Qb4 21 Qe3 f5 22 exf5 Bg7 23

Na2 Qa4 24 Rxd6! Nxa5 (24 ...
Na7!) 25 f6! ($\pm\pm$) Nc4 26 Bxc4
Qxc4 27 Rc5 Qf1+ 28 Nac1 Bf8
29 Rxd7 Bxc5 30 Nxc5 Ka8 31
Na4 1–0.

(c3) Zaitsev–Barkovsky, USSR 1983

8 ... h6 9 Bxf6 gxf6 10 Qd2 Nc6
11 0–0–0 Bd7 12 Be2! h5 13 Rhf1
0–0–0 14 Rf3! Kb8 15 a3 Bc8 16
Na4 Qa7 17 Na5! ($\pm$) Rd7 18
Rb3! Nxa5 19 Qxa5 Qf2 20 Bxa6
Bh6 21 g3 Qa7 22 Nb6 Rc7 23
Rxd6! bxa6 24 Nxc8+! Kxc8 25
Kb1 Rd8 26 Rxa6 Rd1+ 27 Ka2
Qc5 28 Rb8+! Kd7 29 Qa4+ 1–0.

The sub-variation (d) 8 ... Nc6
leads to a roughly equal position.

(d1) Gufeld–Karner, Tallin 1981

8 ... Nc6 9 Qf3 Be7 10 Bd3 Bd7
11 0–0–0 Rc8 12 Rhe1 h6 13 Bh4
Qc7 14 Bg3 Nb4 15 Kb1 Nxd3 16
cxd3 0–0 17 Rc1 Qb8 18 e5 dxe5
19 fxe5 Nh7 ½–½.

(d2) Chiburdanidze–Martinovic, Baku 1980

8 ... Nc6 9 Qf3 Be7 10 0–0–0
Qc7 11 Bd3 Bd7 12 Rhe1 h6 13
Bh4 Nxe4 14 Rxe4 Bxh4 15 Qg4
Bf6 16 Nd5 Qd8 17 Bc4 Kf8 18
Nxf6 gxf6 19 Re3 f5 20 Qe2 Qc7
21 Qf2 Nb4 22 Qd2 Qxc4 23
Qxd6+ Kg8 24 Nd4 Nxa2+ 25
Kb1 Be8 26 Nxf5 Kh7 27 Rh3
Nc3+ 28 Rxc3 Qe4 29 Ne3 Qg6 30
Qe7 Bc6 31 g4 Rhe8 32 Qh4 Rac8
33 Rd6 Be4 34 f5 Qg5 35 Qxg5
hxg5 36 Rxc8 Rxc8 37 fxe6 fxe6 38

Rxe6 Bf3 39 Rf6 Be4 40 Kc1 Kg7
41 Re6 Bf3 42 Nf5+ Kf7 43 Re3
1–0.

9 Qe2 (diagram 90) White has

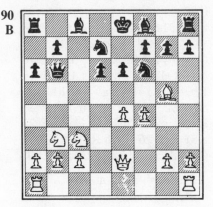

90
B

four alternatives: A 9 Qd2, B 9
Qf3, C 9 Bd3 and D 9 Be2.

In line A 9 Qd2 Black can
equalise without difficulty:

Belyavsky–Palatnik,   USSR
1974

9 Qd2 Qc7 10 0–0–0 Be7 11 g4
b5 12 Bxf6 gxf6 13 Bd3 Nc5 14
Nd4 b4 15 Nce2 Bb7 16 Ng3 d5 17
Qe3 0–0–0 18 Kb1 h5! 19 Nxh5
dxe4 20 Be2 Na4 21 Ng3 Nb6 22 f5
Bc5 23 fxe6 fxe6 24 Qf2 Qe5 25 c3
bxc3 26 bxc3 Na4 27 Rc1 Kb8 28
Qe1 Bxd4 29 cxd4 Qxd4 30 Rc2
Rc8 31 Qd2 Nc3+ 0–1.

Variation 9 Qf3 gives White
slightly better chances. Although
seven different sub-variations
exist it should be noted that there
are many transpositions amongst

them: (a) 9 ... Be7 10 0–0–0, (b)
9 ... Be7 10 Bd3, (c) 9 ... Qc7 10
a4, (d) 9 ... Qc7 10 Bd3, (e)
9 ... Qc7 10 0–0–0, (f) 9 ... Qc7
10 Bxf6 and (g) 9 ... Qc7 10 f5.

Some examples of variation (a)
9 Qf3 Be7 10 0–0–0 (diagram 91):

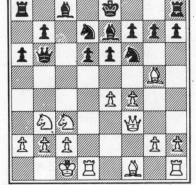

91
B

(a1) Timman–Hulak, Amster-
dam 1977

10 ... Qc7 11 Be2 h6 12 Bh4 g5
13 fxg5 Ne5 14 Qf2 Nfg4 15 Bxg4
Nxg4 16 Qf4 Ne5 17 gxh6!? (17
Rhf1!?) 17 ... Ng6 18 Bxe7 Nxf4
19 Bxd6 Qb6 20 Bxf4 (∞) Bd7 21
g4 Bc6 22 g5 0–0 23 h4 Rad8 24
Rdg1 Kh7 25 Rg2 Rg8 26 Rf1 f6!
27 Rg3 fxg5 28 Be3 Qc7 29 Rgf3
Be8 30 Bxg5 Rd7 31 Bf4 Qc4 32
Be3 Bh5 33 Rf4 Rg3 34 e5 Qxf1+!
35 Rxf1 Rxe3 36 Nc5 Rf7 37
Rxf7+ Bxf7 38 Nxb7 Rxe5 ½–½.

(a2) Szabo–Quinteros, Am-
sterdam 1973

10 ... Qc7 11 Be2 b5 12 Bxf6

Nxf6 13 e5 Bb7 14 Qg3 dxe5 15 fxe5 Nd7 16 Rxd7?! (16 Bf3 0–0 is roughly equal or 16 Bf3 Bxf3 17 gxf3 Qxe5 18 Rxd7 Bg5+ 19 Rd2 is better for White) 16 ... Kxd7! 17 Qxg7 (17 Rd1+ Kc8 18 Qxg7 Rd8! $\mp$) 17 ... Raf8 18 Bh5 b4 19 Bxf7! bxc3! ($\overline{\mp}$) 20 Bxe6+?! (20 Nd4!? is better) 20 ... Kc6 21 Qg3 cxb2+ 22 Kb1 Bc8 23 Nd4+ Kb6 24 Qb3+ Ka7 25 Qa4 Qc5 26 Bd7 Bb7 27 e6 Rf2 28 Rd1 Rhf8 29 Bb5 R8f4 30 c3 Rxd4! 31 cxd4 Be4+ 0–1.

(a3) Haag–Barczay, Hungarian Ch 1968/69

10 ... Qc7 11 Kb1 Rb8 12 Bd3 b5 13 Rhe1 b4 14 Ne2 Bb7 15 Ng3 h6 16 Bxf6 Nxf6 17 Nh5 Kf8 18 Nxf6 Bxf6 19 Qh5 e5 20 Rf1 Qe7 21 g3 g6 22 Qe2 Kg7 23 Na5 exf4 24 gxf4 Ba8 25 Nc4 d5 ($\mp$) 26 e5 dxc4 27 exf6+ Qxf6 28 Bxc4 Rhe8 29 Qf2 Rbd8 30 Rxd8 Rxd8 31 Bd3 a5 32 Qe3 Bc6 33 Qb6 Bg2 34 Qxf6+ Kxf6 35 Rg1 Bh3 36 Kc1 Rd4 37 Kd2 Rxf4 38 Ke3 g5 39 a3 bxa3 40 bxa3 Be6 41 Rc1 0–1.

(a4) Sax–Djukic, Yugoslavia 1971

10 ... Qc7 11 Be2 h6 12 Bh4 g5 13 fxg5 Ne5 14 Qe3 Nfg4 15 Bxg4 Nxg4 16 Qd2 hxg5 17 Bxg5 Bxg5 18 Qxg5 Ne5 19 h4 Qe7 20 Qd2! Rxh4 21 Rxh4 Qxh4 22 Qxd6 Qg5+ 23 Kb1 Bd7 24 Nc5 0–0–0 25 Nxa6! bxa6 26 Qxa6+ Kc7 (26 ... Kb8 27 Rd4 Nc6 28 Qb6+ Kc8 29 Nb5 Qxb5 30 Qxb5 Nxd4 31 Qa6+ Kc7 32 Qa7+ Kc8 33

Qxd4 Bc6 34 Qg1 Bxe4 35 a4 Rd2 36 Qc5+ Kd7 37 a5 $\pm\pm$ according to Sax) 27 Rd5!! Qe3 28 Qd6+ 1–0.

(a5) Karpov–Quinteros, Leningrad IZ 1973

10 ... h6 11 Bh4 Qc7 12 Bg3!? b5 13 e5 Bb7 14 Qe2 dxe5?! (Better is 14 ... Nd5! 15 Nxd5 Bxd5 16 Rxd5 exd5 17 e6 Nf6 18 exf7+ Kxf7 19 Qf3 ∞ or 16 exd6 Qxd6 17 f5 e5 18 h4 0–0 19 Rh3 Rac8 20 Bh2 Qc6 21 Na5 Qc5 22 Rc3 $\pm$ according to Zaitsev and Tseitlin) 15 fxe5 Nh7 16 Ne4! Bg5+? (16 ... Ng5 is better) 17 Kb1 0–0 18 h4 Be7 19 Nd6 Bd5? (19 ... Bc6 $\pm$ or 19 ... Rad8 $\pm$) 20 Rxd5! exd5 21 Nf5! Qd8 22 Qg4! g6 23 Nxh6+ Kg7 24 Nf5+ (Better is 24 Nd4! Kxh6 25 Nf5+! gxf5 26 Bf4+ Ng5 27 Qxf5 Kg7 28 hxg5 Rh8 29 Rh6 Nf8 30 e6 $\pm\pm$ according to Zaitsev) 24 ... Kh8 25 Bd3 Rg8 26 Nh6 Rg7 27 h5 Qe8 28 e6 Ndf6 29 exf7 Qd8 30 Qd4 Nxh5 31 Be5 Bf6 32 Re1 Bxe5 33 Rxe5 N5f6 34 g4 Qf8 35 g5 Ne4 36 Bxe4 dxe4 37 Qxe4 1–0.

(a6) Tukmakov–Bukhover, Ukraine Ch 1963

10 ... h6 11 Bh4 g5? 12 Bf2 Qc7 13 g3 b5 14 Bg2 Rb8 15 Rhe1! ($\pm$) b4 16 Nb1 e5 17 N1d2 a5 18 Kb1 a4 19 Nc1 Nc5 20 f5 g4 21 Qe3 Ba6 22 Bf1 Nd5 23 exd5 Bg5 24 Qxc5 dxc5 25 Bxa6 Bxd2 26 Rxd2 Qd6 27 Bc4 f6 28 Nd3 Rc8 29 Be3 a3 30 b3 Kd8 31 Nf2 Qd7 32 Ne4 Qxf5 33 Nxc5 Qg6 34 d6 1–0.

(a7)   Vasyukov–Palatnik, Kirovabad 1973

10 ... Qc7 11 Bd3 b5 12 a3 Bb7 13 Bh4 (13 Rhe1 0–0–0! 14 Qe2 h6 15 Bh4 g5! 16 Bf2 Nc5! ∓) 13 ... Nc5 14 Kb1 Nxd3 15 Rxd3 0–0 16 Bxcf6 Bxf6 17 Rhd1 (±) Rfd8 18 Qe3 Rac8 19 g4 Qb8 20 Nd4 Rc4 21 g5 Bxd4 22 Rxd4 Rxd4 23 Qxd4 ±.

(a8) B. Ivanovic–P. Szekely, Vukovar 1976

10 ... Qc7 11 Bd3 h6 12 h4 b5 13 Bxf6 Nxf6 14 g4 h5 15 g5 Ng4 16 Rhe1 Bb7 17 Kb1 g6 18 Qg3 Qb6 19 Rd2 Rc8 20 Be2 b4 21 Nd1 a5 22 Bxg4 hxg4 23 Nf2 a4 24 Nc1 a3 25 b3 Qc5 26 Nxg4 Rxh4 27 Qxh4 Qc3 28 Nd3 Qxd2 29 Qf2 Rxc2 30 Qxd2 Rxd2 31 Nxb4 Rb2+ 32 Kc1 d5 33 Nd3 Rxa2 34 e5 Ba6 35 Ngf2 Kd7 36 Rd1 Ra1+ 37 Kc2 Rxd1 0–1.

(a9) Biriescu–Pavlov, Rumanian Ch 1976

10 ... Qc7 11 Bd3 b5 12 Bxf6 Nxf6 13 g4 b4 (∞) 14 Ne2 Bb7 15 g5 Nd7 16 Rhe1 g6 17 Qe3! 0–0 18 h4 a5 19 Kb1 a4 20 Nbd4 Rfc8 21 h5 e5 22 hxg6! hxg6 23 Qh3 Bf8 24 Ne6!! fxe6 25 Qxe6+ Kg7 26 f5! 1–0.

An example of the variation (b) 9 Qf3 Be7 10 Bd3 (diagram 92):

(see following diagram)

(b) Suetin–Sakharov, USSR Team Ch 1968

10 ... h6 11 Qh3 (11 Bh4? Nxe4

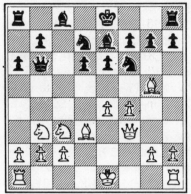

92 B

12 Bxe7 Nxc3 13 Bxd6 Qxd6 14 bxc3 Nf6 ∓ according to Sakharov) 11 ... Nc5? 12 0–0–0 Nxd3+ 13 Rxd3 Rg8 14 Bxf6 gxf6 15 f5 Bd7 16 fxe6 fxe6 17 Qh5+ Kd8 18 Nd4 Rc8 19 Qf7 (±) Rxg2 20 Rhd1 Rc6 21 Nxe6+ Bxe6 22 Qxe6 ±.

Some examples of variation (c) 9 Qf3 Qc7 10 a4 (diagram 93):

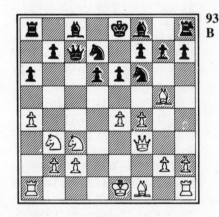

93 B

(c1)   Sax–Nunn,   Hastings 1977/78

10 ... b6 11 Bd3 Bb7 12 0–0
Be7 13 Qh3! h6 14 Bh4 0–0 15
Nd4 Qc5!? 16 Bf2 Qh5 17 Qg3
Qg4 18 Qe3 ($\pm$) Nc5 19 h3 Qg6 20
Rae1?! (Better is 20 f5 exf5 21
Nxf5 Rfe8 ∞ according to Minic
and Sindik) 20 ... Rfe8 21 Nf3 d5!
22 f5 exf5 23 exf5 Qh5 24 Qe5
Nfe4 ($\mp$) 25 Bd4 f6 26 Qc7 Bd8 27
Qf4 Rc8 28 Qg4 Qxg4 29 hxg4
Bc7 30 Ra1? (30 b4! is better)
30 ... Nxd3 31 cxd3 Nc5 32 Rad1
Bg3 33 Bf2 Bxf2+ 34 Kxf2 Bc6 35
a5 bxa5 36 Nd4 Bb5! 37 Ndxb5
axb5 38 Nxd5 Nb3! 39 Rfe1 Rc2+
40 Kg3 Kf7 41 Nc3 b4 42 Rxe8
Kxe8 43 Na4 Kd7 44 Nb6+ Kc6
45 Nc4 Kc5 46 Kh4? Rxg2 $\mp\mp$
and Black won in 58 moves.

(c2) Stein–Parma, USSR v
Yugoslavia, Lvov 1962

10 ... b6 11 Bd3 Bb7 12 0–0
Be7 13 Qh3! e5 (13 ... 0–0? 14
e5! dxe5 15 fxe5 Qxe5 16 Bxf6
Nxf6 17 Rxf6! $\pm\pm$) 14 Rae1 0–0
15 Kh1 Rfe8 16 Nd2! Nf8 17 Bc4
($\pm$) exf4?! (17 ... Bc6) 18 Bxf4
Ng6 19 Bg5 Bc8 20 Qg3 Be6 21
Bxf6! Bxf6 22 Nd5 Bxd5 23 Bxd5
Rad8 24 c3 Kh8 25 Nf3 Qe7 26
Rd1 Qc7 27 Nd4 Rf8 28 Rxf6!
gxf6 29 Qf2 Kg8 30 Rf1 Rde8 31
Nf5 Qd8 32 Qg3 Kh8 33 Nxd6
Re7 34 Rxf6 Rxe4 35 Nxf7+!
Rxf7 36 Rxf7 Re5 37 c4 Qe8 38
Rf1 Qxa4 39 Qc3 Qe8 40 Bf7 Qf8
41 Rf5 Qd6 42 h3! 1–0.

(c3) Gufeld–Suetin, USSR Ch,
Tbilisi 1967

10 ... Be7 11 Bd3 h6 12 Qh3

Rg8 (12 ... Nc5 =) 13 Bh4 g5 14
fxg5 hxg5 15 Bf2 b6 16 0–0 Ne5 17
Qe3 Rb8 (17 ... Nfd7 =) 18 Qe2!
($\pm$) Qb7 19 Nd2! Nfd7 20 Bg3 g4
21 Rf2 Rg7 22 Raf1 Ra8 23 Nc4!
Nxc4 24 Bxc4 Ne5 25 Bd3 Bd7 26
b3 Bc6 27 Kh1 Kf8 28 Nd1! Kg8
29 Ne3! Bxe4? 30 Bxe5 Bxd3 31
Rxf7!! Bf6 32 Rxg7+ Qxg7 33
cxd3 Bxe5 34 Nxg4 Rf8 35 Rxf8+
Qxf8 36 Nxe5 dxe5 37 Qg4+ Kh8
38 Qh5+ Kg8 39 Qg5+ Kh7 40
Qh4+ Kg7 41 Qg3+ Kh7 42 h4!
Qb4 43 h5 e4 44 Qg6+ Kh8 45
Qh6+ Kg8 46 Qxe6+ Kh8 47
Qf6+! Kh7 48 h6 1–0.

(c4) Haag–Barczay, Salgotar-
jan 1967

10 ... Be7 11 Bd3 h6 12 Qh3
Nc5 13 Nxc5 Qxc5 14 Bh4 0–0 15
Bf2 Qc6 16 Qf3 b6 17 0–0 Bb7 18
Rae1 Nd7 19 Qg3 Bf6 ($\mp$) 20 Be3
Bxc3 21 bxc3 Qxc3 22 f5 exf5 23
exf5 Qf6 24 Qf2 Bc6 25 Bd4 Ne5
26 Ba1 Rfe8 27 Qxb6 Qg5 0–1.

(c5) Gipslis–Minic, USSR v
Yugoslavia, Lvov 1962

10 ... Be7 11 Bd3 h6 12 Qh3
Rg8 13 Bxf6 Bxf6 14 0–0 Nc5 15
Rae1 Bxc3 16 bxc3 Bd7 17 e5
0–0–0 (=) 18 Qe3 Nxa4 19 c4 Bc6
20 exd6 Rxd6 21 Ra1 Rgd8 22
Ra3 R6d7 23 Rfa1 Qb6 24 c5 Qb4
25 f5 Qg4 26 Qf2 Nb2 27 fxe6 fxe6
28 Be2 Qg6 29 Na5 Nd1 30 Qg3
Qf5 31 h3 Qxc5+ 32 Kh2 Qd6 33
Qxd6 Rxd6 34 Nxc6 bxc6 35
Bxa6+ Kd7 36 Bd3 Nb2 37 Ra7+
Kc8 38 Ba6+ 1–0.

(c6) Villun–Sorokin, corr. 1970

10 ... Be7 11 Bd3 h6 12 Qh3 Rg8 13 Bxf6 Bxf6 14 0–0 Bxc3 15 bxc3 Qxc3 16 Rad1 (16 e5! is better) 16 ... Qc7 17 Nd2 Nb6 18 Ra1 a5 19 Qg3 Bd7 20 e5 Bc6! 21 Bh7 Rh8 22 Qxg7 0–0–0 (∓) 23 Be4 Rhg8 24 Qxh6 dxe5 25 fxe5 Nc4! 26 Bxc6 Nxd2 27 Rfd1 Qxe5 0–1.

Two examples of variation (d) 9 Qf3 Qc7 10 Bd3 (diagram 94):

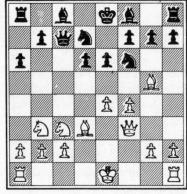

94
B

(d1) Danailov–Guerra, Dortmund 1980

10 ... Be7 11 0–0–0 b5 12 Bxf6!? Nxf6 13 e5 Bb7 14 Qg3 dxe5 15 fxe5 Nh5!? 16 Qe3 h6 17 h4 g5 18 Kb1 gxh4 19 Nxb5! axb5 20 Bxb5+ Kf8 21 Rd7 Qc8 22 Rf1! Ng3 23 Qf4! Nxf1 24 Rxe7 Rh7? 25 Qb4! Ne3 26 Re8+ Kg7 27 Qf8+ Kg6 28 Bd3+ Kh5 29 Rxc8 Rxc8 30 Qe7 (±) Bxg2 31

Bxh7 h3 32 Qxf7+ Kh4 33 Qf2+ Kg4 34 Bd3 (±±) Rf8 35 Qxf8 h2 36 Qxh6 h1Q+ 37 Qxh1 Bxh1 38 Nd4 Bd5 39 b3 1–0.

(d2) Grinfeld–P. Szekely, Groningen 1974/75

10 ... b5 11 a3 Be7 12 Bh4 h6! 13 Bf2 g5! 14 g3 Bb7 15 0–0–0 Rg8 16 Rhe1 gxf4 17 gxf4 Nc5 18 Rg1 (18 Kb1 is better) 18 ... 0–0–0 19 Rxg8?! Rxg8 20 Rg1? Rxg1+ 21 Bxg1 Nxb3+ 22 cxb3 d5! 23 Kb1? (23 e5 d4 24 Qg3 dxc3 25 exf6 Bxf6 26 Qg8+ Bd8 ∓∓ according to Szekely) 23 ... dxe4 24 Nxe4 Qc6! 0–1.

Some examples of variation (e) 9 Qf3 Qc7 10 0–0–0 (diagram 95):

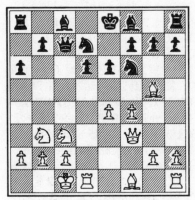

95
B

(e1) Ciocaltea–Najdorf, Havana 1962

10 ... b5 11 a3 Bb7 12 Bxf6 Nxf6 13 f5 e5 14 g4 h6 15 h4 Qb6 16 Bg2 Be7 17 g5 Nd7 18 f6! gxf6 19 gxh6 Rxh6 20 Bh3 0–0–0 21

Qd3? (21 Bf5! is better) 21 ...
Kb8 22 Nd5 Bxd5 23 Qxd5 f5! 24
Bxf5 Bxh4 25 Kb1 ½–½.

(e2) Ciocaltea–Tringov, Sofia
1962

10 ... b5 11 a3 Bb7 12 Bxf6
Nxf6 13 f5 exf5! 14 Qxf5 Be7 15
Nd5 Nxd5 16 exd5 Bf6! 17 Bd3
Be5 18 h4 (18 Qe4! is better)
18 ... Bxd5! 19 Bxb5+ axb5 20
Rxd5 0–0 21 Rxb5 Qc6 (=) 22
Rb4 Qxg2 23 Rd1 Qc6 24 Kb1
Ra4 25 Nd4 Qa8 26 Nf3 Rxa3! 27
bxa3 Qxa3 28 c3 Qxc3 29 Rb7 g6?
(29 ... Qa1+ or 29 ... Ra8!? is
better) 30 Nxe5! dxe5 31 Qd3 Qc6
32 Qd5 Qf6 33 Qe4 h5 34 Rb5 Re8
35 Rc1 and White won.

(e3) Szabo–Stein, European
Team Ch, Hamburg 1965

10 ... b5 11 a3 Bb7 12 g4 Rc8 13
Rd2 d5! 14 Bxf6 Nxf6 15 g5 Nxe4
16 Nxe4 dxe4 17 Qe3 Bd6 18 Rf2
0–0 19 Bg2 f5 20 gxf6 Rxf6 21 Kb1
Bxf4 22 Qe2 e3 23 Bxb7 Qxb7 24
Rg2 Bh6 25 Nc1 Rcf8 26 Rhg1
Rf2 27 Qg4 Qc6 28 Ne2 R8f4! 29
Qh3 Rxg2 30 Qxg2 Qxg2 31 Rxg2
Rf2 32 Rxf2 exf2 33 Ng3 Bf4 0–1.

(e4) Westerinen–O'Kelly,
Havana 1967

10 ... b5 11 Bd3 Bb7 12 Rhe1
Be7 13 a3 Rc8!? 14 Qg3! (±) e5 15
Kb1 Nh5? 16 Qg4 Nxf4 17 Bxf4
exf4 18 Nd5! (±) Bxd5 19 Qxg7
Rf8 20 exd5 Ne5 21 Nd4! Qc5 22
Bf5 Rc7 23 Qh6! b4 24 Nb3 Qb5
25 axb4 Qxb4 26 Rxe5! dxe5 27 d6
Bxd6 28 Rxd6 1–0.

An example of variation (f) 9

Qf3 Qc7 10 Bxf6 (diagram 96):

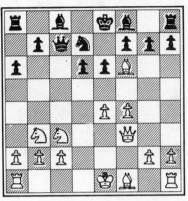

96
B

(f) Dementiev–Peresipkin,
USSR 1972

10 ... Nxf6 11 g4 g6 12 Bg2 Bg7
13 0–0–0 Nd7 14 h4 h5 15 g5 Nb6
16 f5 Be5 17 Rhf1 Nc4 18 Bh3 b5
19 Nd4! (±) b4 20 Nce2 exf5 21
exf5 Bb7 22 Qd3 gxf5 23 Bxf5 Bd5
24 Be4 Bxe4 25 Qxe4 Rc8 26 Nf4
Qa5 27 Kb1 b3 28 Nxb3 Qa4 29
Qf5 0–0 30 Nd5 Bxb2 31 Nf6+
Bxf6 32 gxf6 Rfd8 33 Qxh5 Na3+
34 Ka1 Nxc2+ 35 Kb2 1–0.

An example of variation (g) 9
Qf3 Qc7 10 f5 (diagram 97):

(see following diagram)

(g) Van der Wiel–Sunye Neto,
Graz 1981

10 ... Be7 11 Be2 Ne5 12 Qh3
b5 13 a3 Rb8 14 0–0–0 b4 15 axb4
Rxb4 16 Rd4 Nc6 17 Rxb4 Nxb4
18 Rd1 e5 19 Bd3 Bb7 20 Bd2 h6

97
B

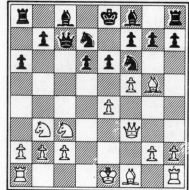

21 Kb1 0–0 22 g4 Nh7 23 Nb5
axb5 24 Bxb4 Rc8 25 Qg2 Nf6 26
Rg1 Nxe4 27 Bxe4 Bxe4 28 Qxe4
d5 29 Qxd5 Bxb4 30 c3 Qb6 31
Rd1 Be7 32 Qxe5 Bf6 33 Qe4 b4
34 Qxb4 Qxb4 35 cxb4 Rc4 36 h3
Rxb4 37 Kc2 Rc4+ 38 Kd3 Rb4
39 Kc2 ½–½.

Variation 9 Bd3 is probably
good enough for equality, but it
does not give White winning
chances against accurate play.
For example:

Grigoriadis–V.   Zilberstein,
Krasnodar 1982

9 Bd3 Be7 10 Qe2 Qc7 11
0–0–0 b5 12 Rhe1 b4 13 Nd5 exd5
14 exd5 0–0 15 Qxe7 Re8 16
Qxe8+ Nxe8 17 Rxe8+ Nf8 18
Rde1 f6 19 R1e7 Qb6 20 Bxf6
Qg1+ 21 Re1 Qxh2 22 Bd4 Rb8
23 Kb1 Qg3 24 R1e7 Rb7 25 Rxb7
Bxb7 26 Re7 Bxd5 27 Rxg7+
Qxg7 28 Bxg7 Kxg7 29 g3 Kf6 30
Bxa6 Kf5 31 Bc8+ Ke4 32 a4 bxa3

33 bxa3 Kf3 34 a4 Kxg3 35 a5 Kxf4
36 a6 Ne6 37 Bb7 Nc7 38 Bxd5
Nxd5 39 a7 Nc7 40 Nd4 Ke5 41
Nb5 ½–½.

Variation 9 Be2 gives White
slightly better chances. For ex-
ample:

Ljubojevic–Hübner,   Linares
1985

9 Be2 Be7 10 Qd2 h6 11 Bxf6
Nxf6 12 0–0–0 Qc7 13 Bf3 Bd7 14
Kb1 0–0–0 15 Rhc1 Kb8 16 Re3
Be8 17 Rd3 Rc8 18 g3 g5 19 a3
Nd7 20 Rd4 (±) Nc5 21 Qe2 Bc6
22 Rb4 gxf4 23 gxf4 Nxb3 24 Rxb3
Qa5 25 Rd4 Rc7 26 Qg2 Rhc8 27
Rc4 Bf8 28 Qe2 ½–½.

9 … Qc7 (diagram 98) Alter-

98
W

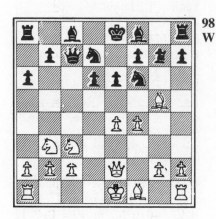

natively, Black has 9 … h6. For
example:

Gufeld–Palatnik, USSR 1981

9 … h6 10 Bxf6 Nxf6 11 g3 Be7
12 Bg2 Qc7 13 0–0–0 e5 14 h4 0–0
15 f5 b5 16 a3 Bb7 17 g4 Nd7 18

Nd2 (18 Qd2!?) 18 ... Rfc8 19
g5!? hxg5 20 f6 Bxf6 21 Qg4 gxh4
22 Nf3 g6 23 Nxh4 Bg7 24 Bh3
(Time trouble) 24 ... Nf6 25 Qe2
Nxe4! (∓) 26 Nxe4 Qxc2+ 27
Qxc2 Rxc2+ 28 Kxc2 Bxe4+ 29
Kb3 Bxh1 30 Rxh1 d5?! (30 ...
Rd8! is better) 31 Bg2 (31 Nxg6!
fxg6 32 Be6+ ∓ is better)
31 ... e4 32 Rf1 Re8 33 Bh1 d4
0–1.

10 g4 (diagram 99) White has

99
B

another important move in 10
0–0–0. Some examples:

(1)   Velimirovic–Marjanovic,
Yugoslavia 1977
10 0–0–0 h6 11 Bh4 Be7 12
Bg3!? e5 13 f5 b5 14 Bf2 Bb7 15
Kb1?! (15 a3 is better) 15 ... b4
16 Nd5 Nxd5 17 exd5 Rc8! (∓) 18
g4 a5 19 Bg2 a4 20 Nc1 Qa5 21
Be1 Qb6 22 Qe4? (22 Bf2 ∞ is
better) 22 ... Nf6 23 Qxb4 Qxb4
24 Bxb4 Rc4 25 a3 Rxg4 26 Rd2

0–0 27 Re1 Re8 28 Na2! Bc8! 29
Nc3 Bd7 30 Bf1 Rb8 31 Be2?!
(Time trouble) 31 ... Rg2 32
Red1 Rxh2 33 Bd3 Rh4 34 Re1
Rd4 35 Rg2 Nxd5 36 Nxd5 Rxd5
37 Reg1 Bg5 38 Bd2 Rxd3! (∓∓)
39 Bxg5 hxg5 40 Rxg5 Rh3! 41
Rxg7+ Kh8 42 Rxf7 Bc6 43 f6
Rg8 44 Rd1 Rh1 45 Rxh1+ Bxh1
46 Rd7 Rg1+ 47 Ka2 Bd5+ 48 b3
Rg2 49 Rxd6 Bxb3+ and Black
won in 55 moves.

(2)   Ljubojevic–Browne,
Buenos Aires 1980
10 0–0–0 b5 11 a3 Bb7 12 g3
Be7 13 Bg2 h6 14 Bxf6 Nxf6 15 e5
dxe5 16 Nxb5 Qb6 17 Nd6+ Bxd6
18 Rxd6 Qxd6 19 Bxb7 (∞) Ra7
20 fxe5 Qb6 21 Bxa6 Qxa6 22
Qxa6 Rxa6 23 exf6 gxf6 24 c4 Ke7
(Better is 24 ... h5! 25 Kc2 h4 26
Rf1 hxg3 27 hxg3 Rh3 28 Rf3 e5
29 Nd2 ∞ according to Ljubo-
jevic) 25 Kc2 Rc8 26 Kc3 e5 27
Ra1 f5 28 Nc1 f4 29 gxf4 exf4 30
Nd3 f3 31 Nf4 (±) Kd6 32 Nd5?!
Ra5 33 Kd4 Rxc4+? (Time
trouble; 33 ... Rxd5+! 34 cxd5
Rc2 = is better) 34 Kxc4 Rxd5 35
Rf1 Rd2 36 Kc3 Rxh2 37 Rxf3
(±±) Ke6 38 a4 f5 39 a5 Rh1 40
Kb4 Rh2 41 Ka3 Rh1 42 Ka4
Ra1+ 43 Kb5 Ke5 44 a6 f4 45 Kb6
Rb1 (45 ... Ke4 46 Ra3! wins) 46
Rf2! Ke4 47 a7 Ra1 48 Rh2 f3 49
Rxh6 1–0.

(3)   Grabczewski–Tal, Lublin
1974
10 0–0–0 b5 11 a3 Bb7 12 g4
Rc8 13 Bh4! (±) Nb6 14 g5 Nfd7

15 f5 e5 16 Bf2 Nc4 17 Rd3 Ndb6 18 Bh3 Na4 19 Nxa4 bxa4 20 Na1?? (Better is 20 Rc3! axb3 21 cxb3 d5 22 exd5 Nxa3 23 Rxc7 Rxc7+ 24 Kd1 ± according to Tal) 20 ... Qc6 (∓) 21 Rd5 Nxb2!! 22 f6 Qc3! 23 Bxc8 Bxd5 24 Qxa6 Bxe4 25 Qb5+ Bc6 26 Qb8 Nd3+ 27 Kb1 Qb2+!! (∓∓) 28 Qxb2 Nxb2 29 Rg1 Nc4 30 Rg4 d5 31 Ka2 gxf6 32 gxf6 Nd6 33 Ba6 Ne4 34 Bh4 h5! 35 Rg1 0–1.

(4) L. Bronstein–Quinteros, Argentine Ch 1975

10 0–0–0 Be7 11 g3 b5 12 Bg2 Bb7 13 e5! dxe5 14 fxe5 Nd5 15 Bxe7 Nxc3 (15 ... Nxe7 16 Rxd7!! Kxd7 17 Bxb7 or 16 ... Qxd7 17 Nc5) 16 bxc3 Bxg2 17 Bd6 Qb7 18 Rhf1! Bxf1 19 Rxf1 (±) Qc6 20 Qf2 f5 21 g4! 0–0–0 22 Na5 Qb6 23 Qf3 Nb8 24 Bxb8 Qxa5 25 Bd6 Qb6 26 Rd1 Qb7 27 Qe3 Rd7 28 gxf5 Re8 29 fxe6 Rxe6 30 Qh3 Rh6 31 Qf5 Qb6 32 Kb2 b4 33 c4! Qc6 34 Rd5 Kb7 35 Rc5 Rdxd6 36 Rxc6 Rxc6 37 Qd7+ Rc7 38 Qd5+ Kc8 39 e6 Rf6 40 Qa8 mate.

(5) Martinovic–Marjanovic, Vrnjacka Banja 1976

10 0–0–0 Be7 11 g3 h6 12 Bh4 b5 13 Bg2 Rb8! 14 Rhe1 Bb7 15 a3 Nb6 16 g4 g5! 17 Bg3 gxf4 18 Bxf4 Nc4 (∓) 19 h4 Rc8 20 g5 hxg5 21 hxg5 Nd7 22 Rd3! Nde5 23 Rg3 Ng6 24 Qf2 Rg8 25 Rf1 Rg7 26 Kb1 (Time trouble) 26 ... Qb6 27 Qf3?! (27 Qxb6 Nxb6 ∓ is better) 27 ... b4! (∓) 28 axb4 Qxb4 29 Bc1 a5 (Time trouble) 30 Na2 Qb6 31 Nc3 Bc6! 32 Qe2 Bd7 33 Ka1! a4 34 Nd2 Nce5 35 Ndb1 Rb8 36 Rh3? Rg8? (36 ... Bxg5! ∓∓ is better) 37 Rfh1 Nf4 (37 ... Bxg5! ∓∓) 38 Rh8! Nxe2 39 Rxg8+ Bf8 40 Nxe2 Ke7 41 g6 Nxg6 42 Bf3 Bc6 43 Nbc3 Qb4 44 Rd1 Ne5 45 Bh5 Kd7 46 Rd4 Qb7 47 Kb1 Be7 48 Rxb8 Qxb8 49 Nxa4 Qh8 50 Nf4 Ng6 51 Nc5+ Kc8! (∓∓) 52 Ncxe6 Nxf4 53 Bxf7 Nxe6 54 Bxe6+ Kc7 55 Rc4 Qh1?! (Time trouble; 55 ... Kb7 wins) 56 Bd5 Bg5 57 Rxc6+ Kd7 58 Ka2 Qxc1 59 c3 Be3 60 Rc4 Qc2 61 Rb4 Ke7 and Black won in 79 moves.

(6) Grabczewski–Barczay, Kecskemét 1975

10 0–0–0 Be7 11 Bh4! b5 12 a3 Bb7 13 Kb1 Rc8 14 g4 Nb6 15 g5 Nfd7 16 Be1? Nc5 17 Nxc5 dxc5 18 Bg3 Bd6 19 Qd2 Be7 20 f5 e5 21 Nd5 Nxd5 22 exd5 Rd8 23 Bg2 f6 24 h4 0–0 25 Be4 b4 26 axb4 cxb4 27 h5 fxg5 28 h6 Bf6 29 Qxb4 Qd6?? 30 Qxb7 Rb8 31 Qc6 Qb4 32 Qe6+ Rf7 33 Bxe5 Bxe5 34 Qxe5 Re7 35 Qd4 Qa3 36 d6 1–0.

(7) Martinovic–Vaisman, Stara Pazova 1981

10 0–0–0 Be7 11 g3 h6 12 Bh4 b5 13 Bg2 Rb8 14 Rhe1 b4? 15 Nb1? (Better is 15 Nd5! exd5 16 exd5 Nb6 17 Bxf6 gxf6 18 Rd4 ± or 16 ... 0–0 17 Qxe7 Re8 18 Qxe8+ Nxe8 19 Rxe8+ Kh7 20 Be4+ g6 21 f5 ±± according to Martinovic) 15 ... e5 16 N3d2

0–0 17 Nf1 a5 18 Ne3 Re8 19 Bh3?
b3! 20 axb3! Nc5 21 Nc3 Bxh3 22
f5 Qc6 23 Bxf6 Bxf6 24 Nc4 Red8
25 Nd5 Bg5+ 26 Kb1 a4 27 b4
Nb3? (27 ... Nb7 is better) 28
cxb3 axb3 29 Na3 (±) Rdc8 30
Qf3 Qa4 31 Rd3 Rc2 32 Rxb3
Rxh2? (Time pressure) 33 Ka2
Qa7 34 g4 (±±) Bh4 35 Re2 Bf2
36 Rxf2 Rxf2 37 Qxh3 Rc8 38 Rc3
Rxc3 39 Qxc3 Rg2 40 f6 1–0.

(8) Chiburdanidze–Azmay-
parashvili, USSR 1981

10 0–0–0 b5 11 g4 Be7?! 12 Bg2
Rb8?! 13 Bh4 h6 14 Bg3 Nb6 15 e5
dxe5 16 fxe5 Nfd7 17 Nd4 Bb7 18
Bxb7 Qxb7 19 Ne4 Nc4 20 Nd6+
Nxd6 21 exd6 Bf6 22 Nf3 Qc6 23
h4 Rc8 24 Rhe1 0–0! 25 g5 hxg5
26 hxg5 Bxb2+ 27 Kxb2 Qc3+ 28
Kc1? (28 Kb1 is better)
28 ... Qa1+ 29 Kd2 Qxa2 30 Rc1
Rc4 31 g6 Rg4 32 Rg1 Nc5! 33
Kd1 Qd5+ 34 Nd2 Ne4 35 c4 Qd4
36 Bf2 Nxf2+ 37 Kc2 Rf4 38 Rcf1
bxc4 39 d7 Nd3 (Time trouble;
Better is 39 ... Qxd7 40 Rxf2
Qd3+ 41 Kc1 Qc3+ 42 Kd1
Qa1+ 43 Kc2 Qa2+ 44 Kc3
Qa3+ 45 Kc2 Rb8 ∓∓ according
to Azmayparashvili and Geor-
gadze) 40 gxf7+ R4xf7 41 Qxe6
Nc5? (41 ... Nb4+) 42 Qxc4
Qxc4+ 43 Nxc4 Nxd7 44 Rxf7
Rxf7 45 Kc3 Rf3+ 46 Kd4 Rf6 47
Rg5 Kf7 and Black won in 98
moves.

(9) Barczay–Rashkovsky,
Sochi 1979

10 0–0–0 b5 11 a3 Bb7 12 g4

Rc8 13 Bg2 Be7 14 Bh4 h6 15 Bg3
Nc5 16 Nxc5 Qxc5 17 Rhe1 Nd7
18 e5 Bxg2 19 Qxg2 d5 20 f5 b4 21
axb4 Qxb4 22 f6 gxf6 23 exf6 Bxf6
24 Qxd5 0–0 25 Qb3 Qxb3 26
cxb3 Nb6 27 Be5 Bxe5 28 Rxe5
Nd5 29 Rd3 Rc5 30 Re4 Rfc8 31
Kd2 Kg7 32 h3 a5 33 Nxd5 exd5 34
Re5 Rc2+ 35 Ke3 ½–½.

(10) Mikhailov–Sorokin, corr.
1978–80

10 0–0–0 b5 11 a3 Be7 12 g4
Rb8 13 Bg2 b4 14 axb4 Rxb4 15
Bh4 Nc5 16 Nxc5 Qxc5 17 Rd3
Qa5 18 Kb1 Bb7 19 g5 Nd7 20
Be1! Qb6 21 Nd1 Nc5 22 Bxb4
Nxd3 23 Bd2 Nc5 24 f5! Qc6 25
Re1! Bd8 26 Qh5 Bc8 27 Nc3 Na4
28 g6 fxg6 29 fxg6 h6 30 Rf1 Bg5
31 Nxa4 Bxd2 32 Qf3! Kd8 33 Qf7
Qc7 34 Nb6 Qxb6 35 Qxg7 Re8 36
Rf8 Rxf8 37 Qxf8+ Kc7 38 e5!!
Bc3 39 Qxd6+ Qxd6 40 exd6+
Kxd6 41 bxc3 e5 42 c4 1–0.

10 ... Be7 (diagram 100) Al-

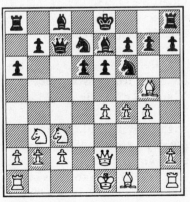

100
W

ternatively, Black has a double-edged line with 10 ... b5. For example:

Tseitlin–Banchiev,   Odessa 1971

10 ... b5 11 Bg2 b4 12 Bxf6 gxf6 13 e5 bxc3! 14 Bxa8 cxb2 15 Rd1 dxe5 16 f5 Bb4+ 17 Kf1 Nb6 18 Qe4 Qc4+ 19 Kf2 Rg8 20 c3 Bc5+ 21 Kf3 Ba3 22 Qxc4 Nxc4 23 Be4 Nd6 24 Rxd6 Bxd6 25 Na5 h5 26 h3 exf5 27 Bxf5 Bxf5 28 gxf5 h4 29 Nc4 Rg3+ 30 Ke4 Ba3! 31 Nxa3 Rxc3 32 Rb1 Rxa3 33 Rxb2 Kf8 34 Kd5 Kg7 35 Rb3 Rxa2 36 Rb4 Rd2+ 0–1.

11 0–0–0 h6 12 Bh4 Alternatively, White has 12 Bxf6. For example:

Riabchonok–Psakhis, RSFSR Ch, Volgograd 1977

12 Bxf6 Bxf6 13 Rd3 (13 Qd2) 13 ... g5 14 e5! dxe5 15 f5 Nc5 16 Nxc5 Qxc5 17 Ne4 Qe7 18 Qf3 exf5 19 gxf5 Rg8 20 Bh3 h5 21 Qxh5 g4 22 Rg1 Kf8 23 Rxg4 Rxg4 24 Bxg4 Bg7 25 Ng5 b5 1–0 (26 Rd8+ Qxd8 27 Qxf7 mate).

12 ... g5 13 fxg5 Nh7 14 Bg3 hxg5 15 e5! (diagram 101)

(see following diagram)

The alternative 15 h4 leads to a roughly equal position. For example:

Malevinsky–Doroshkevich, RSFSR Ch 1976

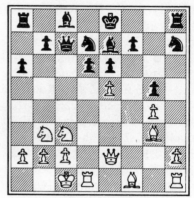

101
B

15 h4 gxh4 16 Bxh4 Ng5 17 Kb1 (17 Bg2 Ne5 is level according to P. Szekely) 17 ... Ne5 18 Bg2 Rg8 19 Bg3 Bd7 20 Rh5 0–0–0 21 Bf4 Rg7 22 Nd4 Rdg8 23 Rdh1 Nxg4! 24 Nf5?! exf5 25 Nd5 Qd8 26 exf5 Ne5? (26 ... Bf8! 27 Qxg4 Ne6! ∓∓) 27 Bxe5 dxe5 28 Qf2 Bd6 29 f6 Rg6 30 Qa7 Bc6 31 Ne7+ Bxe7? (31 ... Qxe7! 32 fxe7 Bxg2 ∓) 32 Bxc6 Qc7 33 Qa8+ Qb8 34 Qxb8+ Kxb8 35 fxe7 Rxc6 36 Rxg5! Re8 37 Rxe5 Re6 ½–½.

15 ... Nxe5 15 ... dxe5 seems to be better for White after 16 Bg2 Nhf6 17 Rhe1.

16 Ne4 d5 17 Bg2! Another possibility, 17 Nc3!? Bd6 18 Bg2 0–0!? 19 Bxd5 exd5 20 Nxd5 Qc4! 21 Qxc4 Nxc4 22 Bxd6 Nxd6 23 Ne7+ Kg7 24 Rxd6 Bxg4, is unclear according to Kupreichik in Informator 28/473.

17 ... dxe4 18 Qxe4 Bf6 18 ... f6? is dubious for Black as 19 h4!

Nf8 20 hxg5 Rxh1 21 Rxh1 Qc6 22 Bxe5 Qxe4 23 Bxe4 fxe5 24 g6 Bf6 25 Kb1 threatens g5 and Rf1–f7 according to Tal.

19 Rde1 Nf8 20 Rhf1! (±) Bg7 21 Bxe5 Qxe5 22 Qxe5 Bxe5 23 Rxe5 Rxh2 24 Be4! Nh7 25 Na5 Ke7 26 Rc5 Nf6 27 Rc7+ Kd6 28 Rxf6!? 28 Bxb7 Bxb7 29 Rxb7 Nxg4 30 Rfxf7 Ne5! leads to an unclear position.

28 ... Kxc7 29 Rxf7+ Kd8! 30 Nc4 e5! 31 Nb6? 31 Rg7! Be6 32 Nd6 ± would have been better.

31 ... Rb8 32 Rf8+ Kc7 33 Nd5+ Kd6 34 Nb6 Kc7 35 Nd5+ Kd6 36 Rd8+ Kc6 37 Rg8? An error in time trouble. After 37 Re8 White could draw without difficulty.

37 ... Be6!! 38 Nb4+? The turning point of the game. After this error White is suddenly faced with serious difficulties. Instead, after 38 Rxb8 Bxd5 39 Bxd5+ Kxd5 40 Rxb7 Ke4! or 38 Rg6! the likely outcome is still a draw.

38 ... Kc7 39 Rg7+ Kd6 40 Rg6 a5! 41 Nd5 Rf8? Black misses his winning chance both here and on the next move. After 41 ... Rg8! 42 Rf6 Rgh8 Black can consolidate his material advantage with 43 ... R8h6 ∓.

42 b3 Rh3? 43 Nb6! Ke7 44 Rg7+ Rf7 45 Rxg5 Rf1+ 46 Kb2 Kf6 47 Rg6+ Kf7 48 Rg5 Kf6 49 Rg6+ Kf7 50 Rg5 ½–½.

(If Black tries 50 ... Re1 then 51 Rxe5 Kf6 52 Rxe6+ Kxe6 53 Bxb7 leads to a drawn endgame.)

Black has two deviations mentioned at the beginning of this section: (a) 7 ... h6 8 Bh4 Qb6 (The deferred Poisoned Pawn) and (b) 6 ... Nbd7 7 f4 Qb6 8 Qd2 Qxb2 9 Rb1 Qa3 10 Bxf6 gxf6 11 Nd5 (The irregular Poisoned Pawn).

The deferred Poisoned Pawn (7 ... h6)

Black drives the bishop from g5 to h4 with the interpolated move 7 ... h6. This variation is not popular in modern tournament practice because White's bishop can return quickly from h4 to f2 in order to control the important g1–a7 diagonal. After *7 ... h6 8 Bh4 Qb6* (diagram 102) White

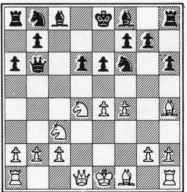

102
W

has four possibilities: (a) 9 Qd2, (b) 9 Qd3, (c) 9 a3! and (d) 9 Nb3?!

(a) Line 9 Qd2 generally leads to normal variations of the Poisoned Pawn. After 9 ... Qxb2 White can play 10 Nb3 or 10 Rb1 Qa3 11 f5 or 10 Rb1 Qa3 11 Bxf6. Often the interpolated moves will transpose to the normal lines in which Black plays the indispensable move ... h5, but any differences are generally in White's favour. (For example: Simagin–Stein, USSR Ch 1961 page 7). The sharpest line (b) 9 Qd3 leads to slight advantage for White. For example:

(b1) Parma–Sofrevski, Yugoslavia 1960
9 Qd3 Qxb2 10 Rb1 Qa3 11 e5 dxe5 12 fxe5 Nd5 14 Nxd5 exd5 (13 ... Qxd3? 14 Nc7+ Kd7 15 Bxd3 Kxc7 16 Rf1±) 14 e6 Qxd3 (14 ... Bb4+ 15 Rxb4 Qxb4+ 16 c3 Qc5 17 exf7+ Kxf7 18 Be2! ± according to Boleslavsky or 14 ... Bb4+ 15 Kd1 Qxd3+ 16 Bxd3 Be7 17 exf7+ Kxf7 18 Rf1+ Bf6 19 Bxf6 gxf6 20 Rb6 Nd7 21 Rd6 ± according to Nunn) 15 exf7+ Kxf7 16 Bxd3 Nd7 17 Bf5 Bc5 18 Be6+ Kg6 19 Bf5+ Kf7 20 Be6+ ½–½.

(b2) Parma–Minic, Yugoslav Ch, Ljubljana 1960
9 Qd3 Qxb2 10 Rb1 Qa3 11 e5 dxe5 12 fxe5 Nd5 13 Nxd5 exd5 14 e6 Qxd3 15 exf7+ Kxf7 16 Bxd3 Nd7 17 Bf5 Nf6 18 Bxc8 Rxc8 19 Rxb7+ Kg6 20 Bxf6 gxf6 21 Kd2 Rc4 22 Kd3 Rh7 23 Rxh7 Kxh7 24

Rb1 Bd6 25 Nf3 Ra4 26 Rb7+ Kg8 27 Rd7 Bf8 28 Rxd5 Rxa2 29 Rd7 Ra5 30 c4 Rf5 31 Nd4 Re5 32 Ra7 a5 33 g3 Rh5 34 Ne6 Bb4 35 c5 Bxc5 36 Rxa5 Rxh2 37 Nxc5 f5 38 Ke3 h5 39 Ra4 Kf7 40 Rh4 Rxh4 41 gxh4 Kf6 42 Kf4 1–0.

(b3) Mikenas–Tal, Riga 1959
9 Qd3 Qxb2 10 Rb1 Qa3 11 e5 Nd5 12 Nxd5 Qxd3 13 Bxd3 exd5 14 e6! Nc6?! 15 Nxc6! bxc6 16 exf7+ Kxf7 17 Rb6! c5 18 c4! d4 19 0–0 Ra7 20 Re1 Rb7 21 Rxb7+ Bxb7 22 f5 ± (22 Bf5!? g6 23 Bd7! Kg7 23 Be8 according to Keres) 22 ... Bc6 23 Kf2 a5 24 g3 Ba8 25 g4 Bc6 26 Bc2 d5 27 Bd3 Bd7 28 Re5! Bc8 29 Rxd5 Be7 30 Bxe7 Kxe7 31 Rxc5 a4 32 Rd5 Bd7 33 Rxd4 ±±.

(b4) Keres–F. Olafsson, Zürich 1959
9 Qd3 Qxb2 10 Rb1 Qa3 11 e5 Nd5 12 Nxd5 Qxd3 13 Bxd3 exd5 14 Kd2 dxe5 15 fxe5 Bc5 16 Nf5 Nc6 17 Nxg7+ Kf8 18 Nh5 Bd4 19 e6! Rg8 20 g3 fxe6 21 Bh7 Rg4 22 Rhf1+ Ke8 23 h3? (23 Bf6! or 23 Nf6+! Bxf6 24 Rxf6 ± is better according to Keres) 23 ... Rxh4 24 gxh4 b5 25 Rbe1 b4! 26 Kd1 Ke7 27 Bf5 Bc3 28 Re3 Nd4 29 Bg6 Bd7 30 Rf4! and the game was drawn in 58 moves.

(b5) Shilin–Sherbakov, RSFSR Team Ch 1959
9 Qd3 Qxb2 10 Rb1 Qa3 11 e5 Nd5 12 Nxd5 Qxd3 13 Bxd3 exd5 14 e6! fxe6 15 Bg6+ Kd7 16 Bf7 e5 17 Nf5 d4 (17 ... Kc6 18 Ne3

d4 19 Nd5 Nd7 20 0–0 exf4 21 Nxf4 Ne5 22 Ne2 ± according to Tal) 18 0–0 Nc6 19 Bd5 Kc7 20 fxe5 dxe5 21 Bg3 (±) Bxf5 22 Rxf5 Bc5 23 Rf7+ Kd6 24 Be4 Rhf8 25 Rxg7 Rf6 26 h3 d3+ 27 Kh2 d2 28 Rd1 Be3 29 Be1 Rf1 30 Rxd2+ Bxd2 31 Bxd2 Rb1 32 Bxh6 ±.

Objectively line (c) 9 a3! is perhaps the strongest for White. Some examples:

(c1) Nezhmetdinov–Topover, USSR 1959

9 a3! Nc6 (9 ... Bd7 10 Bf2! Qxb2? 11 Nde2! Bb5 12 Bd4 wins or 10 ... Ng4 11 Bg1 Qxb2 12 Nde2 Bb5 13 Ra2 Bxe2 14 Qd2 Qxa2 15 Nxa2 Bxf1 16 Kxf1 ± according to Nunn) 10 Bf2! Qc7 11 Qf3 Be7 (11 ... e5 12 Nxc6 bxc6 13 fxe5 dxe5 14 Bc4 Be7 15 0–0 0–0 16 Na4 ± according to Suetin) 12 Bd3 Bd7 13 h3 0–0–0 14 Nb3 Na5 15 0–0 (±) Bc6 16 Nd4 d5 17 e5 Nd7 18 b4 Nc4 19 b5! (±) axb5 20 Ndxb5 Bxb5 21 Nxb5 Qa5 22 Bxc4 dxc4 23 Na7+ Kc7 24 Rab1 Nc5 25 Rxb7+!! Nxb7 26 Qc6+ Kb8 27 Rb1 Qc7 28 Qa6 Rc8 29 Nb5?? (29 Rb6! ±±) 29 ... Qa5! 30 Qxa5 Nxa5 31 Nd6+ Ka8 0–1.

(c2) Tal–F. Olafsson, Candidates Tournament, Bled 1959

9 a3! Nc6 10 Bf2! Qc7 11 Qf3 Be7 12 0–0–0 Bd7 13 g4 g5 14 Nxc6 Bxc6 15 fxg5 hxg5 16 Bd4 Rh6 17 h4 Nd7 18 h5 (±) Qa5 19 Be2 b5 20 Rhf1 f6 21 Na2 Qc7 22 Qb3 Kf7 23 Qe3 Rg8 24 Kb1 Ne5 25 Nc3 Kg7 26 Rd2 Rb8 27 Rfd1 Be8 28 Na2 a5 29 Qc3! Qxc3?! (29 ... Nc6!? is better) 30 Bxc3 Ra8 31 b4! Bc6 32 bxa5 Bxe4 33 Bb4 Kf7 34 Nc3 Bc6 35 Nxb5 Bxb5 36 Bxb5 d5 37 c4 Rb8 38 a6 Rhh8 39 Ka2 Bxb4 40 axb4 dxc4? (Time trouble; 40 ... Nxg4 is better) 41 Rd7+! Nxd7 42 Rxd7+ Kf8 43 a7! 1–0.

(c3) Smyslov–Benkö, Candidates Tournament, Bled 1959

9 a3! Nc6 10 Bf2! Qc7 11 Qf3 Be7 12 0–0–0 Bd7 13 g4 g5 14 Nxc6 Bxc6 15 h4 gxf4 16 Qxf4 0–0–0 (∓) 17 Bg3 Rdg8 18 Bh3 Rh7 19 Rhf1 Rhg7 20 Rd3 Nxg4 21 Nd5! exd5 22 exd5 Bxd5 23 Rxd5 Kb8 24 Be1 Ne5 25 Bc3 Rg3! 26 Bf5? (26 Rxe5 is better) 26 ... Rxc3! 27 bxc3 Qxc3 28 Qd4 ½–½ (28 ... Qxa3+ ∓ but Black had only one minute left for thirteen moves).

(c4) Gufeld–Suetin, USSR Ch, Leningrad 1960

9 a3! Bd7 10 Bf2 Qc7 11 Bd3 Nc6 12 0–0 Be7 13 Kh1 0–0 14 Qe2 Nxd4 15 Bxd4 e5 16 Be3(±) b5 17 h3 Bc6 18 fxe5 dxe5 19 Bg1! Rfe8 20 Bh2 Bc5 21 Rf5! Bd4 22 Rxf6! gxf6 23 Qg4+ Kf8 24 Nd5! Bxd5 25 exd5 Bc5 26 Rf1 Qd6 27 Bg3! Rab8 28 Bh4 Rb6 29 Qe4 b4 30 axb4 Rxb4 31 c4! Rb6 32 Qh7! Be3 33 b4! Ke7 34 c5 Bxc5 35 bxc5 Qxc5 36 Bf2 Qd6 37 Rc1 Kd8 38

Bxb6+ Qxb6 39 Qxf7 e4 40 Rc6
Qa5 41 Rd6+ 1–0.

Line (d) 9 Nb3?! seems to be
dubious for White. For example:
Fichtl–Tal, Munich OL 1958
9 Nb3 Qe3+ 10 Be2 Qxf4 (10
... Nxe4 11 Nxe4 Qxe4 12 0–0
Nc6∓) 11 Bg3 Qe3 12 Bxd6 Nc6
(∓) 13 Bxf8 (13 Rf1 Nxe4 14 Nxe4
Qxe4 15 Bxf8 Rxf8 16 Kf2 Ke7
and 17 ... Rd8 ∓ according to
Boleslavsky) 13 ... Rxf8 14 Qd2
Qxd2+ 15 Kxd2 Bd7 16 Ke3
0–0–0 17 Rad1 Ne5 18 h3 Bc6 19
Na5 Kc7 20 Nxc6 Kxc6 21 Rxd8
Rxd8 22 Rd1 Rxd1 23 Nxd1 Kc5
=.

**The irregular Poisoned Pawn
(6 ... Nbd7)**

In this unusual line the pawn
capture on b2 seems to be very
dangerous for Black, because
White obtains an overwhelming
attack. The main line is:
6 ... Nbd7 7 f4 Qb6 8 Qd2 Qxb2 9
Rb1 Qa3 10 Bxf6 gxf6 (10 ...
Nxf6 11 e5 dxe5 12 fxe5 Ng4 13
Nd5 Qc5 14 Nb3 Qc6 15 Na5 ±
according to Klovan).

11 Nd5 (diagram 103)

(see following diagram)

This critical position is taken as
a starting point to show some
interesting examples. Black has
three possibilities: (a) 11 ...

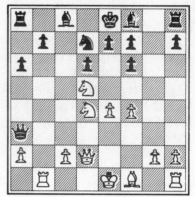

103
B

Rb8?, (b) 11 ... Qc5?! and (c)
11 ... Kd8.

(a1) Van der Wiel–Danner,
Lucerne OL 1982
11 ... Rb8? 12 Rb3 Qxa2 13
Qb4! a5 (13 ... Qa1+ 14 Rb1 a5
15 Nc7+ Kd8 16 Nde6+ fxe6 17
Nxe6+ Ke8 18 Qb5! wins) 14
Qc3 e6 15 Bb5! a4 (15 ... exd5 16
0–0 wins) 16 Qc7! exd5 17 Qxb8
Kd8 18 Bxd7 Kxd7 19 Rxb7+
1–0.

(a2) Vitolins–Arakas, Valka
1978
11 ... Rb8? 12 Rb3 Qa4 13
Bxa6! (13 Rb4 Qa5 14 f5 Ne5? 15
Bxa6 h5 16 Bb5+ Bd7 17 Bxd7+
Nxd7 18 Nc6! wins according to
Rogulj but 14 ... h5!? ∞) 13 ...
bxa6 14 Qc3! (±±) Qxb3 15 cxb3
Bb7 16 Nc7+ Kd8 17 Qa5 Kc8 18
0–0?! (18 Ne8! wins) 18 ... Bxe4
19 Rc1 Nc5 20 b4 e5 21 Nxa6 Rb7
22 bxc5 1–0.

(b) Klovan–Hermlin, Tallin
1979

11 ... Qc5?! 12 Rb3 e6 (12 ... Rb8 13 Rc3 Qa7 14 Bxa6) 13 Rc3 Qa7 14 Nc7+ Ke7 15 Bxa6 (15 Nxa8 Qxa8 16 Be2 ±± is better) 15 ... Nc5 16 Ndb5 Qb6 17 Nxa8 Qxa6 18 Rxc5 dxc5 19 e5 Bd7 20 Nac7 Qc6 21 exf6+ Kxf6! 22 0–0 Rg8 23 f5 e5? 24 Nd5+ Kg7 25 c4 Kh8 26 Nbc3 Bh6 27 Qe2 Re8 28 Ne4 b5 29 Nef6 bxc4 30 Qh5 Be3+ 31 Kh1 h6 32 Qxf7 1–0.

(c) Klovan–Pochla, Tallin 1981 11 ... Kd8 12 Be2 e6 13 Rb3 Qa4 (13 ... Qxa2 14 0–0 exd5 15 Qc3 dxe4 16 Ra1 Qxa1+ 17 Qxa1 b6 18 Bc4 ± is better according to Klovan) 14 Qc3 exd5 15 Ra3 Qxa3 16 Qxa3 (±±) Nc5 17 Qa5+ Ke7 18 exd5 Bd7 19 0–0 Ke8 20 Re1 Be7 21 Bb5 Rc8 22 Nf5 Bxb5 23 Rxe7+ Kf8 24 Qc3 1–0.

Bibliography

The following list of books and periodicals includes all publications which were frequently consulted during the compiling of material for this book.

Books

Sizilianisch III. Handbuch der Schach–Eröffnungen, Band 23/III (Hamburg 1980), Rolf Schwarz.

Sicilian Defence: Najdorf Variation (London 1982), John Nunn and Michael Stean.

Najdorf Poisoned Pawn (Nottingham 1977), Jimmy Adams.

The Sicilian Flank Game, Najdorf Variation (Madrid 1973), O'Kelly de Galway.

Questions on Contemporary Opening Theory (Kiev 1956), I. Lipnitsky.

Modern Chess Opening Theory (Pergamon 1965), A.S. Suetin.

The Middle Game in Chess (New York 1972), Reuben Fine.

Periodicals

Shakhmatny Byulletin (in Russian).

Shakhmaty v SSSR (in Russian).

Shakhmaty (Riga) (in Russian).

'64' (in Russian).

Sahovski Informator.

Sahovski Glasnik (in Yugoslavian).

Magyar Sakkélet (in Hungarian).

Shach Echo (in German).

British Chess Magazine.

Chess.

Chess Life and Review.

Tournament Chess.

Europe Echecs (in French).

Schach Archiv (in German).

Encyclopaedia of Chess Openings.

Deutsche Schachzeitung (in German).

Fernschach (in German, corr. chess).

Most Important Articles

1. A track through the B97 Sicilian jungle, A.P. Gipslis, *Shakhmaty (Riga)*, Nos. 4–8, 1983.

2. On the theory of the Najdorf Variation B97, A.P. Gipslis, *Shakhmatny Byulletin*, No. 8, 1982.

3. Theory of B97 or E97/b, Rene Olthof, *SSKK bulletinen*, No. 3, 1982 (Sveriges Schackför-

bunds Korrespondens-schack Kommitte).

4. Death by Poison (Game of the Month), Svetozar Gligoric, *Chess Life and Review*, No. 5, 1977, and No. 11, 1978; *Chess Life*, No. 10, 1982; *Europe Echecs*, No. 4, 1983.

5. Defence proves equal to the task, D. Plisetzky, *Shakhmaty v SSSR*, No. 3, 1980.

6. Where to sacrifice the Knight?, Matsukevits, *"64"*. No. 3, 1980.

7. Najdorf Poisoned Pawn — 10. Be2, Larry Christiansen, Players Chess News, Theory and Analysis January 30, 1984.

Layout of Material

I MODERN LINE
10 Be2 Be7 11 0–0 Nc6 12 Nxc6 bxc6 13 e5
dxe5 14 fxe5 Qc5+
A 10 ... Nc6
B 10 ... b5
C 10 ... Nbd7
11 e5 dxe5 12 fxe5 Nfd7 13 Rb3 Bxg5 14
Qxg5 Qa5

10 Be2 Be7 11 0–0 Nbd7 12 e5 dxe5 13 fxe5
Nxe5 14 Bxf6 Bxf6 15 Rxf6 gxf6
11 ... Nc6
11 ... h6
A 12 Kh1
B 12 f5

10 Be2 Be7 11 0–0 h6 12 Bh4 Nbd7 13 e5?!
dxe5 14 fxe5 Nxe5 15 Bxf6 Bxf6 16 Ne4
Bd8
(a) 13 Rf3
(b) 13 Kh1

10 Be2 Nbd7 11 0–0 Be7 12 e5 dxe5 13 fxe5
Nxe5 14 Bxf6 gxf6 15 Ne4 f5
11 ... Qc5 12 Kh1 Be7 13 Rf3 or 13 f5

II STRATEGICAL LINE
10 Bxf6 gxf6 11 Be2 Nc6 12 Nxc6 bxc6 13
0–0 Be7 14 Kh1 Qa5
11 ... Bg7 or 11 ... h5
A 12 Rb3
B 12 Nb3
  (a) 12 ... h5
  (b) 12 ... Bh6!?
  (c) 12 ... Qb4!?
  (d) 12 ... Bg7
  (a) 13 ... Qa5
  (b) 13 ... d5
  (c) 13 ... Bh6
  (d) 13 ... h5
  (e) 13 ... Bg7

10 Bxf6 gxf6 11 Be2 Bg7 12 f5 0–0 13 0–0
Nc6

A 12 0–0
B 12 Rb3
12 ... Bh6?! 13 Qd3 Qc5
  (a) 14 Rd1
  (b) 14 fxe6

10 Bxf6 gxf6 11 Be2 Bg7 12 0–0 f5 13 Rfd1
Nc6 14 Nxc6 Bxc3
  (a) 12 ... Nc6
  (b) 12 ... 0–0
13 ... 0–0
  (a) 14 Kh1
  (b) 14 exf5
14 ... bxc6 15 Rb3 Qc5+ 16 Kh1 0–0

III CLASSICAL LINE
10 e5 dxe5 11 fxe5 Nfd7 12 Ne4 h6 13 Bb5
hxg5
  (a) 10 ... Nfd7?
  (b) 10 ... Nd5?
  (c) 10 ... h6
A 12 Bc4
B 12 Rb3
C 12 Be2
  (a) 12 ... Qa4?
  (b) 12 ... Qxa2
  (c) 12 ... Nc6

10 e5 dxe5 11 fxe5 Nfd7 12 Bc4 Be7 13
Bxe6 0–0 14 0–0 Bxg5
A 12 ... Nxe5?
B 12 ... Qc5?!
C 12 ... Qa5
D 12 ... Bb4
13 Rb3
  (a) 13 ... Bxg5
  (b) 13 ... Qc5
A 13 ... Nxe5?
B 13 ... fxe6
C 13 ... Bxg5

10 e5 dxe5 11 fxe5 Nfd7 12 Bc4 Bb4 13 Rb3
Qa5 14 0–0 0–0 15 Bf6 Nxf6
13 Nxe6

A 14 Bxe6?!
B 14 a3
A 14 ... Nxe5?
B 14 ... Bc5
A 15 ... gxf6
B 15 ... Nc6

IV TACTICAL LINE

*10 f5 Nc6 11 fxe6 fxe6 12 Nxc6 bxc6 13 e5
Nd5 14 Nxd5 cxd5 15 Be2 dxe5 16 0–0 Ra7
17 c4 Qc5+ 18 Kh1 d4*
A 10 ... Qa5
B 10 ... Qc5
C 10 ... Be7
D 10 ... e5
E 10 ... b5!?
 (a) 13 Be2!?
 (b) 13 Bxf6
A 13 ... dxe5
B 13 ... Nd7?!
 (a) 14 Be2!
 (b) 14 exd6
 (a) 14 Rb3
 (b) 14 Ne4!?
15 c4
 (a) 16 c4
 (b) Rf1!?
A 16 ... Be7
B 16 ... Bd6
C 16 ... Bc5+ 17 Kh1 Rf8 18 c4 Rxf1+ 19
Rxf1 Bb7
 (a) 20 Bg4?
 (b) 20 Rf3!?
 (c) 20 Bd1!!
 (d) 20 Qc2

*10 f5 Nc6 11 fxe6 fxe6 12 Nxc6 bxc6 13 e5
dxe5 14 Bxf6 gxf6 15 Ne4 Qxa2 16 Nxf6+
Kf7 17 Rb3?! Qa1+*
15 Be2? Qd6!
16 Rd1 Be7
A 17 Be2 0–0 18 0–0
 (a) 18 ... Ra7
 (b) 18 ... f5
B 17 Bd3!?
 (a) 17 ... 0–0
 (b) 17 ... f5
17 Rd1
 (a) 17 ... Kxf6?
 (b) 17 ... Rb8 18 Bb5! axb5
 (c) 17 ... Rb8 18 Bb5! Bb4
 (d) 17 ... Rb8 18 Bb5! Bd6

 (e) 17 ... a5
 (f) 17 ... Qb2!

*10 f5 Nc6 11 fxe6 fxe6 12 Nxc6 bxc6 13 e5
dxe5 14 Bxf6 gxf6 15 Ne4 Be7 16 Be2 h5 17
Rb3 Qa4 18 c4 f5 19 0–0 fxe4 20 Kh1 Bd7
16 ... 0–0?*
 (a) 17 0–0
 (b) 17 Rb3
 (a) 17 Bf3
 (b) 17 0–0
A 19 Nd6+
B 19 Ng3
 (a) 20 Qc3
 (b) 20 Qd1
 (c) 20 Qc2
A 20 ... Ra7!?
B 20 ... c5
 (a) 21 Qc2!
 (b) 21 Qc3

*10 f5 Nc6 11 fxe6 fxe6 12 Nxc6 bxc6 13 e5
dxe5 14 Bxf6 gxf6 15 Ne4 Be7 16 Be2 h5 17
Rb3 Qa4 18 Nxf6+ Bxf6 19 c4 Bh4+ 20 g3
Be7 21 0–0 Ra7*
 (a) 19 ... Ra7
 (b) 19 ... Be7
 (c) 19 ... c5
 (a) 21 ... h4!?
 (b) 21 ... Bd7

*10 f5 Nc6 11 fxe6 fxe6 12 Nxc6 bxc6 13 e5
dxe5 14 Bxf6 gxf6 15 Ne4 Be7 16 Be2 h5 17
Rb3 Qa4 18 Nxf6+ Bxf6 19 c4 Ra7 20 0–0
Be7 21 Rb8 Rc7 22 Qd3 Bc5+*
A 20 ... Rf7
 (a) 21 Qd6
 (b) 21 Qc3
 (c) 21 Rb8
B 20 ... Rd7
 (a) 21 Qc3
 (b) 21 Qb2
 (c) 21 Qe3
 (a) 22 Bd3
 (b) 22 Kh1!

V SOLID LINE

*9 Nb3 Qa3 10 Bxf6 gxf6 11 Be2 h5 12 0–0
Nc6*
A 9 ... Nc6
B 9 ... Nbd7
 (a) 10 Bd3
 (b) 10 Be2

(c) 10 Bxf6
  (a) 10 Be2
  (b) 10 Bd3
A 11 ... Nc6 12 0–0
  (a) 12 ... Bg7
  (b) 12 ... Bd7 13 f5
  (c) 12 ... Bd7 13 Nb1
  (d) 12 ... Bd7 13 Bh5
  (e) 12 ... Bd7 13 Rf3
  (f) 12 ... Bd7 13 Kh1
  (g) 12 ... Bd7 13 Qe3
B 11 ... Qb4

9 Nb3 Nc6 10 Bxf6 gxf6 11 Be2 d5 12 Na4
Qa3
A 10 Rb1
B 10 Bd3
  (a) 10 ... d5
  (b) 10 ... Qa3
  (c) 10 ... Be7
11 Na4 Qa3 12 Nb6 Rb8 13 Nc4 Qa4
  (a) 14 Kf2
  (b) 14 Be2
  (c) 14 a3
  (d) 14 0–0–0?!
11 ... h5
11 ... f5
  (a) 12 exf5
  (b) 12 0–0
  (c) 12 Rb1
  (d) 12 Na4
12 Nd1 Qa3 13 exd5 exd5 14 0–0
  (a) 14 ... d4
  (b) 14 ... f5

VI OTHER LINES
8 Nb3 Nbd7 9 Qe2 Qc7 10 g4 Be7
A 8 a3!?
B 8 f5?!
C 8 Qd3!?
  (a) 8 ... Qe3+
  (b) 8 ... Be7
  (c) 8 ... h6
  (d) 8 ... Nc6
A 9 Qd2
B 9 Qf3
  (a) 9 ... Be7 10 0–0–0
  (b) 9 ... Be7 10 Bd3
  (c) 9 ... Qc7 10 a4
  (d) 9 ... Qc7 10 Bd3
  (e) 9 ... Qc7 10 0–0–0
  (f) 9 ... Qc7 10 Bxf6
  (g) 9 ... Qc7 10 f5
C 9 Bd3
D 9 Be2
10 0–0–0

DEFERRED POISONED PAWN
7 ... h6 8 Bh4 Qb6
  (a) 9 Qd2
  (b) 9 Qd3
  (c) 9 a3!
  (d) 9 Nb3?!

IRREGULAR POISONED PAWN
6 ... Nbd7 7 f4 Qb6 8 Qd2 Qxb2 9 Rb1
Qa3 10 Bxf6 gxf6 11 Nd5
  (a) 11 ... Rb8?
  (b) 11 ... Qc5?!
  (c) 11 ... Kd8

PART 7

Games for further study

The following games illustrate further ideas for the attack and defence, which have arisen in recent games not incorporated in the main text. The game scores are given without annotation, and the outcome of the games should be considered objectively in conjunction with the explanatory material in each Part of the book.

CIGAN–RIBLI
PORTOROZ/LJUBLJANA
1985

1 e4 c5 2 Nf3 d6 3 d4 cxd4 4 Nxd4
Nf6 5 Nc3 a6 6 Bg5 e6 7 f4 Qb6 8
Qd2 Qxb2 9 Rb1 Qa3 10 Be2 Be7
11 0–0 Qa5 12 e5 dxe5 13 fxe5
Qxe5 14 Bf4 Qa5 15 Bf3 Nbd7 16
Kh1 Qd8

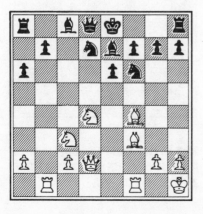

17 Rxb7 Bxb7 18 Bxb7 Nc5 19
Bc6+ Nfd7 20 Ne4 0–0 21 Bxa8
Qxa8 22 Bd6 Nxe4 0–1

LOBRON–RIBLI
ZAGREB/RIJEKA 1985

1 e4 c5 2 Nf3 d6 3 d4 cxd4 4 Nxd4
Nf6 5 Nc3 a6 6 Bg5 e6 7 f4 Qb6 8
Qd2 Qxb2 9 Rb1 Qa3 10 Be2 Be7
11 0–0 Nbd7 12 e5 dxe5 13 fxe5
Nxe5 14 Bxf6 gxf6 15 Ne4 f5 16
Rb3 Qa4 17 Nxf5 Qxe4 18 Nxe7
Kxe7 19 Re3 Qd5 20 Qb4+ Qd6 21
Qh4+ Ke8 22 Qf6 Rf8 23 Rxe5
Bd7 24 Bh5 Qe7

(see following diagram)

25 Qg7 Kd8 26 Rxf7 Rxf7 27 Bxf7
Be8 28 Rxe6 Qxf7 29 Qg5+ Kc8 30
Qe5 Kd8 31 Qg5+ Kc8 32 Qe5
Kd8 33 Qd6+ Qd7 34 Qb6+ Kc8

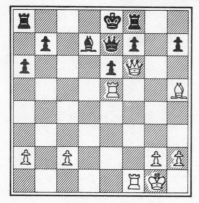

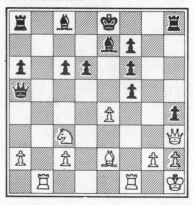

35 Qc5+ Kd8 36 Rd6 Rc8 37 Qg5+ Kc7 38 Rxd7+ Bxd7 39 Qg7 h5 40 Qe5+ Kb6 41 Qd6+ Bc6 42 Qd4+ Kc7 43 Qe5+ Kb6 44 Qxh5 a5 45 Qd1 a4 46 h4 a3 47 Qd4+ 1–0

WEDBERG–L. PORTISCH AMSTERDAM 1984

1 e4 c5 2 Nf3 d6 3 d4 cxd4 4 Nxd4 Nf6 5 Nc3 a6 6 Bg5 e6 7 f4 Qb6 8 Qd2 Qxb2 9 Rb1 Qa3 10 Bxf6 gxf6 11 Be2 Nc6 12 Nxc6 bxc6 13 0–0 Qa5 14 Kh1 Be7 15 f5 h5 16 Qd3 h4 17 Qh3 exf5

(see following diagram)

18 exf5 d5 19 Rb3 Kf8 20 Rf4 Bd6 21 Rxh4 Rxh4 22 Qxh4 Ke7 23 Nd1 Bd7 24 Re3+ Kd8 25 Qxf6+ Kc7 26 c3 Qxa2 27 Bf3 Qd2 28 Qxf7 Rb8 29 Qf6 Rb1 30 Qd4 Qxd4 31 cxd4 Bxf5 32 Re1 a5 33 Rg1 Rb3 34 Nf2 a4 35 Bd1 Rb2 36 Bxa4 Rxf2 0–1

LJUBOJEVIC–RIBLI BUGOJNO 1984

1 e4 c5 2 Nf3 d6 3 d4 cxd4 4 Nxd4 Nf6 5 Nc3 a6 6 Bg5 e6 7 f4 Qb6 8 Qd2 Qxb2 9 Rb1 Qa3 10 Bxf6 gxf6 11 Be2 Bg7 12 0–0 f5 13 Rfd1 0–0 14 exf5 exf5 15 Nd5 Nc6 16 c3 Qa5 17 Nb6

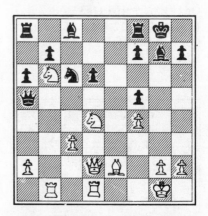

Rb8 18 Bf3 Nxd4 19 cxd4 Qxd2 20 Rxd2 Rd8 21 d5 Bc3 22 Rd3 Ba5 23 Ra3 Bd2 24 g3 ½–½

HELLERS–OLL
GRONINGEN 1984/85

1 e4 c5 2 Nf3 d6 3 d4 cxd4 4 Nxd4
Nf6 5 Nc3 a6 6 Bg5 e6 7 f4 Qb6 8
Qd2 Qxb2 9 Rb1 Qa3 10 e5 dxe5
11 fxe5 Nfd7 12 Bc4 Qa5 13 0–0
Nxe5 14 Rbe1 Nxc4 15 Qf4 Nd6 16
Ne4 Qc7 17 c4 h6 18 Nf5

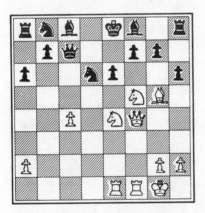

Nb5 19 Qxc7 Nxc7 20 Nfd6+ Kd7
21 Nxf7 hxg5 22 Nxh8 Ke8 23 Rf7
Nd7 24 Ref1 e5 25 Nxg5 Be7 26
Rxg7 Nf8 27 Ng6 Nxg6 28 Rxg6
Bg4 29 h3 Be2 30 Re1 Bxc4 31
Rxe5 Kd7 32 Rg7 Nd5 33 Ne4
Bxa2 34 h4 Rh8 35 h5 a5 36 g4 a4
37 Nc3 Kd6 38 Rexe7 Nxe7 39
Nxa2 b5 40 Nc3 a3 ½–½

TIMMAN–L. PORTISCH
HILVERSUM M/I 1984

1 e4 c5 2 Nf3 d6 3 d4 cxd4 4 Nxd4
Nf6 5 Nc3 a6 6 Bg5 e6 7 f4 Qb6 8
Qd2 Qxb2 9 Rb1 Qa3 10 f5 Nc6 11

fxe6 fxe6 12 Nxc6 bxc6 13 Be2 Be7
14 Rb3 Qa5 15 Bh5+ g6 16 0–0

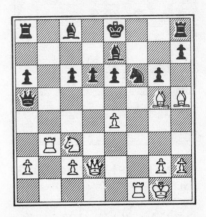

Nxh5 17 Bxe7 Qc5+ 18 Kh1 Kxe7
19 Na4 Qe5 20 Rbf3 Rb8 21 Qf2
Kd8 22 Rf7 c5 23 Qh4+ g5 24
Qxh5 Bd7 25 Qe2 Bb5 26 Qd2
Bxf1 27 Qa5+ Ke8 28 Qc7 Bxg2+
29 Kxg2 Qxe4+ 30 Kg3 Qe3+ 31
Kg2 Qe2+ 32 Kg3 ½–½

ERNST–HJARTARSON
GAUSDAL 1985

1 e4 c5 2 Nf3 d6 3 d4 cxd4 4 Nxd4
Nf6 5 Nc3 a6 6 Bg5 e6 7 f4 Qb6 8
Qd2 Qxb2 9 Rb1 Qa3 10 f5 Nc6 11
fxe6 fxe6 12 Nxc6 bxc6 13 e5 dxe5
14 Bxf6 gxf6 15 Ne4 Be7 16 Be2 h5
17 Bf3 Ra7 18 Rb8

(see following diagram)

Kf7 19 0–0 f5 20 Rxc8 Rxc8 21
Qh6 Ke8 22 Rd1 Bc5+ 23 Kh1

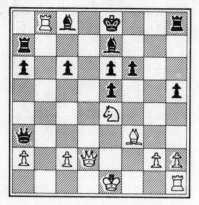

Bd4 24 Qxe6+ Kd8 25 Nd6 Rd7 26 Nxc8 1–0

TIMMAN–SISNIEGA
TAXCO IZ 1985

1 e4 c5 2 Nf3 d6 3 d4 cxd4 4 Nxd4
Nf6 5 Nc3 a6 6 Bg5 e6 7 f4 Qb6 8 a3
Nc6 9 Nb3 Be7 10 Qd2 0–0 11
0–0–0 Rd8 12 Bxf6 Bxf6 13 g4 Bd7
14 g5 Be7 15 h4 Na5 16 Nxa5 Qxa5
17 Kb1 Qc5 18 h5 b5 19 g6

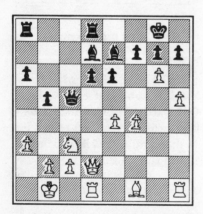

a5 20 h6 fxg6 21 hxg7 Bf6 22 e5 dxe5 23 Ne4 Qe7 24 Qxd7 Rxd7 25

Rxd7 exf4 26 Bxb5 Rb8 27 a4 h5
28 Rg1 Qxg7 29 Rxg7+ Kxg7 30
c3 Be7 31 Bd3 e5 32 Kc2 Rb6 33 b4
axb4 34 a5 Rb8 35 a6 bxc3 36 Rb1
Ra8 37 Rb7 Kf8 38 a7 Bd8 39 Bc4
g5 40 Nxg5 Bb6 41 Nh7+ 1–0

VAN DER WIEL–QUIN-
TEROS
BIEL IZ 1985

1 e4 c5 2 Nf3 d6 3 d4 cxd4 4 Nxd4
Nf6 5 Nc3 a6 6 Bg5 e6 7 f4 Qb6 8
Qd3 Nbd7 9 0–0–0 Be7 10 Qh3
Nc5 11 e5 dxe5 12 fxe5 Nd5 13
Bxe7 Nxe7 14 Bd3 Bd7 15 Qg3
Nxd3+ 16 Rxd3 0–0 17 Ne4 Kh8
18 Nf6

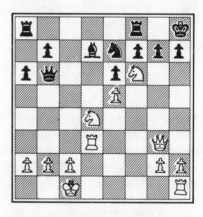

gxf6 19 Qh4 Ng8 20 Rg3 1–0

IVANOVIC–MARJANOVIC
YUGOSLAVIA Ch 1985

1 e4 c5 2 Nf3 d6 3 d4 cxd4 4 Nxd4
Nf6 5 Nc3 a6 6 Bg5 e6 7 f4 Qb6 8
Nb3 Be7 9 Qe2 h6 10 Bxf6 Bxf6 11
0–0–0 Nd7 12 h4 Qc7 13 Rh3

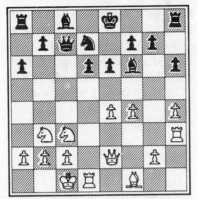

b5 14 Qd2 Be7 15 Rg3 g5 16 hxg5
hxg5 17 f5 Ne5 18 fxe6 fxe6 19 Be2
Bd7 20 Rxg5 0-0-0 21 Rg7 Bf8 22
Rxd7 Kxd7 23 Kb1 Bh6 24 Qd4
Ke7 25 a4 bxa4 26 Qxa4 Be3 27
Bxa6 Qb6 28 Be2 Ra8 29 Qb5 Qa7
30 Bf3 Rhc8 31 Rh1 Kf6 0-1

KUPREICHIK-GAVRIKOV
USSR 1984

1 e4 c5 2 Nf3 d6 3 d4 cxd4 4 Nxd4
Nf6 5 Nc3 a6 6 Bg5 e6 7 f4 Qb6 8
Nb3 Be7 9 Qe2 h6 10 Bxf6 Bxf6 11
0-0-0 Qc7 12 h4 b5 13 Rh3 b4 14
Nb1

(see following diagram)

Nd7 15 Qd2 Qb7 16 Qxd6 Qxe4 17
N1d2 Qb7 18 Na5 Qb8 19 Ndc4
Be7 20 Qd4 Bc5 21 Qxg7 Qxf4+
22 Kb1 Rf8 23 Be2 Qf2 24 Bh5 Qf6
25 Qg4 Qf5 26 Qe2 Nf6 27 Bf3 Ra7
28 Bc6+ Ke7 29 Rf1 Qg4 30 Bf3
Qg7 31 Qe5 1-0

KUPREICHIK-I. NOVIKOV
EREVAN 1984

1 e4 c5 2 Nf3 d6 3 d4 cxd4 4 Nxd4
Nf6 5 Nc3 a6 6 Bg5 e6 7 f4 Qb6 8
Nb3 Be7 9 Qe2 h6 10 Bxf6 Bxf6 11
0-0-0 Qc7 12 h4 Bxc3 13 bxc3
Bd7 14 Rh3 Nc6 15 Rhd3 Ne7 16
Rxd6 Bc6 17 f5 Bd5 18 exd5 Qxd6
19 dxe6 Qf4+ 20 Kb2 0-0 21 g4

Nc6 22 Nc5 Kh8 23 Bg2 Qe5 24
Qc4 Na5 25 Qd4 Qxd4 26 cxd4

Nc4+ 27 Kc3 Ne3 28 Rg1 Nxg2 29
Rxg2 fxe6 30 fxe6 Rac8 31 Kd3
Rfe8 32 Re2 Rc6 33 Kc4 Rec8 34
e7 Re8 35 d5 b5+ 36 Kd4 Rd6 37
Nd3 Kg8 38 Kc5 1–0

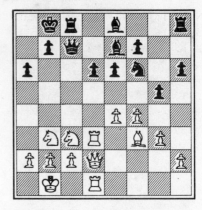

LJUBOJEVIC–HUBNER
LINARES 1985

1 e4 c5 2 Nf3 d6 3 d4 cxd4 4 Nxd4
Nf6 5 Nc3 a6 6 Bg5 e6 7 f4 Qb6 8
Nb3 Nbd7 9 Be2 Be7 10 Qd2 h6 11
Bxf6 Nxf6 12 0–0–0 Qc7 13 Bf3
Bd7 14 Kb1 0–0–0 15 Rhe1 Kb8
16 Re3 Be8 17 Rd3 Rc8 18 g3 g5

19 a3 Nd7 20 Rd4 Nc5 21 Qe2 Bc6
22 Rb4 gxf4 23 gxf4 Nxb3 24 Rxb3
Qa5 25 Rd4 Rc7 26 Qg2 Rhc8 27
Rc4 Bf8 28 Qe2 ½–½